익숙한 본문 낯선 메시지

익숙한 본문 낯선 메시지

초판 1쇄 발행 2023년 8월 15일

지은이 박대남
펴낸이 김한수
편 집 박민선, 곽한영

펴낸곳 한국NCD미디어
등 록 과천 제2016-000009호
주 소 경기도 과천시 문원청계2길50 로고스센터 206호
전 화 02-3012-0520
이메일 ncdkorea@hanmail.net
홈주소 www.ncdkorea.net

ISBN 979-11-91609-24-0 03230

값 20,000원

익숙한 본문
낯선 메시지

지은이: 박대남

한국NCD미디어

목 차

서문

아마 성경을 읽거나 연구한 분들치고 이따금 이해하기 어려운 내용들을 발견하지 못한 분은 없을 것입니다. 성경은 하나님이 사람들에게 주신 말씀이라서 사람들의 인지력을 뛰어넘는 내용들이 담겨 있기 때문입니다. 그래서 하나님은 왜 선악과를 만드셔서 아담이 타락할 수 있는 빌미를 제공하셨을까 하는 생각이나, 기드온은 무슨 이유로 미디안과의 전쟁에서 승리한 후에 에봇을 만들었을까 하는 의구심이나 사울 왕이 찾아간 신접한 여인은 능력이 얼마나 뛰어나길래 죽은 사무엘 선지자의 영혼을 불러왔을까 하는 호기심이 들 수밖에 없습니다. 또한 예수님께서 소경을 치료하실 때 행하셨던 미묘한 방법이나 바울과 바나바가 격렬하게 싸운 후의 관계나, 요한계시록이 말하고 있는 144,000명 속에 나도 포함되는지가 궁금하지 않을 수 없습니다. 이러한 궁금증은 필자도 갖고 있었기 때문에 탐구하게 되었던 것이요 24편을 모아서 내놓게 되었습니다.

성경은 창조와 타락과 구속이란 주제를 일관되게 견지하면서도 동시에 그 주제와 얽힌 여러 가지 내용을 내포하고 있습니다. 그래서 얼핏 보면 주제와 무관한 내용들도 있습니다. 예를 들면 레위기의 위생법이나 잠언의 생활 방식 그리고 오바다의 에돔에 관한 언급, 야고보서의 죽은 믿음에 대한 지적 등 입니다. 이런 내용들은 성경의 주요 흐름에서 어떤 위치를 점유하고 있는지를 파악하기가 쉽지 않습니다. 게다가 성경에는 주제와 직접 연관된 내용들임에도 불구하고 상식적으로 받아들이기가 쉽지 않은 것들도 있습니다. 그래서 이런 내용들을 대할 때 조심스럽습니다. 베드로는 바울이 쓴 편지 중에는 이해하기 어려운 내용들이 있는데 이것을 억지로 풀다가는 멸망에 이를 수 있다고 경고하였습니다(벧전 3:15~16). 실제로 수많은 이단이 성경의 내용을 곡해한 나머지 생겨났습니다. 그래서 필자도 성경 중에 난해한 문제로 여겨지는 내용들을 대할 때 두려움이 없지 않았지만 누군가는 난제에 대한 설명을 내놓아야 합니다. 그래야 이단들이 그런 내용들을 아전인수격으로 해석해서 악용하는 것에 제동을 걸 수 있고 성도들이 선용할 수 있기 때문에 용기를 내게 되었던 것입니다.

오늘날 우리나라의 정치의 민주화와 경제의 발전에 따른 시대 상황에 발 맞춰서 한국교회가 선포하는 메시지들도 상당 부분 하나님의 축복에 의한 세상에서의 성공과 누림에 치중되어 있다는 사실을 부인하기가 쉽지 않습니다. 그 결과 그런 내용과 직접 관련 있는 성경 구절들은 많은 분에게 애용되고 있지만 그렇지 못한 내용들은 외면당하고 있는 점에 대해서도 안타까워하지 않을 수 없습니다. 왜냐하면 성도들이 은혜를 받거나 교훈을 얻거나 실행해야 할 말씀은 애용되는 내용들만으로도 충분한 것이 아니기 때문이며 외면당하는 내용들이 애용되는 내용들보다 가치가 떨어지는 것도 아니기 때문입니다. 무엇보다 하나님이 사람들에게 하실 말씀이 많았을 텐데도 비주류처럼 보이는 내용들을 주신 것은 분명한 목적이 있을 것입니다. 그 목적은 우리의 신앙지식의 지평을 넓히기 위한 것이며 우리의 인격과 생활이 성숙하고 온전해지도록 하기 위한 것입니다. 그래서 하나님의 영광과 사람들의 유익을 위해 값지게 일하고 섬길 수 있도록 하기 위함입니다. 이외에도 개인적으로 깨닫거나 은혜받은 내용들도 난제의 목적이라고 할 수 있습니다.

근대에는 교회가 신앙고백서를 작성하고 그것을 대·소요리문답 등으로 만들어서 교인들에게 가르쳐 교인들이 천주교의 교리나 이단들의 미혹에 넘어가지 않게 하였고, 성경적인 신앙생활을 하게 하였습니다. 그런데 정보와 지식이 매우 발달한 오늘날은 교인들이 음식을 편식하는 것처럼 성경을 자신이 좋아하는 내용의 울타리를 벗어나지 못한다는 것은 안타까운 일이 아닐 수 없습니다. 이것은 마치 영적인 어린아이와 같아서 젖만 먹고 밥은 먹지 못하는 상태이기 때문입니다(고전 3:2). 마땅히 선생이 되어서 남들을 가르쳐야 할 신자들이 철부지 노릇을 하는 것과 같습니다(히 5:12). 이런 수준에서 탈피하여 성경에 대해 보다 넓고 깊게 섭렵하는 데 있어서나, 사람들이 만들어낸 수많은 사상과 문화에 맞서서 하나님 자녀의 우월함을 지키는 것이나, 하나님 일꾼으로 활동을 효율적으로 하는 데 있어서 이 책이 작은 도움이 되었으면 좋겠습니다.

이 책은 성경에서 스쳐 지나가는 내용들의 의미만 찾아내는 것이 아니라 신자들이 생활에 적용할 수 있도록 메시지로 구성하였습니다. 그 과정에서 필자는 개혁주의 신학의 관점에서 메시지를 작성하였기 때문에 필자와 다른 견해를 가진 분들이 있을 것입니다. 그럴지라도 제가 성령의 어려운 내용을 풀이하려고 애썼다는 점을 기억하면서 이 책을 통하여 작은 도움이라고 받았으면 좋겠습니다.

2023년 여름
박대남 목사

1

사랑의 잔소리

창세기 2:15-17

여호와 하나님이 그 사람에게 이끌어 에덴동산에 두어 그것을 경작하며 지키게 하시고 여호와 하나님이 그 사람에게 명하여 이르시되 동산 각종 나무의 열매는 네가 임의로 먹되 선악을 알게 하는 나무의 열매는 먹지 말라 네가 먹는 날에는 반드시 죽으리라 하시니라

하나님은 영과 몸을 합하여 사람을 만드셨습니다. 영은 '지, 정, 의'란 기능이 있어서 만물을 다스릴 수 있습니다. 몸은 물질이기 때문에 물질인 만물을 이해하고 공감할 수 있습니다. 그래서 하나님은 인간을 영과 몸으로 창조하신 다음 만물을 통치하게 하셨습니다. 이에 대해 몇 가지 보상을 하셨는데 첫째 아담이 필요할 때마다 각종 식물의 열매를 맘대로 따먹게 하심으로 몸의 생명을 유지하게 하셨습니다. 둘째 하나님은 아담이 사명을 잘 행하면 몸을 시간과 공간의 제약을 받지 않는 영혼처럼 변화시켜주겠다고 약속하셨습니다. 셋째 하나님은 아담에게 돕는 배필과 자손을 주셔서 아담의 일을 가볍게 해주겠다고 말씀하셨습니다. 아담 혼자서 넓은 지구를 다 관리하는 것은 불가능하기 때문에 아담에게 좋은 동역자를 붙여 주셔서 서로 협력하면서 즐겁게 일하게 하셨습니다. 이 과정에서 하나님은 아담과 친구처럼 교제하시며 아담이 자부심과 행복을 누리게 하셨습니다. 이처럼 하나님은 피조물 중에서 사람을 특별하게 대우해 주셨습니다. 그래서 하나님이 자신에게 베푸신 은혜가 얼마나 큰 것인가를 알게 하고 그 은혜에 감격하며 감사해서 하나님을 기꺼이 섬기도록 하셨습니다.

1. 선악과

본문을 보면 '잘 나가다가 삼천포로 빠진다.'라는 속담이 생각납니다. 하나님이 사람에게 잘해 주시다가 느닷없이 이상한 말씀을 하셨기 때문입니다. "선악을 알게 하는 나무의 실과는 먹지 말라 네가 먹는 날에는 반드시 죽으리라" 지금까지 하나님은 사람을 친구로 대하셨고 만물의 왕으로 세우셨으며 영생을 얻는 비결도 알려 주셨습니다. 이런 하나님이 갑자기 표정을 바꾼 다음에 선악과를 먹으면 반드시 죽는다고 말씀하신 것입니다. 왜 하나님은 아담에게 은혜를 베풀다가 엄포를 놓으셨을까요? 무엇 때문에 선악과를 만들어 놓고 죽고 싶으면 먹으라고 위협하셨을까요? 아담한테 너무 잘해 주면 아담이 겁을 먹고 버릇없이 굴까 봐 그러셨을까요? 아니면 하나님은 본래 엄격하고 냉정한 분이라서 그러셨을까요? 어쨌든 선악과 때문에 아담은 죽음에 대한 두려움을 느꼈고 결국은 선악과를 따먹음으로써 영혼이 죽었고, 육신이 죽었고, 영원히 죽게 되었습니다. 그렇다면 하나님은 선악과를 만들면 사람이 따먹을 줄을 모르셨을까요? 알면서도 만드셨다면 무슨 이유 때문일까요?

어떤 분들은 피조물이 창조주의 권한과 영역을 침범하지 못하도록 선악과로 선을 그으셨다고 말합니다. 하나님이 피조물과 관련된 요소들은 사람에게 양보할지라도 자신의 기득권을 침범하는 것은 용납할 수 없었기 때문이라고 합니다. 그렇다면 하나님은 자신의 기득권을 그렇게도 소중하게 여기셨을까요? 중요한 카드는 마지막에 꺼내는 것처럼 하나님도 사람에게 잘 해 주다가 끝에 가서 선악과로 자신의 진의를 밝히셨을까요? 그 진의는 사람이 자신의 선을 뛰어넘으면 가차 없이 처벌하는 것이었을까요? 그러나 이렇게 해석하면 일관성을 잃게 됩니다. 잘해 주려면 끝까지 잘해 주어야 하고 그렇지 않았다면 처음부터 조건을 제시했어야 하기 때문입니다. 그래야 사람이 마음의 준비를 단단히 하고서 하나님과의 관계를 설정할 수 있기 때문입니다. 그런데 하나님이 도중에 사람을 대하는 내용이 바뀌었다고 말하면 변덕스러운 분이 되고 맙니다. 그리고 사람에게 잘 해 주신 목적이 하나님의 존엄을 지키려는 것이었다면 사람은 하나님께 뒤통수를 맞았다는 느낌이 들기 때문에 기분이 나쁘게 됩니다. 따라서 선악과는 하나님이 인간과의 사이에 벽을 만드신 것이라는 해석은 찜찜합니다. 더구나 선악과를 먹은 것에 대한 형벌을 생각하면 하나님의 처사를 납득할 수 없습니다. 죽음은 인생을 다시 살 기회를 주지 않기 때문입니다.

사람은 피조물입니다. 피조물이기 때문에 몰라서 실수할 수 있고, 연약해서 잘못할 수 있습니다. 이런 경우 세 번은 봐줄 수 있고 그래도 안 되면 야단을 치거나 손바닥을 때려서 바로 잡을 수 있습니다. 그런데 아담은 딱 한번 선악과를 먹었는데도 곧바로 죽이신다는 것은 너무 살벌하고 가혹한 벌이 아닐 수 없습니다. 그것도 아담만이 아니라 그의 자손까지 모두 죽이신다는 것은 너무 무모하고 과도한 처벌이 아닐 수 없습니다. 이런 하나님을 사랑이시라고 말할 수 있겠습니까? 한 걸음 더 나아가서 하나님은 오늘날에도 이런 방식으로 우리를 대하실까요? 처음에는 사랑을 이야기하다가 끝에는 위엄을 내세우실까요? 너희가 나의 영역을 침범했으니 죽어야 한다고 말씀하실까요? 그래서 하나님이 사랑이신 줄 알고 좋아했는데 결국에는 고통을 당하게 될까요?

그러나 하나님은 전능하시고 무한하시기 때문에 그렇게 치사한 일을 행하지 않으십니다. 하나님은 영원토록 변함없이 사람에게 잘해 주시기 때문에 선악과에 대해서 다른 해석을 해야 합니다.

하나님이 선악과를 만드신 이유는 자신의 기득권을 지키기 위해서가 아니라 사람이 생존하는 방법을 알려 주기 위해서입니다. 아담이 죽지 않고 계속 살기 위해서는 하나님께 계속 은혜를 받아야 했기 때문에 그것을 잊어버리지 않도록 하나님이 선악과를 만드신 것입니다. 아담이 선악과를 볼 때마다 하나님께 은혜를 받아야 한다는 사실과 이를 위해서는 하나님과 좋은 관계를 가져야 한다는 것을 생각나게 하셨습니다. 그래서 저는 선악과를 가리켜서 사랑의 잔소리라고 부릅니다. 80세의 어머니가 60세의 아들이 출근할 때 뭐라고 합니까? "애야, 차 조심해라." 이 말을 아들이 어렸을 때부터 시작해서 환갑이 되었을 때도 반복합니다. 아들이 나이가 많아도 어머니의 눈에는 어려 보이기 때문이다. 그러니 이 말은 사랑의 잔소리가 아닐 수 없습니다. 뻔한 말을 매일 반복하기 때문에 잔소리이지만 그 잔소리에는 어머니의 애정이 진하게 배어 있습니다.

선악과는 하나님 아버지의 사랑이 담긴 잔소리입니다. 아담이 선악과를 쳐다볼 때마다 이렇게 잔소리하시기 때문입니다. "아담아, 너는 인격을 소유한 만물의 통치자이지만, 여전히 연약한 피조물이다. 너는 의지가 자유롭기 때문에 무엇이나 네 맘대로 결정할 수 있지만 나를 떠나서는 살 수 없는 절대 의존적인 존재이다. 나를 떠나면 더 이상 생명 에너지를 공급받지 못하기 때문에 너의 생명을 유지할 수 없다. 네가 영원히 살고 끝없이 행복하기 위해서는 나로부터 사랑과 은혜를 계속 공급받아야 한다. 그러니 다른 것은 네 맘대로 하더라도 나를 떠나서는 안 된다. 시들다가 죽는다. 그러니 너는 선악과를 볼 때마다 항상 내 품 안에 머물러 있어야 한다는 사실을 기억하도록 해라." 이처럼 하나님은 선악과를 통해서 아담에게 사랑의 잔소리를 하셨습니다. 원래 잔소리는 말로 하는 것입니다. 그런데 하나님이 말로만 하시면 아담이 깜빡 잊어버리거나 못 들었다고 딴소리를 할까 봐 눈으로 볼 수 있는 선악과를 만드셨습니다. 그래서 아담이 선악과를 볼 때마다 잔소리가 생각나게 하셨습니다. 물론 잔소리를 좋아하는 사람은 별로 없습니다. 유익한 말도 계속해서 들으면 싫증나고 나를 사랑하는 분의 말이라 할지라도 반복해서 들으면 듣기 싫기 때문입니다. 따라서 아담도 선악과를 볼 때마다 하나님이 또 잔소리하신다는 생각이 들었을 것입니다. 처음에는 어쩔 수 없이 들었지만 시간이 지날수록 거부반응을 일으켰을 것입니다. "어이구, 또 저 선악과야? 저 나무가 구석에 있다면 안 볼 수 있을 텐데, 하필 동산 중앙에 있어서 하루에도 몇 번씩 봐야 하다니 미치겠다."

이런데도 하나님이 잔소리를 사용하신 이유는 교육적인 효과가 크기 때문입니다. 사람은 똑같은 말을 자주 듣다 보면 그 말이 머릿속에도 쌓이고 몸에도 뱁니다. 세계관이 형성되는 것입니다. 그러면 자신도 모르는 사이에 그 세계관에 따라서 말하고 행동합니다. 반면에 생소한 말을 들으면 그때는 신선함을 느끼지만 돌아서면 잊어버립니다. 그래서 하나님은 아담이 자신에게서 독립하면 안 된다는 사실을 기억 창고에 저장하고 몸에 배도록 잔소리하신 것입니다. 그래서 자신에게 꼭 붙어 있게 하신 것입니다.

2. 잔소리의 이유

아담이 완전했다면 잔소리는 필요 없었습니다. 하나님 없이는 살 수 없다는 사실을 분명히 알고서 어떤 경우에도 하나님을 떠나지 않는다면 선악과가 필요하지 않았습니다. 그러나 아담은 자유는 소유했지만 인격은 미숙했습니다. 무엇이나 선택할 수 있는 권리를 갖고 있었지만 무엇이 유익하고 유해한지를 판단하는 능력과 경험은 부족했습니다. 그래서 마귀가 유혹했을 때 금방 넘어갔던 것입니다. 이처럼 생각과 감정과 의지가 연약했기 때문에 아담은 교육을 받아야 했습니다. 그것도 대충 받는 것이 아니라 철저하게 받아야 했습니다. 그래야 자신도 모르는 사이에 오만해져 하나님을 배신하지 않고 어떤 유혹을 받아도 이겨낼 수 있었습니다. 이것을 위해 하나님은 선악과를 만드셔서 날마다 훈련시키신 것입니다. 이것도 모르고 아담은 잔소리만 귀찮게 여겼습니다. 나를 어린애 취급한다면서 기분 나빠했습니다. 이런 판국에 마귀가 너도 하나님처럼 될 수 있다고 말하자 네가 나를 알아준다면서 망설임 없이 넘어갔습니다. 마귀의 말이 자신을 고통과 죽음으로 끌고 가는 미끼라는 것을 모른 채 말입니다.

몸에 좋은 약은 입에 쓰지만, 몸에 해로운 음식은 입에 달다고 말합니다. 그런데 사람은 몸에 유익한 것이 무엇인지를 생각하기 전에 일단 입에 달아야 먹습니다. 이런 성향 때문에 입에 단 것을 멀리하려면 참을성이 있어야 하고 고생을 해봐야 합니다. 참을성이 없으면 단 것만 찾기 때문에 병에 걸려서 끙끙 앓아야 쓴 약을 먹습니다. 그런데 아담은 죄가 없는 상태였기 때문에 참을성을 기를 필요가 없었고 낙원에서 편안하게 살았기 때문에 하나님의 잔소리가 얼마나 중요한지를 알지 못했습니다. 그래서 겁 없이 하나님을 떠났고 그 결과 하나님으로부터 생명 에너지를 공급받지 못해서 늙고 병들어 죽었던 것입니다. 문제는 아담만이 아니라 그의 후손도 마찬가지입니다. 모든 사람은 스스로 존재한 것이 아니라 하나님의 손에 의해 생겨났습니다. 그래서 자신의 생존과 활동에 필요한 에너지를 스스로 생산할 수 없습니다. 온갖 좋은 것을 충만하게 갖고 계시는 하나님으로부터 사랑과 은혜를 공급받아야 생명을 유지할 수 있고 만족을 누릴 수 있습니다. 이것은 모든 피조물에 해당하는 사항입니다.

예수님은 "나는 포도나무요 너희는 가지라 그가 내 안에 내가 그 안에 거하면 사람이 열매를 많이 맺나니 나를 떠나서는 너희가 아무것도 할 수 없음이라 사람이 내 안에 거하지 아니하면 가지처럼 밖에 버려져 마르나니 사람들이 그것을 모아다가 불에 던져 사르느니라"(요15:5~6). 이것은 간단하면서도 확실한 진리입니다. 가지는 나무에 붙어 있어야 영양분을 공급받아 살 수 있습니다. 아무리 통통하고 물이 오른 가지라 할지라도 원줄기에서 떨어져 나오면 살 수 없습니다. 점점 시들다가 말라서 죽습니다. 마찬가지로 사람이 살기 위해서는 창조주 하나님께 붙어 있어야 합니다.

아무리 잘나고 똑똑한 사람도 하나님으로부터 생명의 양식을 공급받지 못하면 죽습니다. 아무리 돈과 권력이 많을지라도 하나님으로부터 사랑과 은혜를 제공받지 못하면 마음이 메마르고 공허합니다. 하나님께로 돌아가지 못하는 영혼은 죽은 후에 마귀를 따라서 지옥에 들어갑니다. 그러므로 영원히 결핍과 아픔을 느끼지 않기 위해서는 예수님

포도나무에 꼭 붙어 있어야 합니다.

인본주의가 아무리 사람을 높이고 찬양해도 사람은 창조주는 물론이요, 다른 피조물의 도움을 받지 않고서는 살 수 없습니다. 몇 분만 공기를 흡입하지 않거나 며칠만 음식을 먹지 않아도 죽는 것이 사람입니다. 따라서 나를 창조하셨고 구속하셨으며 통치하시는 하나님이 없이는 한순간도 살 수 없다는 신념을 가져야 합니다. 피조물은 나와 동등한 관계에 놓여 있으므로 서로 필요한 것들을 주고받으면 되지만, 창조주는 나의 생명과 행복을 유지해 주시는 분이기 때문에 절대적으로 의존해야 한다는 믿음을 가져야 합니다.

사람은 이런 존재이기 때문에 선악과는 하나님의 배려요 은총입니다. 하나님은 결코 자신의 위엄을 지키기 위해서가 아니라 사람의 생명을 지켜주기 위해서 선악과를 만드셨습니다. 유한하고 연약한 사람이 무한하시고 전능하신 자신을 떠나지 않도록 하려고 선악과로 잔소리하셨습니다. 동물은 하나님이 심어주신 본능대로 살기 때문에 선악과가 필요 없지만 사람은 선택권을 갖고 있기 때문에 하나님을 버리면 안 된다는 것을 알려 주셔야 했습니다. 그래서 하나님이 선악과를 만드셨으므로 선악과는 다른 혜택들보다 더욱 소중한 혜택입니다. 사람이 먹는 음식이나, 가정을 꾸리는 일이나, 만물을 다스리는 통치권보다 더 중요한 것은 하나님께 붙어 있는 것입니다. 하나님을 떠나면 모든 것을 상실하기 때문에 아무리 많은 것을 소유해도 전혀 누리지 못합니다. 따라서 다른 요소들은 없을지라도 하나님만큼은 반드시 소유해야 합니다. 그래야 영원히 살면서 상속자가 될 수 있습니다. 이렇게 살도록 도와주는 선악과는 예쁘고 사랑스러운 열매입니다.

그렇다면 오늘날의 선악과는 어떤 것일까요? 아담이 에덴동산에서 쫓겨난 후에는 아무도 선악과를 보지 못하는데 성도들은 어떻게 하나님으로부터 사랑의 잔소리를 듣고서 예수님께 붙어 있을 수 있을까요? 현대판 선악과는 하나님의 말씀입니다. 하나님이 선지자들과 사도들을 통해서 우리에게 주신 성경이 선악과입니다. 왜냐하면 성경은 나에게 이것은 하지 말고 저것은 하라고 명령하기 때문이고 목사의 설교를 통하여 하나님의 자녀는 이런 세계관을 가져야 하고 저렇게 행동해야 한다고 잔소리하기 때문입니다. 그런데 눈으로 볼 수밖에 없었던 선악과와 달리 성경은 우리가 볼 수도 있고, 들을 수도 있다는 점에서 효율적인 잔소리라고 말할 수 있습니다.

또한 선악과는 에덴동산에 심겨 있었기 때문에 다른 지역에서는 볼 수 없었지만 성경은 손에 들고 다닐 수 있으므로 언제 어디서나 볼 수 있다는 장점을 갖고 있습니다. 이처럼 현대판 선악과를 통하여 하나님의 잔소리를 들어야 합니다. 사랑의 잔소리를 들으면서 하루를 시작하고 마무리해야 합니다. 사랑의 잔소리를 통해서 하나님이 나에게 필요한 분이며 좋은 분인가를 깨달아야 합니다. 왜냐하면 사람들이 잔소리를 싫어한다는 것을 알기 때문에 굳이 싫어하는 일을 해서 미움을 받으려는 사람이 없기 때문입니다. 실제로 옛날에 간신은 왕이 무슨 일을 하든지 잘 한다고 아부하였기 때문에 가까이서 쓰임을 받았습니다. 반면에 충신은 왕의 잘못을 지적하고 질책했기 때문에 귀양을 가거나 목이 잘렸습니다. 오늘날도 칭찬은 고래도 춤추게 한다면서 사람들에게 듣기 좋은 말만 하지 유익한 말을 하지 않습니다. 혹시 실수하고 잘못해도 그럴 수 있으니 괜찮다고 말함으로써 실패하고 망가지게 만듭니다. 그래야 자신이 경쟁에서 이길 수 있고 반사 이익을 얻을 수 있기 때문입니다. 이런 세상이기 때문에 상대방을 웬만큼 사랑하지 않으면 입바른 소리이고 쓴소리를 하지 않습니다.

그런데 하나님은 여러분에게 날마다 잔소리하시기 때문에 여러분을 얼마나 사랑하는지를 알 수 있습니다. 하나님은 미움을 받는 한이 있더라도 여러분이 잘되고 잘 살기를 바라시기 때문입니다. 나를 향한 하나님의 심정을 헤아리면서 사랑의 잔소리를 소중하고 고맙게 여겨야 합니다. 마치 부모가 아이를 사랑해서 이것, 저것 시도 때도 없이 타이르는 것처럼 하나님 아버지도 나를 지나치게 사랑하셔서 이것은 하지 말고 저것은 하라고 계속해서 충고하시기 때문입니다. 이런 잔소리 때문에 아이가 안전하고 유능하게 성장하는 것처럼 성도들도 가치 있고 행복하게 살아갈 수 있기 때문입니다. 그러나 부모의 잔소리를 듣지 못하는 아이는 애정 결핍을 느끼거나 나쁜 친구의 유혹을 받아서 비뚤어질 수 있습니다.

마찬가지로 성도들도 아버지의 잔소리를 듣지 못하면 왜곡된 생각이나 감정을 품을 수 있고 나쁘고 해로운 일에 손댈 수 있습니다. 그러나 사랑의 잔소리를 들으면 죄의 충동과 유혹을 손쉽게 물리칠 수 있고 잘못된 길로 가다가도 잔소리가 생각나서 다시 바른길로 돌아설 수 있습니다. 이런 유익이 있으므로 사랑의 잔소리를 좋아해야 하고 잠시라도 잔소리를 듣지 못하면 불안하고 답답해야 합니다.

무엇보다 성도들이 잔소리를 외면해서는 안 되는 이유는 아담보다 나쁜 조건과 열악한 환경에서 살기 때문이고 아담보다 하나님을 놓치기가 더 쉽기 때문입니다. 아담은 죄가 없는 상태로 낙원에서 살았는데도 마귀의 유혹을 받고 하나님을 버렸습니다. 그런데 우리는 죄성을 갖고 있고 죄로 얼룩진 세상에서 생활하고 있습니다. 내 안에 있는 죄가 기회만 생기면 밖으로 튀어나오려고 하고 내 밖에 있는 죄가 그럴듯한 이유를 들이대면서 달라붙고 있습니다. 이런 상황이기 때문에 하나님으로부터 하루라도 잔소리를 듣지 않으면 죄악에 빠질 수밖에 없고 말씀을 보고 듣지 않으면 사명을 감당할 수 없습니다. 따라서 말씀은 나를 통제하는 하나님의 옐로우 카드라는 생각을 해야 하고 말씀을 통한 사랑의 잔소리는 나에게 뼈가 되고 살이 된다는 믿음을 가져야 합니다. 말씀을 봄으로써 통해 죄와 유혹을 이겨내고, 자신의 존재 목적을 확인해야 하며 하나님께 풍성한 복과 값진 쓰임을 받아야 합니다. 이것이 인생을 승리적이고 성공적으로 사는 비결입니다.

옛날 로마에서는 어떤 장군이 주변 국가나 야만인들과 싸워서 이기면 최고의 영광을 안겨 주었습니다. 그 방법은 장군이 전차를 타고서 아침부터 저녁까지 로마시의 중심가를 돌아다니면서 군중들에게 환호와 박수를 받게 한 것이었습니다. 그러면 전쟁에서 승리한 장군은 한없는 기쁨과 흥분을 느끼게 되고 엄청난 우월감과 명예심에 사로잡히게 됩니다. 그런데 그 장군이 시가행진하면서 사람들의 칭송을 받을 때 전차를 함께 타고 있는 하인이 계속해서 이렇게 속삭였습니다. "Memento mori, Remember you will die, 당신은 언젠가 죽는다는 것을 기억하십시오." 그러니 놀라운 잔소리가 아닐 수 없습니다. 지금 장군은 수많은 로마시민에게 열렬한 환대를 받고 있고 로마에서 최상의 영광을 누리고 있지만 그런 장군에게 당신은 언젠가 죽는다는 것을 잊지 말라고 말했기 때문입니다. 그것도 한두 번이 아니라 시가행진이 끝날 때까지 반복했기 때문입니다. 이것은 장군이 아무리 영광을 받더라도 결국은 죽을 수밖에 없는 운명이기 때문에 교만하지 말고 겸손해야 한다는 것을 가르치는 잔소리였습니다.

우리는 그 장군처럼 승리와 영광을 받지 못할지라도 언젠가 죽는다는 것은 동일합니다. 이런 존재이기 때문에 남들보다 유능하고 잘 나간다고 해서 오만해져 하나님 없이도 살 수 있을 것이라는 생각을 해서는 안 됩니다. 잠시 후에는 모든 것을 버리고 세상을 떠난다는 사실을 기억하면서 하나님을 강하게 붙잡아야 합니다. 이를 위해서는 하나님 아버지로부터 잔소리를 들어야 합니다. 간섭은 사랑이요, 잔소리는 유익이라는 믿음을 갖고서 잔소리를 달콤하게 여겨야 합니다. 말씀은 생명의 양식이요 커다란 축복이라는 확신을 갖고서 말씀을 먹고 마셔야 합니다. 하루라도 말씀을 듣지 못하면 나의 신앙생활에 빨간불이 들어왔다고 생각하고 말씀을 붙잡아 하나님과 좋은 관계를 유지해야 합니다. 말씀으로 나의 결함과 부족을 깨닫고 보완하며 말씀으로 피곤하고 낙심될 때도 위로와 힘을 얻으며 말씀 때문에 성공하고 형통할 때도 계속 사명을 행해야 합니다. 말씀의 순종으로 하나님처럼 품위 있고 고상하고, 말씀으로 비전과 목표를 세우고 이루어야 합니다.

이처럼 말씀의 사람이 되어 세상을 떠날 때 말씀 때문에 유한하고 어설픈 내가 존귀하고 향기로운 인생을 살았노라고 고백하기 바랍니다. 사랑의 잔소리가 아니었다면 내가 하나님의 자녀와 일꾼으로 살 수 없었을 것이라고 간증하며 그 영광에 동참해서 영원히 기뻐하기를 축복합니다.

2

유다의 곡절

창세기 38:20-26

유다가 그 친구 아둘람 사람의 손에 부탁하여 염소 새끼를 보내고 그 여인의 손에서 담보물을 찾으려 하였으나 그가 그 여인을 찾지 못한지라 그가 그곳 사람에게 물어 이르되 길 곁 에나임에 있던 창녀가 어디 있느냐 그들이 이르되 여기는 창녀가 없으니라 그가 유다에게로 돌아와 이르되 내가 그를 찾지 못하였고 그곳 사람도 이르기를 거기에는 창녀가 없다 하더이다 하더라 유다가 이르되 그로 그것을 가지게 두라 우리가 부끄러움을 당할까 하노라 내가 이 염소 새끼를 보냈으나 그대가 그를 찾지 못하였느니라 석 달쯤 후에 어떤 사람이 유다에게 일러 말하되 네 며느리 다말이 행음하였고 그 행음함으로 말미암아 임신하였느니라 유다가 이르되 그를 끌어내어 불사르라 여인이 끌려나갈 때에 사람을 보내어 시아버지에게 이르되 이 물건 임자로 말미암아 임신하였나이다 청하건대 보소서 이 도장과 그 끈과 지팡이가 누구의 것이니이까 한지라 유다가 그것들을 알아보고 이르되 그는 나보다 옳도다 내가 그를 내 아들 셀라에게 주지 아니하였음으로다 하고 다시는 그를 가까이하지 아니하였더라 사람이 평생을 살다 보면 별의별 일들을 다 경험하게 됩니다. 선하고 유익한 일을 겪기도 하고 나쁘고 더러운 일을 당하기도 합니다. 어떤 일은 성공하고 즐거워하기도 하지만 실패하고 속상해하기도 합니다. 내가 실수해서 재난을 당하기도 하지만 다른 사람의 잘못 때문에 내가 피해를 보기도 합니다. 어렸을 때는 호기심 때문에 사고를 치기도 하고 젊었을 때는 정욕을 이기지 못하여 문제를 일으키기도 하며 어른이 되어서는 고집을 부리다가 망신당하기도 합니다. 겉으로 볼 때는 곱상하고 점잖아서 커다란 문제 없이 살았을 것 같지만 속을 들여다보면 말 못 할 곡절을 품고 있는 사람도 있을 것입니다. 곡절이란 복잡한 사정이나 변화가 심한 형편이란 뜻인데 세상을 살아가면서 당하는 어이없는 일들을 가리킵니다. 성경에는 곡절이 무엇인지를 온몸으로 보여 주고 있는 사람이 등장하는데 그는 야곱의 넷째 아들이자 다윗의 조상인 유다입니다.

1, 유다의 실수

유다의 곡절은 유다가 이방인과 사귀면서 시작되었습니다. 성인이 된 유다는 자신의 집안을 만들기 위해 부모 형제에게서 독립하여 아둘람 사람 히라와 친하게 지냈습니다. 히라는 하나님을 모르는 이방인이었습니다. 유다가 사업상의 거래만 했더라면 문제가 생기지 않았을 것입니다. 그런데 유다는 히라와 친해져 스스럼없이 가나안 여인과 결혼하였고, 큰아들이 성장하자 이방인과 맺어주었습니다. 이처럼 자신의 가정을 이방인으로 꾸렸기 때문에 집안에서 이방인의 종교와 풍습이 행해졌습니다. 사업은 돈을 벌기 위한 것이기 때문에 신자들이 이방인과 함께할 수 있습니다. 그러나 결혼은 한 몸을 이루는 것이기 때문에 하나님의 백성과 해야 합니다. 사업은 목적을 이루면 헤어질 수 있지만, 부부는 평생 함께 살아야 하기 때문에 신앙과 세계관이 다르면 서로 부딪히게 되고 자녀를 말씀으로 양육할 수 없습니다. 그러면 하나님께 복이 아니라 매를 맞게 되고 불행을 겪게 됩니다. 이런 사실을 유다의 집안이 보여 주고 있는데 큰아들이 심각한 죄를 지은 결과 하나님께 징계를 받아서 자식도 없는 상태에서 죽고 말았습니다.

유다는 계대 혼인법에 따라 둘째 아들을 며느리와 결혼시켰습니다. 그런데 둘째 아들이 잠자리에서 이런 생각을 했습니다. "나는 형수와 결혼했기 때문에 자식을 낳아도 내 자식이 아니라 형님의 자식이 된다. 내가 형님의 씨받이가 된다는 것은 몹시 손해보는 일이다." 그래서 둘째가 피임을 했기 때문에 다말은 자식을 갖지 못했습니다. 하나님은 이렇게 이기적이고 못된 둘째 아들을 죽이셨습니다. 그 결과 유다는 졸지에 아들을 둘이나 잃어 가슴이 얼마나 쓰라렸는지 모릅니다. 유다의 아내도 엄청난 충격을 이기지 못하여 세상을 떠났습니다. 유다는 도대체 무엇이 잘못되어서 이런 불행을 당하게 되었는지에 대해서 생각해 보았습니다. 아무래도 다말 때문이었습니다. 다말이 없을 때는 집안이 평안했는데 다말이 시집오면서부터 식구들이 죽기 시작했습니다. 따라서 우리 집안의 재앙은 다말이 몰고 온 것이 분명했습니다. 그러니 남은 식구들이 더는 죽지 않게하기 위해서는 다말을 쫓아내야 했습니다. 유다는 며느리에게 셋째 아들이 아직 나이가 어려서 너와 결혼시킬 수 없으니 친정에서 기다리고 있으면 셋째가 성인이 되었을 때 결혼시켜주겠다고 약속했습니다.

이처럼 유다는 며느리를 희생양으로 삼는 방법으로 불행을 떨쳐내려고 하였습니다. 어찌 되었든 일단 며느리가 사라지자 더 이상의 불행이 생기지 않았습니다. 그래서 유다는 마음의 안정을 되찾았고 다시 생계를 꾸려나가기 위해 일터로 갔습니다. 그동안 장례 때문에 등한히 했던 일을 열심히 하다 보니 처자식을 잃은 슬픔과 상처가 많이 진정되었습니다. 동시에 며느리에게 빈말로 했던 약속도 잊어버릴 수 있었습니다. 이렇게 계속 평범한 삶을 꾸렸으면 얼마나 좋았겠습니까? 그러나 유다의 불행은 며느리가 아니라 자신 때문에 나타났으므로 자신이 회개하고 돌이키지 않는 한 재발할 수밖에 없었습니다. 한번은 유다가 딤나에서 양털을 깎은 다음 동료들과 술을 얼큰하게 마셨습니다. 기분이 좋아지자 여자 생각이 났습니다. 때마침 길거리에 웬 창녀가 앉아 있었습니다. 그 여자에게 오늘 밤 나와 함께 지나자고 하였더니 그 여자가 돈을 달라고 하였습니다. 지금 돈이 없다고 했더니 담보물을 달라고 해서 도장과 지팡이를 주고서 하룻밤을 같이 보냈습니다.

다음 날 유다는 친구에게 염소 새끼를 가져가서 도장과 지팡이를 찾아오라고 하였습니다. 그러나 친구는 창녀를 찾지 못하였고 유다도 찝찝하기는 했지만 이 사건을 덮어버리기로 마음먹었습니다.

석 달 후 유다에게 기가 막힌 소식이 들려왔습니다. 친정으로 보낸 며느리가 아이를 가졌다는 것이었습니다. 남편을 둘이나 죽인 것으로도 모자라서 이번에는 다른 남자의 아이까지 가졌으니 이렇게 악한 여자를 반드시 처단해야 한다고 생각했습니다. 단숨에 달려간 유다는 며느리에게 변명할 기회도 주지 않고 소리를 질렀습니다. "저 더러운 여자를 불에 태워서 죽여라." 그러자 사람들에게 끌려가던 며느리가 유다에게 말했습니다. "아버님, 제가 가진 아이의 아버지는 이 도장과 지팡이의 주인입니다." 깜짝 놀란 유다가 도장과 지팡이를 살펴보았습니다. 그것은 자기가 창녀에게 주었던 물건이고 염소 새끼를 주고 바꾸려고 했지만 바꾸지 못했던 물건이었습니다. 그제야 유다는 하룻밤을 같이 보낸 창녀가 며느리였다는 것을 알았습니다.

세상에 이렇게 황당하고 어이없는 일이 어디 있겠습니까? 유다는 너무 부끄러워서 쥐구멍에라도 들어가고 싶었습니다. 그리고 짧은 순간에 이 모든 문제는 며느리가 아니라 자신 때문에 벌어졌다는 사실을 깨달았습니다. 자신이 셋째 아들을 며느리에게 주지 않았기 때문에 벌어진 일이요, 자신이 재혼을 하지 않고 창녀를 찾았기 때문에 생긴 일이었던 것입니다. 물론 유다가 셋째 아들을 아낀 이유는 재앙을 몰고 다니는 여자에게 주었다가는 그 아들마저 죽을지 모른다는 생각 때문이었습니다. 어떻게 해서든지 그 아들은 다른 여자와 결혼시켜서 잘 살게 해주고 싶었던 것입니다. 그러자 참다못한 며느리가 자신에게 접근해서 임신했던 것입니다. 그래서 유다가 26절과 같이 자신의 잘못을 시인하였습니다. “그는 나보다 옳도다. 내가 그를 내 아들 셀라에게 주지 아니하였음이로다.” 그녀가 나보다 옳다는 말은 무슨 뜻입니까? 며느리가 시아버지의 아이를 가진 것이 옳다는 의미입니까? 유다가 셋째 아들을 주지 않았기 때문에 다말이 잘못된 방법으로 아이를 가진 것은 부도덕한 행위라고 말할 수 없다는 것입니까?

다말의 행위는 나빴지만 그녀의 의도는 유다보다 나았다는 것입니다. 유다는 다말이 미워서 셋째 아들이 나이가 들었는데도 다말에게 주지 않았습니다. 시간을 계속 끌어서 다말이 셋째와 결혼하는 것을 포기하기를 바랐고 셋째를 다른 여자와 결혼시키려고 하였습니다. 이것은 유다가 피해의식 때문에 형수와의 혼인법을 어긴 것이었고 메시아의 혈통을 이어가려는 하나님의 뜻보다 자신에게 유리한 대로 행동한 것이었습니다.

반면에 다말은 시동생과 결혼할 때 그 이유를 시아버지로부터 들었습니다. 시동생을 통해 형님의 아들을 낳는 것이 우리 집안의 전통이라는 것이었습니다. 그래서 다말은 가문의 대를 있는 것이 자신의 감정이나 이익보다 더 중요하다는 사실을 알았습니다. 또한 자신과 관련하여 유다의 두 아들이 죽었기 때문에 상당한 부담감을 느끼고 있었습니다. 반드시 대를 이어야겠다는 생각을 가졌기 때문에 시아버지를 통해서라도 임신했던 것입니다. 다말은 가나안 여자였기 때문에 도덕성이 약해서 목적을 이루기 위해 수단을 가리지 않았지만 대를 잇겠다는 동기는 유다보다 좋았던 것입니다.

2. 곡절의 해결

그 결과 유다는 며느리를 통해서 아들들을 얻게 되었는데 이런 경우에는 아들이라고 해야 할지 손자라고 해야 할지 모르겠습니다. 이런 말을 하는 이유는 유다를 비웃기 위해서가 아니라 우리도 세상을 살다 보면 웃지도 울지도 못 할 일들을 당할 수 있기 때문입니다. 남들이야 어떻게 살아가든지 나만큼은 정결하고 명예롭게 살려고 하였는데 전혀 생각하지 못했던 곳에서 전혀 예상하지 못했던 사건이 벌어지기도 합니다. 때로는 무지와 연약함 때문에 실수하기도 하고, 잘 한다고 생각했는데 잘못한 일로 판명되기도 합니다. 정의를 지키는 일이라고 행동했는데 선량한 사람을 억울하게 만들기도 하고, 애국한다는 생각으로 권력자에게 충성했는데 오히려 국민에게 피해를 주기도 합니다. 심지어 하나님을 위해 열심히 일한다고 믿었는데 교회에 해를 끼치는 경우도 있고, 좋은 일이라고 생각했는데 타이밍이나 분위기에 맞지 않는 일을 해서 물의를 일으키기도 합니다. 그래서 자신의 어리석음 때문에 자괴감을 느끼기도 하고 한동안 고개를 들지 못할 때도 있습니다. 세상살이가 호락호락하지 않기 때문에 자신이 원하는 대로 사는 사람은 아무도 없습니다.

그렇다면 내 인생에 여러 가지 곡절을 만들어낸 요소가 무엇일까요? 그것은 죄입니다. 죄가 나를 무지하게 만들어서 잘못된 선택을 하게 하였고 죄가 나의 욕심을 부추겨서 탈선하게 합니다. 그래서 손실과 불행을 당하게 되었습니다. 나와 함께 사는 사람들이 저지른 실수와 부정 때문에 나의 인생에 변수와 사고가 발생하기도 합니다. 정부가 국가경영을 잘못한 결과 생각하지도 못했던 외환위기가 터져서 직장을 잃기도 하였고, 친구의 권유로 대출받아서 투자했다가 빚더미에 앉기도 하였습니다. 이처럼 사람의 내면과 사회에 존재하는 죄가 사람들의 인생에 곡절을 만들어내고, 그 곡절에서 불행이 나옵니다. 그 불행 때문에 개인이 쓰러지기도 하고 가정이나 국가가 무너지기도 합니다. 따라서 이 죄에서 벗어나지 못하면 순탄하고 행복하게 살 수 없습니다.

사람은 아담에게 죄성을 물려받아서 태어날 때부터 죽을 때까지 죄와 함께 살 수밖에 없습니다. 사람들이 그 죄에 놀림을 받고 시달림을 받아서 다양한 오점들이 생기는 것입니다. 또 내일 무슨 일이 벌어질지 모르고, 세상이 어떻게 돌아갈 것인지도 몰라 속수무책으로 당하기도 합니다. 만약 사람들이 이혼할 것을 미리 알았다면 지금 아무리 좋아도 결혼하지 않았을 것이고 코로나19가 발생할 것을 예상했다면, 지금 이 식당에 손님이 북적거려도 수억 원의 권리금을 주면서 식당을 인수하지 않았을 것입니다. 이처럼 사람은 여러 곳에서 터지는 장애물을 막지 못해서 실패하기도 합니다. 사람은 자기 능력과 노력을 뛰어넘어서 발생하는 수많은 변수 때문에 파란만장한 인생을 살곤 합니다.

인생을 몇십 년 동안 살아본 사람치고 에피소드가 없는 사람은 없습니다. 겉으로 볼 때는 금수저를 쥐고 태어나서 미국에서 유학하고 젊은 나이에 CEO가 된 사람은 귀족처럼 살기 때문에 아무런 문제가 없어 보입니다. 그러나 속을 들여다보면 삶의 의미와 목적을 찾지 못해서 방황하기도 하고, 재산을 더 많이 차지하기 위해 형제들과 치열하게 싸우기도 하며, 다른 회사들과 피 말리는 경쟁을 하다 보니 엄청난 스트레스를 받기도 합니다. 이처럼 사람들은 각각의 어려움 때문에 괴로워하거나 좌절하기도 합니다. 따라서 성도들은 나만 힘들고 고달프게 산다고 생각하거나 나만 인생이 지저분하고 헝클어졌다고 믿으면서 자신을 학대해서는 안 됩니다. 어떠한 사람도 과실 없이 완전히 정결하게 살거나 자신이 원하는 일을 모두 이루면서 화려하게 사는 것은 아니기 때문입니다. 오십보백보란 말처럼 사람들의 조건과 환경에 따라서 부끄러운 일을 더 하거나 덜할 뿐입니다. 모든 사람은 정신적, 신체적, 물질적, 사회적인 측면에서 아픔을 겪습니다.

그렇다면 우리는 실수와 잘못을 저지르는 것을 당연시해야 합니까? 그것들 때문에 이런저런 불행을 당하는데도 내 팔자라 생각하고 어쩔 수 없다면서 고스란히 감수해야 합니까? 한 번뿐인 인생을 힘들고 괴롭게 살다가 끝낸다는 것은 너무 안타깝고 억울합니다. 불행을 이겨내기 위해 애써야 하고, 즐겁게 살기 위해 힘써야 합니다. 왜냐하면 하나님은 사람이 존엄과 기쁨을 누리면서 살도록 창조하셨지 온갖 풍파를 겪으면서 많은 고통을 겪게 하려고 만드신 것이 아니기 때문입니다. 그래서 아담이 타락하기 전에는 사랑하는 배필과 함께 에덴동산에서 행복을 만끽하였습니다.

죄 때문에 하나님과의 관계가 끊어졌고 피조물과의 사이가 나빠져 부족과 두려움, 싸움과 손실, 고통과 죽임을 당하게 된 것입니다. 이런 불행에서 벗어나기 위해서는 죄와 싸워서 이겨야 하고 인간의 한계를 뛰어넘어야 하며 실낙원을 복낙원으로 바꾸어야 합니다. 그래서 역사적으로 많은 사람이 종교나 사상, 과학이나 제도 등을 발전시켜서 불행을 행복으로 바꾸기 위한 작업을 오랫동안 벌여왔던 것입니다. 그런데 문제는 사람들이 고생한 보람도 없이 나아진 것이 없습니다. 정보와 지식을 많이 소유했는데도 여전히 죄에 종속되어 있고, 과학이 향상했는데도 시간과 공간에 매여 있으며, 개발을 위해 지구를 오염시켜서 점점 나빠지게 하고 있습니다. 따라서 사람이 불행에서 해방되기 위해서는 하나님의 도우심이 필수적입니다. 전능하신 하나님이 사람들에게 사랑과 은혜를 주셔야 불행에서 탈출할 수 있고 지금 안전과 기쁨을 느낄 수 있으며 장차 존귀와 영광을 얻을 수 있습니다. 그러므로 사람의 무지와 무능에서 비롯된 잘못과 손실에서 빠져나와 인생을 의미 있고 재미있게 꾸려나가기 위해서는 하나님을 붙잡아야 합니다. 나를 남들과 비교하면서 평균치가 넘는다는 것 때문에 잘난 척하지 말고 나는 하나님 없이는 아무것도 아니라는 생각을 하고서 겸손히 하나님을 의지해야 합니다. 하나님이 나에게 지혜를 주셔서 실수하지 않게 하시고 나에게 능력을 주셔서 행하는 일마다 잘되게 하시며 혹시 이런 저런 문제 때문에 곡절이 생기더라도 하나님께 그것을 복으로 바꿔 달라고 간구해야 합니다.

실제로 하나님은 유다의 곡절을 복으로 바꾸어 주셨습니다. 며느리 다말이 쌍둥이를 낳게 하셔서 그 쌍둥이로 유다가 잃었던 두 아들을 대신하게 하여 유다의 자손을 통하여 다윗 왕과 메시아가 오실 수 있게 하셨습니다. 그래서 마태복음 1장의 예수님 족보에 "유다는 다말에게서 베레스와 세라를 낳았다"라는 내용이 있습니다. 이처럼 하나님은 사람들이 쓰레기처럼 여기는 사건에서 장미꽃을 피우셨으니 얼마나 위대하신 분인지 모릅니다. 이 하나님의 은혜 때문에 유다는 늘그막에 아들을 둘이나 얻어 손자 같은 아들들을 키우는 재미에 푹 빠졌습니다. 유다가 이런 은혜를 받을 수 있었던 것은 모든 불행이 며느리가 아니라 자신에게서 나왔다는 것을 인정하고 겸손히 회개했기 때문입니다. 유다는 이 사건을 통해서 내가 제일 잘났다는 교만을 버렸고 나의 지식과 경험으로 내가 원하고 좋아하는 것을 이루는 것이 아니라 하나님의 뜻과 방법대로 살기 위해 노력하게 되었습니다.

하나님은 유다만이 아니라 우리도 몹시 사랑하십니다. 독생자를 희생시켜서 우리를 자녀로 삼으셨기 때문입니다. 그래서 우리를 눈동자처럼 지켜보시고, 때를 따라 필요한 것들을 주시며, 성령을 통하여 힘을 얻고 만족을 누리게 하십니다. 그래서 하늘 아버지의 은혜에 감격하고 감사하면서 살아가게 하십니다. 혹시라도 우리가 사소한 재난을 당했을 때나 유혹을 받아 흔들릴지라도 질책하시거나 버리지 않으십니다. 하나님은 우리가 깨어지기 쉬운 질그릇이라는 것을 아십니다. 타락한 문화가 넘실대는 세상에서 힘들게 사명을 감당한다는 것을 아시기 때문입니다. 우리의 오판이나 실수로 창피한 곡절을 당해서 자괴감을 느끼지 않도록 붙잡아 주시고 일으켜 주시며 새 힘을 주십니다. 부모도 자녀가 어려움을 겪을 때는 힘을 다해서 도와주는데 하물며 하나님 아버지께서 우리에게 문제가 있다고 해서 외면하실 리가 없습니다. 반드시 곡절로부터 빠져 나와서 가치 있게 살도록 이끌어 주실 것입니다.

이런 은혜를 힘입 내가 만들어낸 불행을 하나님이 행복으로 바꾸시는 사건의 주인공이 되기를 바랍니다. 그 주인공으로 구약시대에는 다윗이 있고, 신약시대에는 베드로가 있습니다. 다윗은 경건하고 지혜로운 왕이었지만 한때의 정욕을 이기지 못하여 우리야를 죽이고 그의 아내를 빼앗았습니다. 그러나 다윗이 진심으로 회개하자 하나님은 다윗을 처벌하지 않으시고 죽을 때까지 왕으로 살도록 해 주셨습니다. 베드로도 다른 사람은 예수님을 버릴지라도 자신은 버리지 않겠다고 장담했지만 예수님을 모른다고 세 번이나 부인했습니다. 그런데도 예수님은 베드로를 다시 제자로 부르셔서 순교할 때까지 값지게 사역하게 하셨습니다. 삶의 과정에서 넘어지거나 실패하는 때가 있을지라도 좌절하거나 체념말고 주님의 은혜를 힘입어 곡절의 불행에서 빠져나와야 합니다. 나의 잘못을 인정하고 회개해서 용서받고 복을 받아서 새롭게 출발해야 합니다.

주님의 사랑의 손길을 통해 인생이 변할 수 있다는 것이 얼마나 기쁘고 감사한지 모릅니다. 주님 덕분에 나의 인생은 패배와 아픔으로 끝나지 않고 승리와 성공으로 마무리 할 수 있습니다. 영광과 행복을 누릴 수 있습니다. 세상 사람들은 많은 신에게 도와달라고 간청합니다. 어떤 사람은 새해에 떠오르는 태양에게 소원을 빌기도 하고, 어떤 사람은 바다의 용왕에게 고기를 많이 잡게 해 달라고 간청하기도 합니다. 그것이 미신이라는 것을 알고 있지만 사람은 의존적인 존재라서 본능적으로 종교 행위를 합니다. 그러나 우리는 태양과 바다를 만드시고 그것들을 통치하시는 하나님의 자녀이니 얼마나 대단한 신분과 특권을 가졌는지 모릅니다. 이것을 활용하여 인생에서 곡절을 겪을 때 주님을 강하게 붙잡고 은혜를 간구하기 바랍니다.

3

쓰라린 헌신

출애굽기 32:25-29

모세가 본즉 백성이 방자하니 이는 아론이 그들을 방자하게 하여 원수에
게 조롱거리가 되게 하였음이라 이에 모세가 진 문에 서서 이르되 누구든
지 여호와의 편에 있는 자는 내게로 나아오라 하매 레위 자손이 다 모여
그에게로 가는지라 모세가 그들에게 이르되 이스라엘의 하나님 여호와께
서 이렇게 말씀하시기를 너희는 각각 허리에 칼을 찾고 진 이 문에서 저 문
까지 왕래하며 각 사람이 그 형제를, 각 사람이 자기의 친구를, 각 사람이
자기의 이웃을 죽이라고 하셨느니라 레위 자손이 모세의 말대로 행하매 이
날에 백성 중에 삼천 명가량이 죽임을 당하니라 모세가 이르되 각 사람이
자기의 아들과 자기의 형제를 쳤으니 오늘 여호와께 헌신하게 되었느니라
그가 오늘 너희에게 복을 내리시리라

읍참마속이란 고어는 삼국지에 나오는 제갈공명이 마속을 처형한 사건에서 생긴 말입니다. 위나라의 승상 사마의가 촉나라를 치기 위해 20만 명의 군대를 이끌고 가정을 공격해 왔습니다. 가정은 군사적으로 매우 중요한 지역이라서 그곳을 빼앗기면 촉나라가 위태로울 수 있었습니다. 그래서 제갈공명은 뛰어난 장군을 보내어 가정을 지키려고 하였습니다. 이때 마속이 나서더니 자신이 가정을 지키겠다고 큰소리쳤습니다. 그리고 자신을 미더워하지 않는 제갈공명에게 만약 가정을 잃으면 자신의 목을 내놓겠다는 군령장을 쓰고서 출병했습니다. 그런데 마속은 길목을 지키라는 제갈공명의 말을 무시하고 산 위에다 군대를 배치하는 바람에 적에게 가정을 빼앗기고 말았습니다. 제갈공명은 자식과 같은 마속을 죽이는 것이 너무도 가슴이 아팠지만, 마속을 처형하라고 명령했습니다. 다른 신하들이 전쟁에서 한번 패했다고 해서 인재를 죽이는 것은 큰 손실이라면서 말렸지만 제갈공명은 군법을 지키지 않으면 어떻게 장졸을 부릴 수 있겠느냐면서 마속의 목을 베었습니다. 이 사건 때문에 상과 벌을 분명히 해야만 나라의 기강이 바로 선다는 교훈이 생겨났습니다. 기강이란 '으뜸이 되는 중요한 규율과 질서'란 뜻입니다.

1. 금송아지 사건

기강이 중요한 이유는 규율과 질서가 깨지면 공동체에 혼란과 방종이 발생하기 때문입니다. 그러면 사람들이 고통을 당하게 되고 결국에는 공동체가 무너지게 됩니다. 이것은 제갈공명의 촉나라만이 아니라 하나님을 섬긴 이스라엘도 마찬가지였습니다. 모세가 이스라엘을 애굽에서 구출하여 시내 산으로 인도하였습니다. 그리고 백성을 산 밑에 머물게 하였고 하나님께 율법을 받기 위해서 산 위로 올라갔습니다. 40일 동안 금식하면서 오직 하나님의 말씀을 듣는 일에 전념하였습니다. 그런데 모세가 자리를 비운 산 아래서 문제가 생겼습니다. 처음에는 얌전하게 지내던 백성이 모세가 산 위로에 올라간 지 한 달이 되었는데도 내려오지 않자 동요하기 시작했습니다. 아무래도 모세에게 좋지 않은 일이 생겼을 것이라는 생각이 들었습니다. 말하기 좋아하는 사람들은 이때를 놓치지 않고 유언비어를 만들어냈습니다. 모세가 나이가 많아서 죽었든지 아니면 우리를 잊어버리고 자기만족에 취해 있을 것이라고 하였습니다. 그러니 모세 대신 새로운 지도자를 뽑아서 백성을 다스리게 해야 한다고 주장했습니다.

이때 모세를 싫어하던 사람이 바위 위에 올라가더니 큰 소리로 말했습니다. "친애하는 백성 여러분, 모세는 살았는지 죽었는지 알 수 없습니다. 혹시 살아 있다고 해도 자리를 너무 오랫동안 비웠기 때문에 명백한 직무유기입니다. 우리는 이렇게 무책임한 지도자를 따를 수 없습니다. 우리는 새로운 신을 만들어서 숭배해야 합니다. 그래야 그 신이 우리를 지켜주고 애굽으로 돌아가게 할 것입니다. 여러분이 갖고 있는 금을 모두 가져 오십시오. 그 금으로 송아지를 만들겠습니다. 금송아지가 완성되면 새로운 신의 탄생을 축하하면서 흥겨운 파티를 벌입시다." 그러자 여러 백성이 그 의견이 매우 좋다면서 금송아지를 만드는 일을 적극적으로 거들었습니다. 이들은 정권이 바뀐 것을 틈타서 출세해 보겠다는 야망을 품었거나 향락을 좋아하는 사람들이었습니다. 물론 훌은 금송아지를 만드는 것을 반대했습니다. 그러나 폭력배들이 훌을 돌로 죽이자 더 이상 반대하는 사람들이 없어졌습니다. 백성은 금송아지를 만든 다음 제사를 지냈고 밤새도록 술과 고기를 먹으면서 음란한 짓을 하였습니다.

모세가 산에서 내려왔습니다. 백성이 금송아지 주변에서 춤을 추고 있는 광경을 보고 너무도 화가 난 모세가 양손에 들고 있던 십계명 돌판을 산 아래로 내던졌습니다. 그런 다음 금송아지를 박살 내서 가루로 만들었습니다. 그 가루를 물에 뿌려서 백성에게 마시게 하였습니다. 금송아지의 제작에 참여한 아론을 사정없이 책망했습니다. 이어서 하나님께 엎드려서 이 백성의 죄악을 용서해 달라고 빌었습니다. 이렇게 해서 금송아지 사건이 마무리 되었으면 괜찮았을 것입니다. 그런데 모세가 백성의 상태를 보니 아직도 축제의 흥분이 가라앉지 않아서 정신을 차리지 못하고 있었고 뭔가 조처를 하지 않으면 부도덕한 짓을 계속하게 해달라고 난동이라도 부릴 것 같은 기세였습니다. "모세가 본즉 백성이 방자하니 이는 아론이 그들로 방자하게 하여 원수에게 조롱거리가 되게 하였음이라."(25절)

이 구절에는 방자하다는 단어가 두 번이나 나오는데 이것을 영어 성경은 흥분해서 날뛴다고 표현하였습니다. 백성이 하나님을 버리고 금송아지를 섬겼음에도 불구하고 그런 죄에 대해서 회개하거나 자숙하지 않았다는 뜻입니다. 기강이 완전히 풀어져서 자기들 멋대로 행동하였다는 의미입니다. 이런 백성을 보고 모세가 가만히 있으면 하나님이 백성을 멸망시키실 것 같았습니다. 그래서 모세가 크게 외쳤습니다. "누구든지 하나님의 편에 있는 자는 내게로 나아오라." 그러자 레위 자손이 나아왔습니다. 모세가 명령했습니다. "너희는 각각 허리에 칼을 차고 진 이 문에서 저 문까지 왕래하면서 너희의 형제와 친구와 이웃을 죽이도록 해라." 레위 사람들이 칼을 차고 다니면서 백성을 죽였습니다. 그날에 죽은 사람은 3천 명이나 되었습니다. 그렇다고 레위 사람들이 아무 백성이나 닥치는 대로 죽인 것은 아니었습니다. 금송아지를 만들고 섬기는 일을 주도했던 사람들만 골라서 죽였습니다. 이들은 모세가 나타나자 일부는 술에 취해서 춤을 추고 있었지만 일부는 백성 속으로 도망쳤습니다. 모세에게 처벌당하는 것이 두려웠기 때문입니다. 이런 사람들을 레위인이 일일이 찾아내서 죽였던 것입니다. 공동체에 질서와 안정을 되찾게 하였습니다.

모세는 금송아지의 주동자를 모두 죽임으로써 백성이 우상을 섬긴 죄가 얼마나 큰 것인가를 깨닫게 하였고 다시는 백성이 우상을 숭배하지 못하도록 만들었습니다. 금송아지 때문에 흐트러졌던 백성의 기강을 바로잡았습니다. 이로 인해 모세가 백성을 통제할 수 있었고 가나안으로 인도할 수 있었습니다. 이 일은 레위인의 헌신 때문에 가능하였습니다. 모세가 그들에게 "각 사람이 자기의 아들과 자기의 형제를 쳤으니, 오늘 여호와께 헌신하게 되었느니라. 그가 오늘 너희에게 복을 내리시리라."라고 칭찬하였습니다. 왜 레위 사람들이 친족을 죽인 것이 헌신이 되고 하나님께 복을 받을 일이 될까요? 그들이 행한 일은 결코 쉬운 일이 아니었습니다. 레위 사람들이 죽인 이들은 비록 금송아지를 섬겼을지라도 이스라엘 백성이요, 형제들이었습니다. 이들 중에는 레위 사람들의 가족과 친구도 있었고 가깝게 지내던 사람도 있었습니다. 그런데도 그들은 인정과 의리를 뛰어 넘어서 형제들을 죽였다. 개인적인 관계보다 중요한 것은 공동체를 살리는 것입니다. 공동체에서 악을 제거해야 하기 때문입니다. 그래야 공동체의 질서가 회복되고 새로워질 수 있기 때문입니다. 그래야 하나님의 인도를 받아서 가나안 땅에 들어갈 수 있기 때문입니다. 이것을 위해 레위 사람들이 앞장섰기 때문에 모세는 이들이 하나님께 헌신하였다고 했고 그 헌신에 대해 하나님이 복 주실 것이라고 했습니다.

2. 쓰라린 헌신

본래 헌신이란 자기 몸을 바친다는 뜻이고 자신의 인생을 몽땅 투자한다는 의미입니다. 마치 구약시대에 나실인이 하나님을 위해 산 것처럼 자기 능력과 소유와 시간을 모두 하나님을 위해 사용한다는 뜻입니다. 그런데 레위인은 자신의 몸과 인생을 바친 것이 아니라 형제들의 생명을 하나님께 바쳤습니다. 이것을 어떻게 헌신이라고 말할 수 있습니까? 레위인은 자신의 생명과 다를 바 없는 형제와 친구들의 생명을 하나님께 바쳤기 때문입니다. 레위인은 그들을 죽이면서 가슴이 몹시 아팠을 것이고, 죽인 후에도 속이 크게 상했을 것입니다. 정이 많은 사람은 자기가 죽인 사람을 붙잡고 한참 울었을 것이고 소심한 사람은 죽은 사람이 눈에 어른거려서 며칠 동안 잠을 자지 못했을 것입니다. 이처럼 레위인은 자신보다 소중한 사람들을 하나님께 바쳤습니다. 백성이 우상을 숭배한 것에 대한 하나님의 분노를 누그러뜨리려 피를 나눈 사람들을 제물로 삼았습니다. 무서운 죄 때문에 멸망할 수밖에 없는 백성을 살리기 위해 가슴이 쓰라리고 얼굴을 들 수 없는 헌신을 했던 것입니다. 이런 헌신 때문에 레위인은 하나님께 복을 받았습니다. 성막에서 하나님을 섬기는 권리와 백성에게 율법을 가르치는 지위를 획득하였습니다. 야곱의 시대에 레위는 할례받은 세겜 사람들을 죽였기 때문에 저주받아 가나안에서 땅을 분배받지 못했습니다. 그런데 이번에 레위인은 방자한 사람들을 죽임으로써 하나님께 복을 받았습니다. 그래서 하나님과 백성 사이에서 중보자로서 일하게 된 것입니다. 자기 생각과 감정을 억누르고 아무나 할 수 없는 특별한 헌신을 했기 때문에 하나님으로부터 큰 상을 받았습니다. 본래 사람은 이기적이기 하나님이 나에게 잘해주기를 바라고 다른 사람들이 나를 섬겨주기를 원합니다. 그래서 기도할 때도 이것도 주시고 저것도 달라고 간구하지 내가 무엇을 바치게 해달라고 하지 않습니다. 사람들에게도 조금 주고 많이 받기를 원하지 내가 손해나고 희생하려고 들지 않습니다. 이것은 죄성을 가진 사람의 본성이기 때문에 본성과 다른 헌신이 값지고 보배로운 것입니다.

헌신은 사명을 감당하는 일이나 선행을 하는 것보다 훨씬 더 어렵습니다. 사명은 조금만 노력하면 감당할 수 있고 선행은 약간만 애쓰면 행할 수 있습니다. 그러나 헌신은 나를 몽땅 바치는 것이요, 나의 소유를 버리고 생명을 바치는 것입니다. 이처럼 헌신이 힘들기 때문에 많은 보상이 뒤따릅니다. 헌신 없이 큰 복을 받으려는 것은 자신을 속이는 것이요, 공평하신 하나님을 곤란하게 만드는 것입니다. 하나님께서 구원을 거저 주시지만 복은 사람의 행위에 따라 주십니다. 헌신은 나를 위한 것이 아니라 남을 위한 것이라는 생각을 할 수 있습니다. 헌신하면 나는 모든 것을 바쳐야 하기 때문에 손해라고 생각합니다. 남 좋은 일을 시키는 것이라는 생각이 들 수 있습니다. 그러나 예수님은 세상에서의 복과 하나님 나라에서의 상에 대해서 약속하셨습니다.

성도들의 헌신은 최고의 가치가 있습니다. 예수님은 모든 사람의 행위를 알고 계시고 행위에 따라서 상벌을 주십니다. 헌신자들은 한없는 기쁨과 영광을 받게 될 것입니다. 헌신은 개인에게만 좋은 것이 아니라 공동체에도 유익을 줍니다. 모든 공동체는 구성원들의 헌신을 통해서 강하고 형통해 집니다. 헌신은 의무보다 훨씬 큰 힘을 갖고 있습니다. 의무는 사람들이 기본적인 일만 행하기 때문에 현상 유지만 할 수 있습니다. 국민이 국방이나 납세의 의무를 행한다고 해서 나라가 부강해지지 않습니다. 의무를 뛰어 넘어서 자신의 소유를 바치고 자신을 희생해야 강대국이 될 수 있습니다. 이처럼 헌신은 공동체를 성장시키는 놀라운 힘을 갖고 있습니다. 우리의 공동체가 좋아지고 발전하도록 하려면 내가 헌신해야 합니다. 단순히 남편과 아내의 의무만 행하는 것으로서는 가정이 좋아지지 않고, 목사와 성도들이 기본적인 일만 해서는 교회가 부흥하지 않습니다. 가정이 번영하도록 하려면 자기희생을 마다하지 않아야 하고 교회가 성장하도록 하려면 부지런히 봉사하고 전도해야 합니다. 나의 안녕과 쾌락을 위해 사는 것이 아니라 가정과 교회를 위해 수고하고 헌신해야 합니다. 그래야 우리의 공동체가 든든히 설 수 있습니다. 성도들은 죄로부터 공동체를 지키기 위해서도 헌신해야 합니다. 레위인이 방자한 형제들을 처단함으로써 이스라엘을 정결하게 만들었던 것처럼 우리도 공동체의 순결을 지키기 위해서 악하고 더러운 것들을 몰아내야 합니다. 나의 가정과 교회가 어떤 상태인지에 대해서 관심이 없거나 나만 편하고 즐기면 된다는 생각으로 공동체에 부정과 비리가 생겼는데도 방관해서는 안 됩니다. 그것들에 대해서 지적을 하거나 고발을 해서 공동체가 병들거나 썩는 것을 막아야 합니다.

오늘날 한국교회는 기강을 바로 세워야 할 때이고 기강을 바로 세우기 위해서는 레위인들과 같은 헌신을 해야 합니다. 왜냐하면 한국교회가 급속도로 세속화되고 있어서 누군가가 브레이크를 밟지 않으면 머지않아 교회의 본질과 기능을 상실할 수밖에 없기 때문입니다. 오늘날 한국교회를 이끌어 가고 있는 지도자 중에 많은 분은 믿음이 아니라 돈으로 모든 일을 해치우고 있고 세상에서 더 누리고 즐기기 위해 국가의 권력까지 탐내고 있습니다. 내 몸에 암이 자라고 있는데도 잘라내지 않으면 그 암이 커져서 목숨을 잃게 됩니다. 반면에 당장은 부끄럽고 손해날지라도 진정으로 회개하고 더러운 것들을 몰아내면 교회가 깨끗해집니다. 그런 다음 하나님의 말씀대로 세우고 운영하면 교회가 다시 일어서게 됩니다. 그러므로 우리는 교회를 새롭게 바꾸기 위해 헌신해야 합니다. 우리는 거룩하신 하나님의 자녀이기 때문에 거룩해지는 것을 신앙생활의 목표로 삼아야 합니다. 우리는 주님의 아내이므로 선하고 아름다워져야 합니다. 우리가 영원히 살 곳에는 악하고 추한 것들이 없고, 정결하고 향기로운 것들만 있으므로 순결하고, 고상해져야 하고, 나의 마음과 눈길을 주님께 두어야 하고, 주님을 닮아가야 합니다. 성령님의 도우심을 받아서 내가 가진 약점과 결함을 제거하고 주님처럼 겸손하고 완전해야 합니다. 나만 정직하고 성실하게 살아가는 것이 아니라 나의 가정과 국가와 교회도 바르고 투명하게 경영될 수 있도록 적극적으로 감시하고 시시콜콜 간섭해야 합니다. 그래서 공동체가 건강하고 도덕적이 되어 세상에서 문화명령과 선교명령을 효과적으로 행할 수 있습니다. 이처럼 우리는 하나님께 받은 거룩함을 잘 보존하고 널리 퍼뜨리면서 살아야 합니다.

성도들이 박해를 받으면서도 경건하게 살기 위해서는 세상의 부귀영화가 얼마나 허망한 것인지를 새삼스럽게 확인해야 하고 하나님 나라의 영광과 기쁨이 얼마나 좋은 것인지를 확실하게 깨달아야 합니다. 바울은 보이는 것은 잠깐이요, 보이지 않는 것은 영원하다고 했습니다. 수시로 자신을 돌아보면서 엉겁결에 달라붙은 먼지를 털어내야 하고, 우리 공동체에서 나쁘고 해로운 것들을 찾아내서 청소해야 합니다. 그래야 타락한 문화의 유혹에 넘어가지 않을 수 있고 공동체가 안전하고 번영하게 됩니다.

레위인들만 하나님께 헌신했을 때 복을 받은 것이 아니라 우리도 주님을 위해 봉사하고 희생하면 큰 상을 받습니다. 우주의 통치자이신 주님은 세상에서 사람들이 행하는 일들을 속속들이 알고 계시기 때문입니다. 모든 사람을 재판하시고 상벌을 주시기 때문입니다. 못된 사람들은 성공하고 누리지만 얼마 가지 못해서 수치와 소멸을 당합니다.

반면에 헌신자들은 당장에는 고생하지만 결국에는 잘되고 형통하게 됩니다. 이것이 사실이라는 점을 성경과 역사가 수없이 증명하고 있습니다. 우리도 직접 경험하고 있습니다. 따라서 우리는 하나님의 손길과 심판을 믿고, 거룩하고, 신실하게 살아야 합니다.

헌신의 종류가 무엇이든지 하나님이 반드시 갚아주신다는 확신을 갖고 우리가 가진 것들을 기꺼이 드리기 바랍니다. 그래서 하나님을 기쁘게 해드리고 공동체에 유익을 주기 바랍니다. 레위 사람들처럼 하나님께 복을 받기 바랍니다. 헌신의 종류에 걸맞 복을 받아 더 높아지고 존귀해지기 바랍니다. 그래서 자부심과 기쁨을 느끼며 살기 바라고 그 복을 공동체에도 나누어 주어서 모두가 유익을 얻기 바랍니다. 우리의 자손도 헌신함으로써 하나님께 풍성한 복을 받아서 형통하기 바랍니다. 한번 뿐인 인생을 참으로 뜻있게 살기를 바랍니다.

4

변화의 투쟁

민수기 31:13-18

모세와 제사장 엘르아살과 회중의 지도자들이 다 진영 밖에 나가서 영접하다가 모세가 군대의 지휘관 곧 싸움에서 돌아온 천부장들과 백부장들에게 노하니라 모세가 그들에게 이르되 너희가 여자들을 다 살려두었느냐 보라 이들이 발람의 꾀를 따라 이스라엘 자손을 브올의 사건에서 여호와 앞에 범죄하게 하여 여호와의 회중 가운데에 염병이 일어나게 하였느니라 그러므로 아이들 중에서 남자는 다 죽이고 남자와 동침하여 사내를 아는 여자도 다 죽이고 남자와 동침하지 아니하여 사내를 알지 못하는 여자들은 다 너희를 위하여 살려둘 것이니라

못된 선지자 발람이 매우 비열한 짓을 하였습니다. 하나님이 막으셔서 이스라엘을 저주하지 못하게 되자 모압 왕에게 이스라엘 남자들을 유혹하여 죄를 짓게 하라고 말한 것입니다. 그러자 모압 왕은 여자들을 동원하여 이스라엘 남자들과 음행하게 하였고 바알브올에게 제사를 지내게 하였습니다. 이에 하나님은 범죄한 이스라엘을 무섭게 징계하셨고 동시에 모세에게 이스라엘에 막대한 손실을 끼친 미디안 민족을 징벌하라고 명령하셨습니다. 그래서 모세는 일만 이천 명의 군인을 모집하여 그들에게 미디안을 전멸시키라고 지시하였습니다. 이스라엘 군대는 미디안으로 진격하여 미디안의 왕들과 남자들을 모두 죽였습니다. 그런 다음 미디안의 여자들과 아이들을 사로잡아 그들의 가축과 재산을 탈취해서 귀환했습니다. 그런데 이들을 영접하던 모세가 갑자기 화를 냈습니다. 그 이유는 미디안 여자들과 아이들을 살려서 데려왔기 때문입니다. 모세는 그 포로들을 처리하라고 명령했습니다. "아이들 중에서 남자는 다 죽이고 남자와 동침하여 사내를 아는 여자도 다 죽이고 남자와 동침하지 아니하여 사내를 알지 못하는 여자들은 다 너희를 위하여 살려둘 것이니라."

1. 처형의 기준

이 말씀을 현대인의 관점으로는 이해하기 어려운 부분이 있습니다. 오늘날의 국가는 전쟁할 때 민간인을 학살해서는 안 되고 군인이라 할지라도 항복한 사람은 살려 주어야 하며 포로를 학대해서는 안 되기 때문입니다. 만약 이것을 위반하면 국제사회로부터 커다란 비난을 받을 뿐만 아니라, 여러 가지 제재를 받기도 합니다. 이스라엘은 오늘날과 같은 인도적인 처사를 전혀 행하지 않았습니다. 그들은 미디안의 군인들을 항복의 여부와 상관없이 모두 죽였고, 포로로 잡아 온 남자아이들과 결혼한 여자들까지 죽였습니다. 오직 살려준 사람은 결혼하지 않은 여자들뿐이었습니다. 남자아이들과 결혼한 여자들은 전쟁의 주도자가 아니라 피해자이고 전쟁터에서 보호받고 구제받아야 할 대상입니다. 그런데 누구보다 인품이 온유했던 모세가 이스라엘 군인들이 차마 죽이지 못하고 포로로 잡아 온 비전투원들을 사정없이 죽였습니다.

모세가 남자아이들과 결혼한 여자들을 죽이라고 한 이유를 다음과 같이 밝혔습니다. "보라, 이들이 발람의 꾀를 따라 이스라엘 자손을 브올의 사건에서 여호와 앞에 범죄하게 하여, 여호와의 회중 가운데에 염병이 일어나게 하였느니라."(16절) 이 말씀처럼 결혼한 미디안 여자들을 죽여야 하는 이유는 그녀들이 이스라엘에게 손실을 끼친 주범이었기 때문입니다. 얼마 전에 이스라엘의 남자들을 유혹하여 음행하고 우상숭배 하도록 유인한 것은 미디안의 남자들이 아니라 여자들이었습니다. 이 여자들의 음흉한 장난 때문에 이스라엘 남자들이 염병으로

2만 4천명이 죽었습니다. 그러니 그녀들은 죽음으로 그 대가를 치르는 것이 마땅했습니다. 무엇보다 이 여자들은 이스라엘 남자들이 범죄하도록 만든 전력이 있었습니다. 이 여자들을 살려 두어서 이스라엘과 함께 살게 하면 또다시 이스라엘의 남자들을 유혹하여 법이 금한 일들을 하게 할 수 있었습니다. 이런 위험 때문에 모세는 결혼한 여자들을 모두 죽이라고 한 것입니다. 이스라엘을 미혹시킬 수 있는 화근을 사전에 뽑아버린 것입니다.

모세는 모든 여자를 죽인 것이 아니라 결혼한 여자들만 죽였고, 미혼인 여자들은 살려두었습니다. 미혼인 여자들을 살려둔 이유는 '너희를 위하여'라고 하였습니다. '너희를 위해서'라는 말은 이스라엘 백성이 미혼인 여자들을 아내나 종으로 삼아 이스라엘 백성으로 받아들이기 위해서입니다. 그런데 왜 기혼인 여자들은 죽이고 미혼인 여자들만 살려두었을까요? 미혼인 여자들은 이스라엘 백성과 함께 살면 이스라엘에 동화될 수 있습니다. 미디안에서 이스라엘로 시집갔다는 생각 때문에 새로운 환경에 적응할 수 있었습니다. 반면에 기혼인 여인들은 변화의 가능성이 없습니다. 이미 미디안 남자의 아내가 되었으므로 미디안 여자라는 신념을 갖고 있었고 이스라엘은 나의 남편과 부모를 죽인 원수라는 증오심을 품고 있었습니다. 그래서 이스라엘을 향하여 복수하려고 들었지 이스라엘에 동화되려고 하지 않습니다. 복수하는 방법은 이스라엘에 우상의 숭배와 풍습을 퍼뜨려서 백성들이 하나님께 처벌받게 하는 것이었습니다.

평생을 미디안 여인으로 살 것이냐 아니면 이스라엘 백성으로 변할 것이냐를 기준으로 삼아서 죽이거나 살렸습니다. 그렇다면 남자아이들은 왜 죽였습니까? 아이들은 어리기 때문에 할례도 주고 율법도 가르치면 이스라엘 백성이 될 수 있지 않을까요? 설사 이스라엘 백성이 되지 않더라도 노예로 부려 먹을 수 있을 것입니다. 그런데 왜 이런 시도도 하지 않고 무참하게 죽였을까요? 이 문제 때문에 한동안 고심하고 얻게 된 결론은 남자아이들은 성인이 되면 본색을 드러낸다는 것이었습니다. 어렸을 때는 힘이 없으므로 가만히 있지만 어른이 되면 자기 부모를 죽인 사람들에게 복수합니다. 미디안 남자아이들이 나중에 커서 이스라엘을 대적할 것이기 때문에 죽임을 당한 것이었습니다. 이스라엘과 함께 살기 때문에 생활은 비슷해 보여도 정신은 변하지 않기 때문에 제거당했던 것입니다.

그렇다면 변화가 사람을 죽여야 할 만큼 중요했나요? 미디안 사람들이 변하지 않더라도 더불어 살아가는 방법을 모색하면 되지 않았겠습니까? 오늘날은 포스트모더니즘 시대라서 종교와 문화와 세계관이 다른 사람들도 한데 어울려서 살고 있습니다. 나는 상대방의 삶을 이해해주고, 상대방도 나의 삶의 방식을 인정하면서 생활하고 있습니다. 그런데 왜 이스라엘은 미디안과 공존하려는 노력은 하지 않고 나에게 동화될 수 없다는 것 때문에 죽였을까요? 변화는 이스라엘의 흥망을 결정했기 때문입니다. 상대방을 나한테 변화시키면 생존할 수 있지만, 내가 상대방처럼 변하면 멸망했기 때문입니다. 이스라엘은 다른 민족과 구별된 하나님의 백성입니다. 하나님의 백성이기 때문에 하나님을 섬기면서 율법을 지켜야 했습니다. 이스라엘이 우상을 섬김으로 이방 나라와 똑같아지면 존재의미를 잃게 됩니다. 세상의 민족 중의 하나가 되어버리기 때문입니다. 변화는 이스라엘의 생사와 직결되었기 때문에 매우 중요했습니다. 그래도 감정적으로 수긍이 안 되는 분들은 세상에는 중간 지대가 없다는 사실과 구약시대의 이스라엘은 세상에서 유일한 교회였다는 특수성을 고려해야 합니다. 정치에만 이편과 저편이 있는 것이 아니라 신앙에서도 하나님을 섬기느냐 아니냐만 존재하지 중립의 상태는 없습니다. 예수님을 믿으면 하나님의 자녀이지만 믿지 않으면 마귀의 종입니다. 이런 신분 자체가 이미 한쪽 편에 선 것이기 때문입니다. 이스라엘도 하나님의 백성이 될 수 있느냐 없느냐를 기준으로 살리고 죽였던 것입니다.

이스라엘을 안전하게 보존해야 했던 이유는 당시에 세상에는 수천 개의 부족과 민족들이 있었지만 교회는 이스라엘밖에 없었기 때문입니다. 이 교회가 이방 민족에게 동화되어서 하나님과 율법을 버리면 세상에서 교회가 사라지게 됩니다. 그러면 하나님이 계획하신 인간의 구속 사역이 차질을 빚게 됩니다. 그래서 모세는 이스라엘이 세속화되지 않도록 지키는 일에 전념했던 것입니다.

2. 변화의 투쟁

이러한 법칙은 오늘날의 교회에도 그대로 적용됩니다. 오늘날의 교회도 자기 정체성을 유지하면 생존할 수 있지만 상실하면 사라지게 됩니다. 어떤 상황에서도 교회가 말씀 위에 서 있고, 말씀을 가르치고 행하면 교회의 존재감이 드러나게 됩니다. 교회가 복음을 전해서 사람들을 구원하고 구원받은 사람들을 말씀으로 양육해서 주님의 일꾼으로 세우면 교회의 몸값이 올라갑니다. 또한 세상에서 빛과 소금의 역할을 잘 행해서 사람들을 변화시키면 교회의 위상이 높아집니다. 반면 교회가 세상 나라의 박해에 굴복해서 신앙을 버리거나 세상의 유혹에 넘어가서 본질을 잃어버리면 존재의미가 없어지기 때문에 하나님과 사람들에게 버림받습니다. 따라서 교회의 가장 중요한 것은 크게 성장하거나, 이벤트를 화려하게 하거나 구제와 선교를 많이 하는 것이 아니라 교회의 본질을 지키는 것입니다. 교회가 세속화되어서 인간적인 공동체로 변질하지 않도록 경계해야 하고 환경이 열악해서 말씀대로 교회를 운영할 수 없을 때는 수도원처럼 세상과 담을 쌓더라도 신앙을 보존해야 합니다.

혹시 오늘날 우리가 편안하게 신앙생활 한다고 해서 교회가 세상과 변화의 투쟁을 하지 않는다고 생각해서는 안 됩니다. 우리나라는 국민이 권리와 자유를 누리고 있고 국가가 종교에 대해서 간섭하지 않기 때문에 교회가 자신의 역할을 적극적으로 행하고 있습니다. 이처럼 교회와 국가는 서로를 인정하고 협력하기 때문에 어떤 불협화음도 없어 보입니다. 따라서 교회와 세상이 서로를 자신에게 동화시키기 위해서 싸우고 있다는 설교가 허풍처럼 들릴 수 있습니다. 그러나 지금 한국교회가 세속화 되어 가고 있다는 것을 부정하는 사람은 별로 없습니다. 교회가 무슨 일이 생기면 하나님께 기도하기보다는 돈을 먼저 찾고 하나님의 역사를 기다리지 못하고 돈으로 해결하려고 하기 때문입니다. 그런데 세상은 교회를 돈에 무릎 꿇린 것으로 만족하지 못하고 지역감정을 조장해서 교회들이 특정 정당을 편들게 하고 있습니다. 교인들이 지역으로 갈라져서 싸우고 있습니다. 이런 상황인데도 교회가 세상과 변화의 투쟁을 하고 있지 않다고 말할 수 있겠습니까?

역사적으로 교회는 변화의 문제로 씨름하지 않은 적이 없었습니다. 고난 중에도 교회의 본질을 지켰을 때는 존립했지만 평안할 때도 세속화를 경계하지 않았을 때는 쇠퇴하였습니다. 좋은 예가 로마제국의 카타콤 교회와 중국의 경교 교회입니다. 초대교회의 신자 중에는 로마제국의 박해를 피해서 카타콤으로 들어갔고 그곳에서 간신히 살아남았습니다. 이런 방식으로 교회의 본질을 지켰기 때문에 나중에 복음으로 로마제국을 정복할 수 있었습니다. 반면 당나라의 교회는 중국인에게 배척당하지 않으려고 예배드릴 때 목탁을 두드리면서 불교의 한 교파처럼 행세하였습니다. 덕분에 200년간 10만 명의 신자를 얻을 수 있었습니다. 그러나 황제에게 박해를 받자 신자들이 불교에 합류해 버렸기 때문에 경교가 사라지고 말았습니다. 이것은 교회가 세상과 타협하면 당장에는 이익을 얻지만 생명이 없는 교회를 아무도 목숨걸고 지키려고 하지 않기 때문에 쉽게 무너진다는 것을 가르쳐줍니다.

그러므로 교회는 먼저 자기정체성을 확고히 지키면서 그다음에 상황과 접촉해야지 아무런 생각 없이 시대 상황에 휩쓸리거나 눈앞의 이득과 편리를 위해서 세상과 타협해서는 안 됩니다. 교회의 규모를 유지하기 위해 편리한 시설과 짜릿한 이벤트에 치중해서도 안 됩니다. 교회가 본질을 잃어버리면 몸집이 아무리 커져도 변질된 것이기 때문에 어떤 경우에도 양보해서는 안 됩니다. 교회는 형편이 어렵고 열매가 맺히지 않아도 처음부터 말씀을 지키고 행해야 합니다. 성도들이 말씀대로 생활의 모범을 보이고 사랑을 베풀어서 사람들의 마음을 감동시켜야 하고 그들에게 말씀을 가르쳐서 가치있게 살도록 이끌어 주어야 합니다.

변화의 싸움은 공동체만이 아니라 성도 개인도 치르고 있다는 사실을 잊어서는 안 됩니다. 성도는 한 발은 세상에 딛고 있고 한 발은 교회에 딛고 있기 때문입니다. 두 공동체는 성격이 전혀 다르면서 나를 자기편으로 잡아당기고 있기 때문입니다. 세상은 편리한 생활과 성공의 영광을 제시하면서 끌어당기고, 교회는 하나님 나라에서의 영생과 행복을 약속하면서 잡아당깁니다. 어느 쪽에 서야 할지 갈등을 느낄 때가 있고 한쪽에서 잘 나가다 보면 다른 쪽을 소홀히 할 수 있습니다. 세상에서 출세하고 부유해지면 교회 생활을 등한히 할 수 있고 교회에서 은혜를 풍성히 받으면 세상 생활을 무가치하게 여길 수 있습니다. 그러나 성도는 어느 한쪽으로 치우친다고 해서 다른 쪽과 무관하게 살 수 있는 것이 아닙니다. 세상 편에 선다고 해서 교회와 담쌓는 것이 아니고 교회 편에 선다고 해서 세상과 원수 되는 것도 아닙니다. 성도는 교회이면서 동시에 세상 사람이기 때문입니다. 따라서 두 요소는 하나를 선택해야 하는 것이 아니라 두 요소의 의미를 알고 행해야 합니다.

성도들은 하나님으로부터 부르심을 받아서 교회가 되었고 교회로부터 파송을 받아서 세상에서 생활하고 있습니다. 교회가 된 이유는 죄와 사망에서 구원받아 하나님과 함께 영원히 복락을 누리도록 하기 위해서 입니다. 따라서 성도들은 구원보다 중요한 것은 없다는 믿음을 확실히 가져야 합니다. 동시에 교회에서 파송 받은 이유는 세상에서 복음을 전하여 사람들을 하나님께로 인도해야 하고 그들이 하나님의 영광을 위해 살도록 가르치기 위해서입니다. 그러므로 성도들은 하나님이 나를 세상에 보내신 이유가 이 사명을 행하도록 하기 위해서임을 명심해야 합니다. 이 사명을 행하기 위해서는 나는 하나님의 자녀라는 신분의식을 굳게 가져야 하고 말씀대로 살아야 하며 세상을 변화시키겠다는 목표를 세우고 이루기 위해 힘써야 합니다. 신분의식이 강해야 세상에서 불이익을 당해도 기죽지 않을 수 있고, 말씀대로 살아야 세상에서 빛과 소금 노릇을 할 수 있으며, 목표가 뚜렷해야 세상을 바꿀 수 있기 때문입니다.

교회는 세상에서 가난하고 비천한 사람들에게 현실도피용으로 하나님의 자녀란 신분을 제시한 것이 아닙니다. 하나님의 자녀들은 내면의 평안과 현실의 기쁨과 미래의 소망을 갖고서 세상 사람들보다 훨씬 행복하고 유익하게 삽니다. 세상 사람들을 근본적으로 바꾸지 않는 한 그들이 설립하고 운영하는 세상은 달라지지 않습니다. 죄인이 의인으로 변하지 않으면 자기중심이 하나님 중심으로 바뀌지 않게 되고 여전히 자신의 이익과 즐거움을 위해서 살게 됩니다. 그런 세상은 부정과 비리, 향락과 퇴폐와 같은 문제들이 발생할 수밖에 없습니다.

그래서 세상을 변화시키려면 먼저 사람들에게 복음을 전해서 예수님을 영접하게 해야 합니다. 하나님의 자녀가 되어야 말씀대로 살게 됩니다. 말씀대로 사는 사람이 많으면 많을수록 세상이 좋아지게 됩니다. 물론 성도들은 여전히 죄성을 갖고 있어서 말씀을 완전하게 행할 수 없고 세상에서 보고 배워서 형성한 세계관 때문에 잘못 생각하고 판단하기도 합니다. 그러나 이것은 계속해서 말씀을 읽고 들으며 성령님의 도우심을 받으면 교정됩니다. 성도들은 더욱 거룩해져야 하고 많은 사람에게 선한 영향력을 행사해야 합니다. 그러면 여러분이 세상을 향해서 이러쿵저러쿵 말하지 않아도 세상이 조금씩 변하게 됩니다. 우리 주변을 보면 세상 사람들도 세상을 바꾸기 위해서 투쟁하고 있습니다. 많은 저항과 장애물에 부딪혀도 멈추지 않고 잘못된 것들을 뜯어 고치려 합니다. 공동체를 건강하고 번영하도록 만드는 것입니다. 성도는 세상을 따라가는 것이 아니라 세상을 바꾸어야 합니다. 말씀으로 세상을 정화하고 구원해야 합니다.

5

에봇의 부작용

사사기 8:27-35

기드온이 그 금으로 에봇 하나를 만들어 자기의 성읍 오브라에 두었더니 온 이스라엘이 그것을 음란하게 위하므로 그것이 기드온과 그의 집에 올무가 되니라 미디안이 이스라엘 자손 앞에 복종하여 다시는 그 머리를 들지 못하였으므로 기드온이 사는 사십 년 동안 그 땅이 평온하였더라 요아스의 아들 여룹바알이 돌아가서 자기 집에 거주하였는데 기드온이 아내가 많으므로 그의 몸에서 낳은 아들이 칠십 명이었고 세겜에 있는 그의 첩도 아들을 낳았으므로 그 이름을 아비멜렉이라 하였더라 요아스의 아들 기드온이 나이가 많아 죽으매 아비에셀 사람의 오브라에 있는 그의 아버지 요아스의 묘실에 장사되었더라 기드온이 이미 죽으매 이스라엘 자손이 돌아서 바알들을 따라가 음행하였으며 또 바알브릿을 자기들의 신으로 삼고 이스라엘 자손이 주위의 모든 원수들의 손에서 자기들을 건져내신 여호와 자기들의 하나님을 기억하지 아니하며 또 여룹바알이라 하는 기드온이 이스라엘에 베푼 모든 은혜를 따라 그의 집을 후대하지도 아니하였더라

창업보다 어려운 것이 이룬 것을 지키는 것이라고 합니다. 그 이유는 사람들이 성공한 다음에는 초심을 잃어버리고 긴장을 풀어버리기 때문입니다. 목표를 이루면 이제는 됐다는 생각 때문에 방심하게 됩니다. 그동안 수고한 것에 대한 보상심리 때문에 누리는 일에 치중하다 보면, 이곳 저곳에서 누수 현상이 생깁니다. 아차 하는 순간 모든 것을 잃어버리지 않으려면 한번 성공한 것으로 만족해서는 안 되고 그 성공을 지키기 위해서 애쓸 뿐만 아니라 더 크게 성공하기 위해서 다시 노력해야 합니다.

1. 에봇의 제작

기드온은 이스라엘 백성을 위해 큰 일을 하였고 미디안과의 전쟁에서 거둔 승리가 너무도 대단했기 때문에 그의 명성과 존엄은 그가 살아 있을 때만이 아니라 자자손손 계속되리라는 것을 의심할 사람이 없었습니다. 다른 민족은 이스라엘을 식민 통치하면서도 민심을 달래기 위해 적당하게 탄압과 갈취를 하였는데 미디안은 날강도처럼 이스라엘의 재산을 모두 빼앗아 감으로써 백성이 헐벗고 굶주리게 하였습니다. 이런 짓을 7년이나 계속하자 많은 백성이 견딜 수 없을 정도로 고통을 당했습니다. 이런 상태에서 기드온이 앞장서서 미디안과 싸웠고 큰 승리를 거두었습니다. 300명의 용사로 15만 명의 미디안의 군대를 격파함으로써 완전한 해방과 자유를 얻었습니다. 이런 업적을 이루자 백성들이 몹시 감격하고 감사해서 기드온을 이스라엘의 왕으로 삼으려고 하였습니다. 당신이 우리를 미디안의 손에서 구원하였으니 당신과 당신의 자손이 우리를 다스려달라고 부탁하였습니다. 기드온이 백성에게 얼마나 큰 사랑과 존경을 받았는지를 알 수 있습니다. 기드온과 그의 자손은 두고 두고 백성에게 높임과 우대를 받을 것 같았습니다. 그런데 기드온이 죽은 후에 상황은 이상하게 돌아갔습니다.

기드온이 죽자마자 백성이 바알을 음란하게 섬기며 원수들의 손에서 구원하신 하나님을 잊어버렸으며 기드온이 자신들에게 베푼 은혜도 기억하지 않았습니다. 이것이 문제가 되는 이유는 다른 사사시대에는 이방 나라로부터 구원받은 적이 있었던 백성은 우상을 섬기지 않았고 탄압과 착취의 고통에서 구원해 주신 하나님을 열심히 섬겼기 때문입니다. 다만 그들의 자손은 하나님께 구원의 혜택을 받지 않았기 때문에 거리낌 없이 우상을 섬겼던 것입니다. 그런데 기드온 시대의 백성은 하나님에 의해 미디안으로부터 구원을 받았으면서도 우상을 섬겼습니다. 그들의 자손이 바알을 섬긴 것이 아니라 하나님께 직접 구원의 혜택을 받았던 사람들이 바알을 숭배한 것입니다.

기드온은 목숨을 걸고 미디안의 대군과 싸워서 백성을 구원해 기드온의 은혜가 너무도 고마워서 기드온과 그의 자손을 자신들의 왕으로 추대했습니다. 그런데 기드온이 죽자마자 그에게 입은 은혜를 잊어버렸고 그의 집안도 후대하지 않았습니다. 기드온의 첩의 아들인 아비멜렉이 권력으로 눈이 멀어서 형제 70명을 죽이고 세겜의 왕이 되었습니다. 이런 만행을 저지르는데도 백성은 아비멜렉에게서 기드온의 아들들을 구원하지 않았습니다. 이런 비극이 벌어진 이유는 에봇의 부작용 때문이었습니다. "기드온이 그 금으로 에봇 하나를 만들어 자기의 성읍 오브라에 두었더니 온 이스라엘이 그것을 음란하게 위하므로 그것이 기드온과 그의 집에 올무가 되니라."(27절)

이 말씀처럼 기드온은 금으로 제사장이 입는 에봇을 만들어 자신의 성읍에 세워놓았습니다. 그러자 백성들이 그 에봇을 바알처럼 음란하게 섬겼습니다. 결국 에봇은 바알과 비슷한 우상이 되었습니다. 기드온은 왜 에봇을 만들었고 왜 백성이 에봇을 바알처럼 섬기는데도 말리지 않았을까요? 에봇 신상으로 백성의 종교심을 충족시켜주기 위해서였습니다. 기드온은 미디안과 싸우기 전에 하나님의 명령대로 자기 동네에 있는 바알을 모두 부수었습니다. 전쟁이 끝난 후 다시 바알을 세울 수 없어서 대신 에봇 신상을 만든 것입니다. 그러자 백성도 바알 대신 에봇을 찾아가서 제사를 드리고 복을 달라고 빌었던 것입니다.

에봇은 금으로 만들었어도 바알의 모조품에 불과했습니다. 기드온이 죽자 더 이상 모조품을 섬길 필요가 없어졌기 때문에 바알을 섬겼던 것입니다. 결국 기드온은 40년 동안 백성의 종교의 자유를 탄압한 꼴이 되었습니다. 진품이 있는 바알 신전의 문을 걸어 잠그고 자신이 만든 바알의 짝퉁인 에봇을 섬기게 하였기 때문입니다. 백성은 기드온에게 입은 은혜가 너무도 컸기 때문에 감히 불평하지 못하고 에봇을 섬기는 것으로 대리만족했던 것입니다. 그런데 기드온이 죽자 이제는 더 이상 눈치를 봐야 할 사람이 없어졌기 때문에 백성들이 에봇을 버리고 바알을 찾아간 것입니다. 그리고 수십 년 동안 바알을 섬기지 못하게 했던 독재자 기드온을 의도적으로 잊어버렸던 것입니다. 그가 우리를 미디안에게서 잠깐 구해준 업적보다 오랫동안 바알을 섬기지 못하게 만든 과실이 더 크다고 믿었습니다.

기드온은 에봇이 아니라 백성의 종교심을 충족시켜 줄 가장 좋은 방법은 하나님을 잘 섬길 수 있도록 율법을 가르치는 것이었습니다. 백성에게 율법을 가르쳐서 지키게 했으면 에봇을 만들 필요가 없었고 백성도 에봇을 음란하게 섬길 필요가 없었으며 기드온이 죽자마자 바알을 섬기지도 않았을 것입니다. 기드온은 율법을 교육하는 교사들을 양성하고 마을마다 파견해서 백성을 가르쳐 율법을 지킬 수 있도록 감독하고 율법대로 다스려야 했습니다. 그러면 하나님을 잘 섬겼을 것입니다.

2. 올바른 신앙 교육

안타깝게도 사사시대의 백성은 물론 기드온도 율법을 잘 몰랐습니다. 그래서 하나님과 바알을 함께 섬기는 혼합신앙을 갖고 있었습니다. 조상을 통하여 하나님은 애굽의 군대를 홍해에 수장시킨 전쟁의 신이요, 목축업에 복을 주는 신이라고 믿었습니다. 그리고 가나안 사람들에게 배운 대로 바알은 햇빛과 비를 내려주는 농사의 신이고 아세라는 수확을 풍성하게 제공하는 다산의 신이라고 믿었습니다. 평소에는 바알과 아세라를 섬기다가 주변 민족의 침략과 탄압을 받으면 전쟁에서 이기게 해주는 하나님을 찾았습니다. 그래서 기드온이 하나님의 도우심을 받아서 미디안과의 싸움에서 승리했던 것입니다. 그런데 전쟁이 끝났기 때문에 하나님이 더 이상 필요 없어졌으므로 다시 바알을 찾았고 기드온이 살아 있을 동안에만 에봇을 바알처럼 섬겼던 것입니다.

사사시대의 가장 큰 약점은 이스라엘에게 율법을 가르치거나 집행하지 않았다는 점입니다. 물론 당시에 제사장은 있었지만, 규칙적으로 하나님께 제사를 드렸을 뿐, 백성의 신앙상태에 대해서는 관여하지 않았습니다. 또한 나라를 다스리는 왕이 없었기 때문에 백성이 율법에 어긋난 일을 해도 제재하거나 처벌하지 않았습니다. 그래서 백성은 기준이나 원칙이 없이 자신이 원하는 대로 생각하고 편리한 대로 행동했습니다. 이런 백성에게 하나님의 말씀을 전하고 가르치는 선지자도 없었기 때문에 백성이 현재 신앙생활을 잘하고 있는지 못하고 있는지를 파악할 수 없었습니다. 이런 상황이었기 때문에 백성은 율법과 상관없이 자기 소견에 좋을 대로 결정하고 실행했습니다. 자신에게 이익이 되는 일이나 자신이 좋아하는 일이라면 옳고 그름이나 유익한지 유해한지를 따지지 않고 행하였습니다. 그래서 필요할 때는 하나님을 찾았지만, 필요 없으면 하나님을 버렸던 것입니다. 현실적인 이익을 위해 바알을 찾고 숭배했던 것입니다.

백성이 율법을 알았더라면 언제 어디서 무엇을 하든지 하나님을 섬기고 의존하였을 것입니다. 율법은 하나님이 창조주요, 구속주요, 통치주라고 말하기 때문입니다. 타락한 인간을 구원하기 위해 메시아를 보내주실 것이기 때문입니다. 하나님은 사람들의 생사화복과 공동체의 흥망성쇠를 주관하시는 분이라고 소개하고 있기 때문입니다. 또한 백성이 영혼과 몸, 생활과 공동체, 직업과 환경에 복을 받기를 원한다면 율법대로 행해야 한다고 가르치고 있기 때문입니다. 따라서 백성이 율법을 배우고 익혔더라면 농사를 지을 때도 바알이 아니라 하나님께 풍년을 달라고 기도했을 것입니다. 전쟁이 일어났을 때도 강대국에게 원조해 달라고 부탁하는 것이 아니라 하나님께 적군을 물리쳐 달라고 간구했을 것입니다. 동시에 바알이나 아세라는 헛된 우상이라는 것을 알고 모두 제거했을 것입니다. 그런데 율법을 몰랐기 때문에 백성은 혼합신앙으로 하나님께 매를 맞고 고생하는 어리석음을 반복했던 것입니다.

문제는 이런 일이 이스라엘만이 아니라 우리에게서도 일어날 수 있다는 점입니다. 말씀대로 살지 않고 자기중심적으로 신앙생활 할 수 있기 때문입니다. 어떤 분은 말씀에 대한 지식이 부족하거나 지식이 있어도 믿음이 연약해서 자신의 생각과 느낌대로 살기도 합니다. 그래도 이런 분은 말씀을 체계적으로 배우고 착실하게 실천하면 나 중심에서 하나님 중심으로 바꿀 수 있습니다. 그런데 어떤 분은 신앙생활을 시작할 때 신비한 것들만 추구합니다. 말씀은 제쳐놓고 환상을 보거나, 방언을 하거나, 예언하는 것만 좋아하는 경우입니다. 이것은 영혼이 병약해질 수밖에 없습니다. 말씀을 골고루 섭취해야 합니다. 또한 어떤 분은 기독교는 사랑이라는 것 때문에 예배나 전도는 소홀히 하고 구제나 사회제도의 개선에만 열심을 내기도 합니다. 그러나 죄인이 의인으로 변하지 않는 한 세상은 달라지지 않기 때문에 복음과 빵을 함께 주어야 합니다. 사람들이 말씀대로 행해야 세상이 좋아지게 됩니다. 그런가 하면 어떤 성도는 병들고 가난할 때는 하나님께 도와달라고 밤낮없이 매달리지만, 건강하고 부유해지면 서서히 하나님을 멀리하기도 합니다. 이제는 목표를 이루었다는 생각 때문에 신앙의 긴장이 풀어져 그동안 고생해서 성공하였으니 이제는 누려야겠다는 생각 때문이기도 합니다. 그리고 어떤 성도는 별로 가지지 못했을 때는 하나님만 붙잡고 의지하면서 살더니 하나님께 복을 받아서 소유가 늘어나게 되자 더 많이 갖고 싶어서 욕심을 부리기도 합니다. 그래서 기본적인 교회생활도 하지 않은 채 돈 버는 일에만 시간과 능력을 쏟아붓기도 합니다. 이런 성도는 나는 아무리 부유해져도 변함없이 하나님을 섬기겠다고 장담합니다. 그러나 자기만족과 영광에 취해서 하나님을 멀리하기도 합니다. 이처럼 어려울 때의 마음과 넉넉할 때의 마음이 다르고 고달플 때의 행동과 편안할 때의 행동이 다르기 때문에 창업보다 수성이 더 어렵다고 말하는 것입니다.

오늘날은 포스트모더니즘의 시대라서 성도들이 말씀대로 살기가 더욱 어려워졌습니다. 포스트모더니즘은 합리주의가 근대에 왕 노릇한 것에 대한 반동으로 어떤 사상이나 종교나 단체도 사람들을 구원해줄 수 없다고 주장합니다. 그러니 고통과 죽음에서 벗어나기 위해 누군가를 의존하거나 영생과 행복을 얻기 위해 무엇에 얽매이지 말고 그냥 너 좋을 대로 살라고 말합니다. 네가 하고 싶고 즐기고 싶은 것을 마음껏 하는 것이 인생을 잘 사는 것이라고 말합니다. 이런 말에 넘어가서 교인 중에도 하나님의 말씀을 가볍게 여기고 내가 원하는 것, 내가 좋아하는 것을 추구하고 행동하는 분들이 있습니다. 말씀대로 하나님의 영광을 위해서 사는 것이 아니라 돈을 많이 벌어서 충분히 누리려고 하고 권력을 잡아서 쾌감을 느끼려고 하며 고급스러운 취미생활을 하면서 우월감에 젖어 들려고 합니다. 겉모습만 보아서는 세상 사람인지 하나님의 자녀인지를 구분할 수 없는 상태에 이르렀기 때문에 문제가 아닐 수 없습니다.

이처럼 사람은 시간과 공간 속에 있기 때문에 끊임없이 변하지만, 하나님은 시간과 공간을 창조하시고 다스리시기 때문에 항상 일정하십니다. 성도는 성도답게 선하고 가치 있는 인생을 살아야 합니다. 이를 위해서는 시대 상황마다 달라지는 요소들이 아니라 언제나 변함이 없으신 하나님을 붙잡아야 하고 하나님의 은혜로 살아야 합니다. 그래야 하나님의 보호를 통하여 안전과 행복을 누릴 수 있고 하나님의 은혜로 사명을 효과적으로 감당할 수 있습니다. 하나님은 종교의 요소인 예봇이 아니라 생명의 양식인 말씀을 통하여 은혜를 주시기 때문에 성도들이 은혜로 신앙생활 하기 위해서는 말씀을 읽고, 듣고, 묵상하며 행해야 합니다. 그래야 소극적으로 세속화되지 않게 되고, 적극적으로 세상을 변화시킬 수 있습니다.

무엇보다 성도들이 말씀대로 행하면 말씀으로부터 생활과 사역에 필요한 요소들을 공급받을 수 있습니다. 마음이 불안하고 답답할 때는 하나님의 약속으로 위로받고 자신감을 회복할 수 있습니다. 영혼이 메마르고 위축될 때는 십자가의 사랑을 통하여 감격과 기쁨을 느낄 수 있습니다. 몸이 병들거나 노쇠해질 때는 주님께서 언제나 나와 함께 하신다는 말씀을 통하여 힘과 용기를 얻을 수 있습니다. 시험에 떨어지거나 사업에 실패했을 때는 나를 연단하여 값지게 사용하리라는 말씀을 통하여 새롭게 일어서고 나아갈 수 있습니다. 기득권을 상실하거나 사람들이 떠나가거나, 죽음이 찾아올 때도 말씀을 통하여 소망을 가질 수 있습니다. 이처럼 말씀은 다양하고 필수적인 유익을 줍니다. 이런 유익을 외면하고 아무것도 해줄 수 없는 에봇을 부여잡고 신앙생활 해서는 안 됩니다.

하나님의 말씀은 신앙생활의 시작과 과정과 결말입니다. 성도는 말씀을 듣고 믿음으로 신앙을 가졌고, 말씀대로 행함으로써 신앙을 유지하며 말씀에 따라서 영생과 행복을 누립니다. 하나님의 자녀는 성공하든지, 실패하든지, 살든지, 죽든지 하나님의 말씀에 순종해야 합니다. 세상 사람들의 여론이나 문화에 휘말려서는 안 됩니다. 사람들이 만든 것들은 아무리 새롭고 요란해도 일시적이고 파편적이라서 잠시 후에는 사라지기 때문에 몹시 혼란스럽고 공허합니다. 반면에 말씀은 시대와 지역이 바뀌어도 변치 않는 진리이기 때문에 필요한 유익을 언제나 충분히 얻을 수 있습니다.

죽자마자 백성들에게 잊혀진 기드온과 달리 다윗은 3천 년이 지나도록 성도들에게 사랑과 존경을 받고 있습니다. 그 이유는 기드온은 에봇으로 백성의 종교적인 욕구를 충족시켰지만, 다윗은 말씀의 권위를 최고로 높이면서 행하고 가르쳤기 때문입니다. 그는 시편 19편 7~14절에서 율법은 완전하여 영혼을 소성시키고 확실하여 우둔한 자를 지혜롭게 하며 정직하여 마음을 기쁘게 하고 순결하여 눈을 밝게 한다고 하였습니다. 말씀은 정결하여 영원히 존재하고 진실하고 의롭기 때문에 금보다 더 사모해야 하고 송이 꿀보다 더 달게 여겨야 한다고 가르쳤습니다. 그래서 자신은 말씀을 통하여 경고를 받고 말씀을 지킴으로 상을 받는다고 자랑하였습니다. 이처럼 다윗은 철저하게 말씀 중심으로 신앙생활 하였기 때문에 하나님의 마음에 쏙 드는 사람이 되었고 그의 후손으로 예수님이 오셨던 것입니다. 다윗처럼 이 세상에서 복을 받고 저 세상에서 상을 받으며 세세토록 영광과 존귀를 받기 위해서는 말씀을 알고 행해야 합니다.

6

뭔가 아쉬운

사사기 16:4-9

이후에 삼손이 소렉 골짜기의 들릴라라 이름하는 여인을 사랑하매 블레셋 사람의 방백들이 그 여인에게로 올라가서 그에게 이르되 삼손을 꾀어서 무엇으로 말미암아 그 큰 힘이 생기는지 그리고 우리가 어떻게 하면 능히 그를 결박하여 굴복하게 할 수 있을는지 알아보라 그리하면 우리가 각각 은 천백 개씩을 네게 주리라 하니 들릴라가 삼손에게 말하되 청하건대 당신의 큰 힘이 무엇으로 말미암아 생기며 어떻게 하면 능히 당신을 결박하여 굴복하게 할 수 있을는지 내게 말하라 하니 삼손이 그에게 이르되 만일 마르지 아니한 새 활줄 일곱으로 나를 결박하면 내가 약해져서 다른 사람과 같으니라 블레셋 사람의 방백들이 마르지 아니한 새 활줄 일곱을 여인에게로 가져오매 그가 그것으로 삼손을 결박하고 이미 사람을 방 안에 매복시켰으므로 삼손에게 말하되 삼손이여 블레셋 사람들이 당신에게 들이닥쳤느니라 하니 삼손이 그 줄들을 끊기를 불탄 삼실을 끊음같이 하였고 그의 힘의 근원을 알아내지 못하니라.

삼손을 생각할 때 복잡미묘한 감정을 느낍니다. 왜냐하면 삼손이 극단적인 성격과 조건을 보여 주었기 때문입니다. 삼손은 놀랍게 성공하고 화려해졌다가 한없이 실패하고 초라해 졌습니다. 그리고 마지막에는 추락한 이미지를 회복하기는 했지만 죽음으로 모든 것을 끝냄으로써 뭔가 석연치 않은 뒷맛을 남겼습니다. 삼손이 유별난 인생을 살 수밖에 없었던 이유는 하나님으로부터 특별한 일꾼으로 선택받았기 때문입니다. 삼손의 부모는 하나님의 사자로부터 아들을 낳을 것이라는 예언과 그 아들은 나실인이라는 말씀을 들었습니다. 그 결과 삼손은 태어날 때부터 비범했고 하나님으로부터 남다른 능력과 사명을 부여 받았습니다. 그것은 강력한 힘을 가진 것이었고 그 힘으로 이스라엘 백성을 블레셋으로부터 구원하는 것이었습니다. 그러니 삼손의 일생이 순탄치 않을 것이 분명했습니다.

1. 아쉬운 사건들

삼손이 블레셋과 싸우기 위해서 한 일은 블레셋 여인과 결혼한 것이었습니다. 블레셋과 싸우려고 하면서 블레셋 여인과 결혼한다는 것은 모순인 것 갖지만, 삼손은 결혼을 미끼로 해서 싸움의 빌미를 얻으려고 하였습니다. 만약 삼손이 머리가 뛰어났다면 돈과 사람을 모으고 군대를 조직해서 블레셋과 맞붙었을 것입니다. 그러나 삼손은 강한 힘을 갖고 있었기 때문에 자신의 힘으로 블레셋을 물리칠 수 있다고 믿었습니다. 그래서 블레셋을 공격하기 위한 명분을 얻으려고 블레셋 여인과 결혼한 것입니다.

삼손은 결혼의 목적을 숨긴 채 혼자서 처가로 가서 결혼식에 참석했습니다. 일주일 동안 결혼잔치가 진행될 때 블레셋 사람들에게 수수께끼를 냈습니다. 블레셋 사람들은 삼손의 아내를 협박하여 답을 알아냈습니다. 내기에서 패한 삼손은 화가 나서 혼자서 집으로 돌아가고 말았습니다. 그러자 장인은 삼손이 자기 딸을 버린 줄 알고 그 딸을 다른 남자에게 시집 보내버렸습니다. 더욱 화가 난 삼손이 여우 300마리를 두 마리씩 묶어서 꼬리에 횃불을 매달았습니다. 그 여우들이 사방으로 뛰어다니는 바람에 블레셋 사람들의 논밭과 과수원이 잿더미가 되어버렸습니다. 그러자 열 받은 블레셋 사람들이 삼손의 장인 가족을 모두 살해하였고 그 살인자들을 삼손이 죽여서 처가 식구들의 복수를 했습니다.

이렇게 되자 블레셋 군대가 삼손을 잡아 죽이려고 나섰습니다. 그들은 직접 삼손을 수색한 것이 아니라 유다 지파를 찾아가 삼손을 잡아 오지 않으면 몰살하겠다고 협박했습니다. 이 협박에 놀란 유다의 장로들이 삼손을 찾아가서 제발 우리를 살려달라고 빌었습니다. 그 비굴한 모습을 보면서 삼손은 나를 밧줄로 묶어서 블레셋에게 넘기라고 말했습니다. 밧줄에 묶인 채로 걸어오는 삼손을 보면서 블레셋 군인들이 신이 나서 환호성을 질렀습니다. 그리고 약소국의 젊은 놈이 강대국의 국민들을 죽인 것에 대해서 본때를 보여 주겠다고 소리쳤습니다. 그런데 삼손이 끙하고 힘을 쓰자 밧줄이 가볍게 끊어졌습니다. 무기가 없었던 삼손이 주변에 있던 나귀 턱뼈를 집어 들었습니다. 그 턱뼈로 블레셋 군인 천 명을 죽였습니다. 하나님이 주신 힘으로 자신의 사명을 극적으로 행할 수 있었습니다.

문제는 기적적인 승리를 거둔 다음에 생겼습니다. 삼손이 블레셋과의 전투에 대해서 근본적인 회의를 갖게 된 것입니다. 그것은 자신의 힘의 한계를 느꼈기 때문이 아니라 유파 지파에게 실망했기 때문입니다. 그들은 삼손에게 우리가 힘을 합쳐서 블레셋과 싸우자고 말할 수 있었습니다. 그런데 유다 지파는 삼손을 이스라엘의 사사가 아니라 자신들의 안정을 해치는 적으로 여겼기 때문에 이들을 위해 계속 싸우고 싶지 않아서 삼손은 싸움을 중단했는데 더 큰 문제는 이스라엘과 함께 살 수도 없었습니다. 그들과 함께 살면 그들이 블레셋 사람들에게 괴롭힘을 당한다면서 삼손을 쫓아낼 것이 뻔했기 때문입니다. 그래서 삼손은 블레셋 지방을 떠돌아다녀야 했습니다. 삼손은 특별한 능력을 제대로 써먹지 못하였고 이스라엘도 삼손을 활용해서 유익을 얻지 못했으니 아쉬울 따름입니다. 삼손은 대단한 힘을 갖고 있었으면서도 부작용이 생겼다고 해서 블레셋과의 싸움을 멈추었습니다.

삼손이 너무 잘났기 때문에 다른 사람들과 어울리지 못한 것도 이스라엘을 구원하는 사명을 효과적으로 행할 수 없게 만들었습니다. 아무리 뛰어나도 세상에 완벽한 사람은 없고 아무리 유능해도 혼자 일하는 것보다는 여럿이 일할 때 능률이 많이 오릅니다. 무엇보다 내가 가지지 못한 부분을 다른 사람을 통해서 보완하면 더 크고 중요한 일을 할 수 있습니다. 따라서 삼손도 힘에 대한 우월감만 느끼지 말고 다른 사람들을 통해서 자신의 약점을 보완해야 했습니다. 머리가 좋아서 계획을 잘 짜는 사람이나, 정치성이 좋아서 사람들을 잘 이끄는 사람이나, 계산이 밝아서 공동체의 살림살이를 잘 꾸리는 사람들과 함께 일했어야 했습니다. 그런데 이런 시도를 해 볼 생각도 하지 못하고, 독불장군처럼 행동하였습니다. 하나님께 기도해보거나 주변 사람들과 상의해보지도 않고 특별한 능력이 장점이면서 동시에 약점이 되었던 것입니다.

더욱 속상한 점은 삼손이 상처받은 마음을 달래기 위해서 하나님이 아니라 블레셋 여인을 찾았다는 것입니다. 자기 민족에게 따돌림을 받고 블레셋 사람에게 미움을 받을 때 하나님으로부터 위로를 받았다면 힘을 얻고 비전을 갖게 되었을 것입니다. 그런데 삼손은 들릴라의 품으로 도피했기 때문에 치료받은 것이 아니라 병이 깊어지고 말았습니다. 삼손은 들릴라를 사랑하였습니다. 그녀에게 어떤 매력이 있었는지도 몰라도 삼손이 푹 빠졌습니다. 들릴라가 삼손에게 힘의 비밀을 알려달라고 했을 때도 그녀를 의심하지 않았고 결국에는 비밀을 털어놓을 정도로 좋아했습니다. 물론 삼손도 자신이 해서는 안 되는 일을 하고 있다는 것을 알았을 것입니다. 이스라엘 사람이 이방인의 여인과 사귀는 것도 잘못되었고 그 여인에게 힘의 비밀을 알려주는 것도 자기

무덤을 파는 행위라는 것을 느꼈을 것입니다. 그런데도 삼손이 낭떠러지로 치달은 것은 이스라엘에게 받은 아픔을 블레셋을 통해서 해소 하려고 했전 것입니다.

2. 아쉬움의 교훈

문제는 삼손뿐 아니라 오늘날에도 교회에서 상처를 받으면 세상으로 가는 신자들이 있습니다. 지금의 상태가 더 나빠지지 않도록 하기 위해서는 현장에서 떠나야 한다는 생각 때문입니다. 세상에서 위로를 받든 못 받든 일단 교회는 멀리해야 마음이 진정된다고 믿는 것입니다. 최근에 우리나라에는 교회에 안 나가는 신자가 백만 명이나 된다고 합니다. 목사나 교인들의 비리를 보면서 실망했거나, 교회가 교회당을 건축하는데 수백억을 쏟아붓는 것이 싫었거나, 교회 안에서도 제력으로 평가되어 혼자서 신앙생활 하는 것입니다. 그러니 현대판 삼손이 많이 늘어난 것이라고 하지 않을 수 없습니다. 백만 명의 신자들이 하나로 뭉쳐서 하나님의 영광과 사람들의 유익을 위해서 일한다면 놀라운 역사를 이룰 수 있을 것입니다.

교회는 예수님의 몸이고 성령님의 공동체이기 때문에 교회만이 음부의 권세를 이길 수 있고 천국의 열쇠를 쥐고 있습니다. 교회를 통해서만 하나님 나라에 들어갈 수 있고 영생과 행복을 누릴 수 있습니다. 또한 성도들은 교회를 잘 보존하고 활성화해야 합니다. 교회에서 은혜를 받아야 아픔이 치유되고 관계가 좋아지며 영혼과 몸이 강건해지고 비전과 소명을 이루어 갈 수 있습니다. 교회에서 예배하고 봉사해야 기쁨과 소망을 느끼게 되고 성도들과 교제하고 협력해야 격려받고 유익을 얻게 됩니다. 우리는 삼손의 형편을 보면서 세상 나라의 정체를 분명히 파악해야 합니다. 처음에는 들릴라가 삼손에게 안정과 행복을 주는 것 같았습니다. 갈 곳이 없어서 방황하던 삼손을 따뜻하게 맞아주었고 막무가내로 힘만 쓰던 삼손에게 여인의 부드러운 손길을 느끼게 해 주었습니다. 그래서 삼손은 들릴라와 동거하면서 처음으로 편안함과 달콤함을 누렸습니다. 자신의 능력이나 사명은 까맣게 잊어버리고 그냥 이대로 한없이 살고 싶어 했습니다. 그런데 이런 즐거움은 오래가지 못하고 깨지고 말았습니다. 블레셋 사람들이 들릴라에게 엄청난 돈을 줄테니 삼손의 힘의 비밀을 알아내라고 말하자 들릴라가 돈이 탐나서 삼손에게 힘의 비밀을 가르쳐 달라고 치근댔기 때문입니다. 삼손은 바보가 아니었기 때문에 자신의 비밀이 노출되면 자신의 목숨이 위험해질 수 있다는 것을 알았습니다. 그래서 세 번이나 거짓말을 했습니다.

이런 과정에서 삼손은 상황이 잘 못가고 있다는 것을 깨달았어야 하고 들릴라의 품에서 탈출했어야 했습니다. 그런데 삼손은 번민하면서도 들릴라에게 비밀을 털어놔서 머리카락이 잘렸으며 블레셋 사람들에게 붙잡혀서 소경이 되었고, 감옥에서 맷돌을 돌리게 되었습니다. 이것이 세상의 현실이요, 마귀가 써먹는 수법입니다. 사람은 이기적이고 세상은 불확실해서 언제 어떻게 변할지 알 수가 없습니다. 그래서 사람들이 자신의 기반을 튼튼히 다져놓아도 어느 순간엔가 사소한 것에 의해 와르르 무너지고 맙니다. 어제는 가장 높은 자리에 있던 분이 오늘은 가장 낮은 곳으로 내려가기도 합니다. 게다가 마귀는 낚시꾼과 같아서 화려한 미끼를 사람들에게 던집니다. 사람들이 그 미끼를 물면 자신의 노예로 부려 먹다가 쓸모없어지면 차갑게 버립니다. 그러므로 성도들은 세상에서 안전과 행복을 충분히 누릴 것이라는 생각을 해서는 안 됩니다. 돈과 권력이든지, 이성과 명예이든지 예쁘장하고 친밀하게 접근하는 것이 있으면 내가 성공할 수 있고 즐길 수 있는 기회라고 생각하지 말고 나를 망치려고 끌어들이는 미끼는 아닌지 따져보아야 합니다. 그래서 문제가 발견되면 과감하게 돌아서야 합니다. 내가 좋아하는 것이라고 해서 덥석 물지 말고, 주님께 기도하고, 목사님과 상담하고, 주변 사람들의 의견도 들어 보고 결정해야 합니다. 그래야 실수하지 않고 자신을 지킬 수 있습니다.

문제는 삼손만이 아니라 우리도 죄와 마귀의 유혹을 받고 있다는 것입니다. 죄로부터 세상에서 크고 출세하고 부유해지라는 유혹을 받고 있습니다. 이것들을 이겨내고 주님께서 주신 달란트를 사용하여 주님께서 주신 사명을 잘 행하기 위해서는 자신의 상태를 점검해야 합니다. 지금 나는 들릴라의 품에서 편히 쉬고 있는지 하나님 안에 있는지 확인해야 합니다. 미흡한 점이 발견되면 그것을 보완하기 위해 힘써야지 이런저런 핑계를 대면서 무사안일을 합리화해서는 안 됩니다. 이것은 악한 세력과 더는 맞서지 않고 굴복해버리고 삼손처럼 패배적으로 사는 것입니다. 따라서 십자가의 군사는 쉬거나 재충전은 할지라도 영적인 전쟁을 포기해서는 안 되고 날마다 새롭게 무장하고 싸워야 합니다.

이런 점에서 성도들이 능력을 갖추거나 그 능력으로 어떤 일을 하는 것 못지않게 중요한 것은 지속성입니다. 몇 년 동안 능력을 길렀다고 해서 더 이상 기르기를 중단하거나 어떤 일에 한두 번 성공했다고 해서 이제부터 놀고 즐기자고 생각해서는 안됩니다. 꾸준히 해야 합니다. 이렇게 하려면 시시때때로 능력을 업그레이드하고 어떤 일들에 대한 장기적이고 단기적인 목표를 세워 그 목표를 이루기 위한 자원을 마련하고 동력을 확보해야 합니다. 그리고 끊임없이 변하는 세상에서 낙오되지 않기 위해서는 나의 능력이 무디어지지 않도록 계속 연마해야 합니다. 도중에 긴장이 풀어지지 않기 위해서 장단기의 목표를 세우고 추진하고 필요한 자원과 힘을 얻어야 합니다.

삼손은 마지막에 다시 사명을 회복하였습니다. 그동안 들릴라에게 푹 빠져서 낭비한 세월을 갚기라도 한 것처럼 단번에 사명을 회복하고 블레셋 사람을 죽였습니다. 감옥에서 맷돌을 돌리던 삼손은 자신이 왜 이런 신세가 되었는지에 대해 수없이 반성하고 자책했습니다. 무엇보다 하나님께 선택받은 나실인이 하나님과 동행하지 않고 이방 여인과 놀았다는 것 때문에 얼굴을 들 수 없었습니다. 이스라엘을 블레셋에게서 구원하라고 하나님으로부터 특별한 능력을 부여받았으면서도 그 능력과 사명을 가볍게 여긴 것 때문에 몸 둘 바를 몰랐습니다. 그리고 하나님께 염치가 없지만 한 번만 더 일할 수 있는 기회를 달라고 기도했습니다. 그동안 자신 때문에 하나님이 조롱당하신 것을 단번에 만회하게 해달라고 간구했습니다. 하나님이 삼손을 불쌍히 여기시고 다시 힘을 주셨습니다. 그러자 삼손은 블레셋 사람들이 신전에 모여서 축제를 벌이고 있을 때 힘을 다해 신전의 기둥을 무너뜨렸습니다. 블레셋 사람 3천 명을 죽임으로써 마지막으로 자신의 사명을 통쾌하게 행하였습니다.

이처럼 삼손은 회개를 통하여 다시 일어섰고 죽을 때 생전에 이룩한 업적보다 더 큰 업적을 남겼습니다. 그래서 히브리서 11장에서 믿음의 조상들을 소개할 때 삼손의 이름을 포함시켰습니다. "내가 무슨 말을 더 하리요, 기드온, 바락, 삼손, 입다, 다윗 및 사무엘과 선지자들의 일을 말하려면 내게 시간이 부족하리로다." 이 말씀처럼 삼손은 기드온이나 입다와 같은 사사들만이 아니라 다윗과 같은 왕이나 사무엘과 같은 선지자의 반열에 들어갔습니다. 그 이유는 구차하게 노예로서 마르고 닳도록 산 것이 아니라 나실인의 사명을 행하고 세상을 떠났기 때문입니다. 그래서 우리에게 자신처럼 악에 빠져서 인생을 탕진하지 말라고 타이를 뿐만 아니라 성도에게 중요한 것은 순탄하게 오래 사는 것이 아니라 사명 중심으로 멋있게 살아야 한다는 진리를 가르쳤습니다.

우리의 인생은 너무도 짧아서 금방 끝나버릴 뿐만 아니라 그나마 뭔가를 할 수 있는 시간은 몇십 년도 되지 않습니다. 그래서 우리가 정신을 바짝 차리지 않으면 해놓은 일도 별로 없이 세상을 떠나고 맙니다. 그나마 체력과 능력이 있을 때 사명을 열심히 행해야지 병들고 약해지면 일하고 싶어도 할 수 없게 됩니다. 성도들은 조건을 갖출 때까지 미루지 말고 지금 기회가 있을 배우고 익히며 도전하고 수고해야 합니다. 그래서 가정과 교회와 사회에 유익을 주어야 합니다. 뭔가 아쉽고, 못내 후회스러운 인생을 사는 것이 아니라 이 정도면 됐다는 생각이 들 수 있도록 착실하게 일하고 꾸준하게 섬겨야 합니다. 영웅처럼 위대하고 유명하게 살지는 못했어도 나에게 베푸신 주님의 은혜를 보답하기 위해서 힘썼다는 평가는 받아야 합니다. 살아가던 도중에 실패하고 추락했을지라도 성령님의 도우심으로 다시 일어서서 새롭게 사명을 감당해야 합니다. 낮에는 비바람에 시달렸을지라도 황혼은 빛나는 성도가 되어야 나는 인생을 괜찮게 살았다는 자부심과 만족을 느낄 수 있습니다.

자타가 인정하는 한국의 지성이었던 이어령 박사는 70년을 무신론자로 살아오다가 73세에 세례를 받고 신자가 되었습니다. 오랫동안 딸의 전도를 받았어도 움직이지 않던 이 박사는 암으로 고생하는 딸이 망막박리로 실명할 수 있다는 전화를 받는 순간 하나님을 찾았습니다. 불쌍한 딸을 위해 아비가 해줄 수 있는 것은 딸의 소원을 들어주는 것이라는 생각이 들어서 딸이 볼 수만 있다면 저의 남은 생을 주님께 바치겠다고 기도했습니다. 그 딸이 한국의 병원에서 진단을 받고서 망막에 이상이 없다는 말을 듣자 주님께서 치료해 주셨다는 생각을 하지 않을 수 없었습니다. 그래서 2007년에 세례를 받았고 죽을 때까지 글과 간증을 통해서 복음을 전했습니다. 만약 이 박사가 더 일찍 주님께 돌아왔더라면 주님을 위해 더 많은 일을 할 수 있었을 것입니다. 그런데 늦은 나이에 주님을 섬기기 시작했기 때문에 활동의 범위가 제한되어 있어서 아쉽지 않을 수 없습니다. 그런데도 이 박사는 나중 된 자가 먼저 된다는 말씀을 믿고서 끝까지 열심히 일했습니다.

신앙생활에 있어서 중요한 것은 양이 아니라 질입니다. 얼마나 오랫동안 교회에 다녔느냐가 아니라 얼마나 주님을 사랑하고 주님을 닮으며 주님을 위해 사느냐 하는 것입니다. 지금까지 내가 맺은 열매가 어느 정도인가를 확인해보고 새롭게 주님을 위해 살기 바랍니다. 나이가 들었다고 해서 포기하지 말고 삼손을 보면서 나는 시간이 충분하다는 믿음을 갖기 바랍니다.

만약 삼손이 소경이 되어서 맷돌을 돌릴 때 나는 끝났다고 생각했다면 평생에 할 일을 단번에 해치우지 못했을 것입니다. 그런데 새롭게 일하겠다는 결심을 하였기 때문에 아쉽기는 하지만 인생을 잘 마무리했던 것입니다. 그러니 여러분도 조건이나 환경을 탓하지 말고 다시금 나의 능력을 다듬어 그 능력에 걸맞은 일을 찾아내야 하며 그 일을 부지런히 행해야 합니다. 그리고 세상에서 유명하고 화려하게 살지는 못할지라도 삼손처럼 아쉬운 인생만큼은 살지 않기를 바라고 비록 완벽하지 않을지라도 힘과 정성을 다해 사명을 행하기 바랍니다.

7

사울의 예언

사무엘상 19:18-24

다윗이 도피하여 라마로 가서 사무엘에게로 나아가서 사울이 자기에게 행한 일을 다 전하였고 다윗과 사무엘이 나욧으로 가서 살았더라 어떤 사람이 사울에게 전하여 이르되 다윗이 라마 나욧에 있더이다 하매 사울이 다윗을 잡으러 전령들을 보냈더니 그들이 선지자 무리가 예언하는 것과 사무엘이 그들의 수령으로 선 것을 볼 때에 하나님의 영이 사울의 전령들에게 임하매 그들도 예언을 한지라 어떤 사람이 그것을 사울에게 알리매 사울이 다른 전령들을 보냈더니 그들도 예언을 했으므로 사울이 세 번째 전령들을 보냈더니 그들도 예언을 한지라 이에 사울이 라마도 가서 세구에 있는 큰 우물에 도착하여 물어 이르되 사무엘과 다윗이 어디 있느냐 어떤 사람이 이르되 라마 나욧에 있나이다 사울이 라마 나욧으로 가니라 하나님의 영이 그에게도 임하시니 그가 라마 나욧에 이르기까지 걸어가며 예언을 하였으며 그가 또 그의 옷을 벗고 사무엘 앞에서 예언을 하며 하루 밤낮을 벗은 몸으로 누웠더라 그러므로 속담에 이르기를 사울도 선지자 중에 있느냐 하니라 다윗은 자신을 죽이려는 사울 왕을 피하여 라마 나욧으로 도망쳤습니다. 라마 나욧에는 사무엘이 살고 있었는데 선지자 학교를 운영하고 있었습니다. 다윗이 그 사무엘을 찾아간 이유는 사울 왕의 추격을 막아줄 수 있는 사람은 사무엘뿐이라고 생각했기 때문입니다. 사무엘은 사울에게 기름을 부어 이스라엘의 왕으로 세웠고 오랫동안 사울의 통치를 도와주었습니다. 그래서 사울이 사무엘을 존경할 것으로 생각해 자신이 사무엘과 함께 있으면 사울이 해치지 않을 것이라고 믿었던 것입니다. 그러나 다윗의 예상은 빗나갔습니다. 사울이 다윗을 체포하라고 군인들을 선지자 학교로 파견했기 때문입니다. 물론 사울도 다윗이 숨어있는 곳이 선지자 학교라는 사실을 알고 있었지만 정적을 제거하는 일에는 성역이 있을 수 없다고 생각했습니다. 군인들이 선지자 학교에 들어섰더니 선지자들이 한곳에 모여서 예언하고 있었습니다. 군인들은 선지자들에게 다윗을 내놓으라고 말하려고 하였습니다. 그런데 그 말은 나오지 않고 입에서 예언이 쏟아져 나왔습니다. 군인들은 두려움이 생겨서 사정없이 도망쳤습니다.

1. 사울의 예언

이 사실을 보고 받은 사울은 바보 같은 놈들이라면서 분통을 터뜨렸습니다. 이번에는 똑똑한 군인들을 보내면서 반드시 다윗을 잡아 오라고 명령했습니다. 이들은 첫 번째 군인들이 예언 때문에 임무에 실패했다는 것을 알고 있었습니다. 그래서 어떤 일이 있어도 예언을 하지 않겠다고 다짐했습니다. 그러나 선지자 학교에 들어가자마자 자신의 의지와 상관없이 예언을 하였습니다. 예언을 하지 않으려고 애쓰면 애쓸수록 더 많은 예언이 터져 나왔습니다. 그 결과 두 번째 군인들도 다윗을 체포하지 못했습니다. 그러자 사울은 화가 머리끝까지 솟구쳤습니다. 그래서 특공대를 파견하면서 예언을 하더라도 다윗은 잡아 오라고 강조했습니다. 왕의 말에 사기가 충천해진 특공대는 라마 나욧으로 행군했습니다. 아니나 다를까 선지자 학교에 들어서자마자 예언이 나오기 시작했습니다. 그러나 이것은 이미 예상한 일이었습니다. 그래서 입으로는 예언하면서도, 몸으로는 다윗을 찾아내려고 하였습니다. 그러나 다리에 힘이 쭉 빠져서 걸어 다닐 수 없었습니다. 땅바닥에 앉아서 몇 시간 동안 예언을 했더니 정신이 없어서 체포하기를 포기했습니다.

이 정도의 상황이 됐으면 사울이 포기할만도 했습니다. 그러나 사울은 악착같은 사람이었습니다. 직접 다윗을 죽이겠다고 나섰습니다. 주변의 심복들을 데리고 라마 나욧으로 달려갔습니다. 그런데 동네에 도착하자마자 예언이 나오기 시작했습니다. 이전의 군인들은 선지자 학교에 들어간 후부터 예언했는데 사울은 동네에서부터 예언을 했습니다. 그리고 선지자 학교에 들어갔을 때는 예언을 너무 심하게 한 나머지 온몸이 후끈 달아올랐습니다. 그래서 옷을 벗지 않을 수 없었습니다. 사울은 벌거벗은 채로 바닥에 누워서 온종일 예언했습니다. 식사도 걸러 가면서 예언만 계속하다 보니 기력이 없어졌습니다. 다윗에 관한 생각은 온데간데없이 사라지고 어떻게 하면 예언을 멈출 수 있을까만 생각했습니다. 예언이 끝났을 때는 정신이 몽롱해져서 다윗이 눈앞에 있어도 잡을 수 없었습니다. 심복들의 부축을 받은 후에야 왕궁으로 돌아갈 수 있었습니다. 이처럼 사울은 다윗을 잡으러 갔다가 자신이 성령님에게 사로잡혔고 종일 알몸으로 예언만 하다 돌아왔습니다.

사울은 예언에 관심이 없던 사람이었고 예언과 상관없이 살았습니다. 왕이 되기 전에는 시골에서 농사를 지었기 때문에 예언의 필요성을 느끼지 못했고 왕이 된 후에는 정치에 바빠서 예언할 겨를이 없었습니다. 그런데 선지자 학교에 가는 바람에 평생 하고도 남을 정도로 많은 예언을 하였습니다. 그렇다면 사울이 한 예언의 내용은 무엇이었을까요? 예언은 두 가지 종류가 있는데 하나는 앞으로 일어날 일을 말하고 다른 하나는 이미 주어진 율법을 낭독하거나 해석하는 것입니다. 사울은 직업적인 선지자가 아니었고 그가 예언한 내용이 기록되지 않은 것을 보면 율법을 낭독한 것이 분명했습니다. 사울은 왕이었기 때문에 율법의 내용을 약간은 알고 있었을 것입니다. 그렇다면 성령님은 왜 사울이 율법을 낭독하게 하셨을까요? 율법을 통해서 자신의 죄를 깨닫고 회개하도록 하기 위해서였습니다. 그 죄는 하나님의 말씀에 불순종한 것이었는데 당시 사울은 치졸하고 완고한 정치꾼이 되어서 율법을 준수하지 않았고 자신에게 충성했던 다윗을 죽이려고 하였습니다. 이런 사울의 마음을 바꾸기 위해 성령님이 강력하게 역사하셨던 것입니다. 사울은 벌거벗고 금식하면서 온종일 예언을 하였습니다. 한두 번 잠깐 예언해서는 사울의 마음이 변하지 않을 것을 성령님께서 아셨기 때문에 집중적으로 공략하신 것입니다. 사울은 자기밖에 모르는 탐욕적인 정치꾼이었습니다. 자신의 왕권을 지키기 위해서는 사무엘이고 하나님이고 눈에 보이지 않았습니다. 게다가 군인들을 세 번씩이나 보냈지만 실패했기 때문에 약이 바짝 올라 있었습니다. 이런 사울을 거꾸러뜨리기 위해 성령님은 사울을 붙잡아서 종일 예언에 몰두하게 만드신 것입니다. 네가 이기는지 내가 이기는지 한번 해보자는 식으로 온몸을 뜨겁게 달구셨습니다.

그 결과 사울은 성령님의 햇볕정책에 손을 완전히 들 수밖에 없었고 다윗을 체포하는 일을 멈추어야 했습니다. 문제는 그곳에는 선지자들만이 아니라 사울의 부하들도 있었다는 것입니다. 그들 앞에서 알몸을 드러냈으니 왕의 체면이 뭐가 되겠습니까? 사울이 다윗을 죽이려고 한 것은 왕좌 때문입니다. 자신의 왕좌를 빼앗기지 않기 위해서 정치적인 라이벌을 제거하려고 했던 것입니다. 따라서 사울이 회개하기 위해서는 먼저 자신의 눈을 멀게 해서 무고한 사람을 죽게 만드는 왕좌를 벗어야 했습니다. 권력에 대한 욕망과 애착을 버리고, 어린아이처럼 순수해져 하나님의 말씀을 기꺼이 들을 수 있는 부드러운 마음을 가져야 했습니다. 그러면 겸손하고 온유해져서 하나님의 말씀을 받아들이게 되고 그 말씀대로 행해서 하나님께 복을 받을 수 있었습니다.

성령님은 사울이 변화되기를 위해 무진장 애를 쓰셨습니다. 불순종 때문에 이미 버리셨으면서 사울의 마음을 녹이기 위해 공을 들이셨습니다. 사울이 다시 하나님께 순종해서 율법대로 왕의 역할을 행하게 하려고 애정을 쏟으셨습니다. 아무리 미워도 사울은 하나님이 세우신 왕입니다. 비록 사울이 하나님의 말씀을 거역했어도 현재 하나님의 백성을 다스리고 있는 지도자입니다. 왕이 나라를 잘 통치해야 나라가 부강해지고 백성이 안전하게 살 수 있고 하나님의 영광이 드러납니다. 그래서 성령님은 사울에게 커다란 은혜를 베푸셨습니다. 그가 깨닫고 돌이키도록 하려고 기회를 주셨습니다. 왕의 직책을 그만둘 때까지라도 말씀대로 정치를 하기를 원했기 때문에 특별한 사랑을 베푸셨습니다. 왕으로 세워준 자신을 배신하고 거역한 사람에게 끝까지 자비를 베푸셨습니다. 그러니 하나님은 인내심이 강하시고 관대하신 분이 아닐 수 없습니다.

2. 환경의 중요성

이처럼 과분한 은혜를 받은 사울이지만 마음은 돌처럼 굳어 있는 상태였기 때문에 한번의 은혜로는 달라지지 않았습니다. 사울은 다시는 선지자 학교에 가지 않았고 왕궁에서도 은혜를 사모하지 않았습니다. 그래서 점점 사악한 정치꾼으로 변해 결국 비참한 최후를 맞이하게 됩니다. 이러한 결과는 우리에게 은혜의 중요성을 일깨워줍니다. 하나님이 주시는 은혜만이 사람의 마음을 감동시킬 수 있고 지속적인 은혜만이 사람의 성품을 변화시킬 수 있습니다.

그렇다면 왜 성령님은 사울이 선지자 학교에 왔을 때 예언하게 하셨을까요? 만약 사울이 왕궁에 있을 때 계속해서 은혜를 충만하게 주셨다면 사울이 변할 수 있었을 것입니다. 그런데 성령님은 장소를 가리셨습니다. 선지자 학교에 있는 사람들은 하나님을 경외하기 때문에 은혜를 받으면 찬양을 드립니다. 반면에 왕궁에 있는 사람들은 무엇이나 자기 이익을 위해 교묘하게 이용할 생각을 하지 겸손히 하나님께 영광 돌리지 않습니다. 어느 나라나 시대를 막론하고 왕궁은 권력을 뺏고 뺏으려는 사람들의 암투가 치열한 곳입니다. 거짓말을 밥 먹듯이 하는 곳이요, 아부와 위선이 난무하는 곳입니다. 이런 곳에서 성령님이 은혜를 주시면 모두들 은혜를 정치적으로 이용하기 때문에 진주를 개에게 던진 것과 같은 결과가 나타납니다. 그래서 하나님은 왕궁이 아니라 선지자 학교에서 사울에게 은혜를 주신 것입니다. 사울만이 아니라 모든 사람은 환경의 지배를 받습니다. 사람은 환경과 별개로 살아갈 수 없는 존재입니다. 사람은 환경에서 태어나서 성장하고 환경에서 자신의 꿈과 비전을 펼치다가 일생을 마치기 때문에 사람의 성공과 실패는 상당 부분 환경에 의해 좌우됩니다.

우리도 연약한 사람이기 때문에 환경의 영향을 받을 수밖에 없습니다. 좋은 환경에 있으면 우아하게 살지만, 나쁜 환경에 빠지면 못난 짓을 하게 됩니다. 선량한 사람을 친구나 배우자로 삼으면 인생이 밝아지지만 불량한 사람들과 어울리면 인생이 어둡게 됩니다. 물론 뛰어난 사람은 환경을 초월하기도 하고, 훌륭한 사람은 환경을 바꾸기도 하며 위대한 사람은 환경을 장악하기도 합니다. 이런 분들을 우리는 스타나 영웅이라고 말합니다. 이런 한계 때문에 어떤 사람도 환경을 무시할 수 없습니다. 그래서 사람들은 현재의 환경에 밉보이지 않기 위해서 무던히 애쓸 뿐만 아니고 미래의 환경에도 밀려나지 않기 위하여 크게 긴장하면서 대비합니다. 그런데 성도들도 이 환경과 상관없이 살 수 있는 처지가 아니므로 환경에 관심을 가져야 하고 환경을 선용해서 유익을 얻어야 합니다.

사람이 어렸을 때는 환경을 선택할 수 없습니다. 좋든지 싫든지 내가 태어난 고장에서 살아야 하고 전통에서 성장할 수밖에 없습니다. 성인이 되면 환경을 선택할 수 있는데 내 인생을 잘 꾸려나가기 위해서는 그 선택을 잘해야 합니다. 친구나 배우자, 직업이나 교회를 이리저리 살펴보고 계산한 다음에 결정해야 합니다. 한번의 선택이 인생의 성공과 기쁨, 실패와 아픔을 가져오는 경우가 있기 때문입니다. 만약 내가 옳고 유익한 선택을 했다고 생각되면 그것을 소중하게 지켜야 합니다. 환경은 끊임없이 변하기 때문에 방심하면 좋은 것들을 잃게됩니다. 반면에 선택이 잘못되었다고 생각되면 과감하게 버리고 다른 것을 취해야 합니다. 선택이 아깝다고 해서 나쁜 것을 움켜쥐고 있으면 계속 손해나고 좋은 것을 놓칠 수 있기 때문입니다. 그러므로 성도들은 영적이고 물질적인 생활에 필요한 교회나 학교나 직장을 신중하게 택해야 합니다.

선택한 후에는 은혜 중심의 생활을 해야지 다른 요소들을 우선시해서는 안 됩니다. 그런 것들은 실속은 없고 겉만 번지르르 하므로 얻을 수 있는 것이 별로 없습니다. 참으로 나의 영혼에 건강과 행복을 주는 것은 말씀을 통한 은혜이지 외형적인 요소들이 아닙니다. 외형적인 요소들은 나의 감각에 쾌감을 줄 뿐이지 영혼의 욕구를 채워주지 못합니다. 반면에 은혜를 충만히 받으면 인품이 업그레이드되고 주님과의 관계가 친밀하게 되며 몸과 생활이 밝고 활기차게 됩니다. 따라서 성도들은 은혜가 넘치는 교회가 으뜸이라는 생각을 해야 하고 그런 교회에서 신앙생활 해야 합니다.

어떤 교회가 은혜가 풍성한 교회입니까? 목사가 성경과 신학을 충분히 알아야 하고 설교의 내용이 깊고 넓으며 진솔하고 논리적이어야 하며 가르침이 인격과 생활에서 우러나오는 곳이어야 합니다. 그래야 성령님이 말씀에 역사하셔서 은혜가 넘치게 하십니다. 이런 조건을 가진 교회라면 성도들은 은혜를 받기 위해서 마음 문을 활짝 열고 말씀이 선포될 때마다 맛있게 받아 먹을 수 있습니다. 그리고 은혜가 약해지지 않도록 교회 중심의 신앙생활을 해야 합니다.

"만군의 여호와여, 주의 장막이 어찌 그리 사랑스러운지요 내 영혼이 여호와의 궁정을 사모하여 쇠약함이여 내 마음과 육체가 살아계시는 하나님께 부르짖나이다 나의 왕 나의 하나님 만군의 여호와여 주의 제단에서 참새도 제집을 얻고 제비도 새끼 둘 보금자리를 얻었나이다 주의 집에 사는 자들은 복이 있나니 그들이 항상 주를 찬송하리이다" (시 84:1~4). 이 시의 저자는 주님의 집을 얼마나 좋아했던지 상사병에 걸릴 정도라고 합니다. 여호와의 궁정을 사모한 나머지 쇠약해졌기 때문입니다. 이렇게 주의 집을 좋아한 이유는 그 집에서는 참새나 제비처럼 보잘것없는 사람들도 하나님께 은혜를 받기 때문이고 나에게 은혜를 주신 하나님께 감사의 찬송을 마음껏 드릴 수 있기 때문입니다. 이처럼 성도들이 하나님께 경배하는 장소요, 하나님께 사랑을 받는 공간이 주의 집이었기 때문에 높은 곳이나 돈 버는 곳보다 더 좋아하고 가까이한 것입니다.

교회를 사랑하고 귀하게 여겨야 합니다. 교회에 대한 애정을 갖고 하나님의 은혜와 성도들의 사랑이 충만한 교회로 만들기 위해 애써야 합니다. 교회의 가치는 교회 건물의 부동산 가격에 있는 것이 아니라 은혜가 얼마나 풍성한가에 달려 있습니다. 수백억 원짜리 교회 건물이어도 성도들이 미워하고 다투고 분열하면 싸구려이지만, 교회 건물이 작아도 말씀이 좋고 기도가 뜨거우며 사랑이 풍성하고 성령님의 역사가 나타나면 값비쌉니다. 값비싼 교회는 스타 목사가 아니라 하나님이 높임과 영광을 받으시게 되고 성도들이 정성과 헌신으로 교회를 운영하게 되며 세상에서 패배하고 좌절한 사람들이 들어와서 안식과 희망을 얻게 되며 자녀들이 말씀으로 양육 받아서 성숙해지게 됩니다.

세속적인 것들은 아무리 좋아도 즐거움만이 아니라 두려움도 줍니다. 양면성을 갖고 있어서 사람들이 온전한 기쁨을 얻을 수 없습니다. 반면 하나님이 주시는 행복은 부작용이 전혀 없고 질적으로 완전하고 양적으로 무한하기 때문에 안심하고 즐길 수 있습니다. 하나님의 주시는 행복과 즐거움이 약해지지 않도록 우리는 지속적으로 은혜를 받고 지속적으로 은혜를 누리는 신앙생활하기 바랍니다.

8

사무엘 귀신

사무엘상 28:8-14

사울이 다른 옷을 입어 변장하고 두 사람과 함께 갈새 그들이 밤에 그 여인에게 이르러서는 사울이 이르되 청하노니 나를 위하여 신접한 술법으로 내가 네게 말하는 사람을 불러올리라 하니 여인이 그에게 이르되 네가 사울이 행한 일 곧 그가 신접한 자와 박수를 이 땅에서 멸절시켰음을 아나니 네가 어찌하여 내 생명에 올무를 놓아 나를 죽게 하려느냐 하는지라 사울이 여호와의 이름으로 그에게 맹세하여 이르되 여호와께서 살아계심을 두고 맹세하노니 네가 이 일로는 벌을 당하지 아니하리라 하니 여인이 이르되 내가 누구를 네게로 불러올리랴 하니 사울이 이르되 사무엘을 불러올리라 하는지라 여인이 사무엘을 보고 큰소리로 외치며 사울에게 말하여 이르되 당신이 어찌하여 나를 속이셨나이까 당신이 사울이시니이다 왕이 그에게 이르되 두려워하지 말라 네가 무엇을 보았느냐 하니 여인이 사울에게 이르되 내가 영이 땅에서 올라오는 것을 보았나이다 하는지라 사울이 그에게 이르되 그의 모양이 어떠하냐 하니 그가 이르되 한 노인이 올라오는데 그가 겉옷을 입었나이다 하더라 사울이 그가 사무엘인 줄 알고 그의 얼굴을 땅에 대고 절하니라 블레셋 군대가 쳐들어온다는 보고를 받자 사울 왕은 군대를 이끌고 전쟁터로 달려갔습니다. 그런데 엄청나게 많은 적군을 보자 기가 죽었고 손발이 떨리기 시작했습니다. 블레셋 군대와 비교했을 때 자신의 군대는 너무도 적었고 자신의 뒤가 허전하다는 생각이 들었기 때문입니다. 전에는 사무엘 선지자가 살아있었기 때문에 그가 섬기는 하나님이 우리를 위해 싸워주실 것이라는 믿음이 있었습니다. 그런데 얼마 전에 사무엘이 죽었기 때문에 하나님의 도우심을 받을 방법이 없어졌습니다. 지금 자신은 하나님의 말씀에 불순종해서 하나님께 버림을 받았습니다. 하나님이 함께 계시지 않는 상황에서 싸워야 해서 패배에 대한 두려움이 피어오른 것입니다. 그래도 이번 전쟁에서 이기게 해달라고 기도드렸습니다. 그러나 하나님이 응답하지 않으시자 사울은 너무너무 초조해졌습니다. 이런 난관을 타개하기 위해서는 사무엘을 만나보는 수밖에 없었다고 생각했습니다. 그는 자신을 왕으로 세워주었고 돌봐주었기 때문에 좋은 말을 해줄 것 같았습니다. 그래서 사울은 신접한 여인을 통하여 사무엘의 영혼을 만나기로 마음먹었습니다.

1. 신접한 여인

엔돌에 신접한 여인이 있다는 말을 듣자 그 여인을 찾아갔습니다. 그러나 여인에게 자신의 정체를 드러낼 수 없었습니다. 사무엘이 죽었을 때 그 지역을 성역화하기 위해 자신이 그곳에 살고 있던 무당들을 쫓아냈기 때문입니다. 그런데 지금 와서 신접한 여인에게 가면 백성들이 못난 왕이라고 욕할 것이 뻔했습니다. 그래서 사울은 평민으로 변장하고 슬그머니 신접한 여인의 집에 들어가 그녀에게 한 사람의 영혼을 불러 달라고 말했습니다. 그러자 여인은 낯선 사람들을 잔뜩 경계했습니다. "나는 사울 왕이 이 고장에서 무당들을 쫓아낼 때 신접하는 일을 그만두었소. 그런데 당신들이 찾아와서 영혼을 불러달라고 하는 것은 나를 시험하는 것이오. 내가 영혼을 불러내면 왕의 명령을 어겼다면서 죽이려는 것이잖소? 확실히 말하지만 나는 진짜로 은퇴했소." 이 말을 듣자 사울이 몸이 달아서 어쩔 줄을 몰랐습니다. 그 여인이 거절하면 사무엘을 만날 수 없기 때문입니다. 그래서 사울은 당신을 결코 죽이지 않겠다고 하나님의 이름으로 맹세하며 대가를 두 배로 내겠다고 약속하였습니다. 큼직한 돈 보따리를 보자 신접한 여인은 침을 꿀컥 삼켰습니다. 그동안 손님들의 발걸음이 뜸해서 생활이 무척 어려웠습니다. 저 정도의 돈이면 몇 년은 거뜬히 먹고 살 수 있었습니다. 이렇게 큰 건수를 포기한다는 것은 너무도 아까웠습니다. 그래서 신접한 여인은 다시 한번 자신의 안전에 대한 보장을 받은 다음 내가 진짜로 은퇴했지만 당신의 사정이 매우 딱한 것 같으니 마지막으로 한 번만 이 일을 하겠다고 말했습니다. 그런 다음 영매술을 발휘하기 위한 의식을 준비하였고 누구의 영혼을 불러와야 하느냐고 물었습니다.

사울이 사무엘의 영혼을 만나고 싶다고 대답했습니다. 그런데 여인이 주문을 외우면서 귀신에게 사로잡히자 변장하고 있던 손님이 사울 왕이라는 것을 알게 되었습니다. 그래서 소스라치게 놀라서 크게 소리쳤습니다. "당신은 어찌하여 저를 속이셨습니까? 한 나라의 왕이 하찮은 여자를 죽이려고 이런 함정을 파다니 해도 너무 합니다." 그러자 사울은 속이 탔습니다. 이 여인의 능력으로 보아 충분히 사무엘의 영혼을 불러올 것 같은데 자신의 정체가 탄로 나서 일이 틀어지게 되었기 때문입니다. 그래서 신접한 여인에게 나는 너를 죽이지 않을 테니 무서워하지 말고 사무엘의 영혼을 불러 오라고 달랬습니다.

여인은 자신이 신접하고 있다는 것이 이미 들통났기 때문에 지금 중단한다고 해서 처벌을 면할 수 없다는 것을 알고 있었습니다. 또한 사울이 많은 돈을 내놓은 것을 보면 손님으로 온 것 같았습니다. 그래서 다시 의식을 행하면서 사무엘의 영혼을 불러냈습니다. 잠시 후 한 귀신이 땅에서 올라오는 것을 보자 사울에게 겉옷을 입은 노인이 올라왔다고 말했습니다. 사무엘이 틀림없다고 생각한 사울이 땅에 엎드려 절했습니다. 그런 사울을 향해 사무엘 귀신이 짜증 난 목소리로 말했습니다. "네가 어찌하여 나를 불러내서 귀찮게 하느냐?" 사무엘은 사울이 왕 된 다음에 존댓말을 썼습니다다. 그런데 지금 사무엘 귀신은 반말을 하고 있습니다. 귀신이 왕보다 높습니까? 그러나 지금 사울에게 중요한 것은 내일 전쟁의 결과였기에 반말에 대해 따질 겨를이 없었습니다. "당신을 번거롭게 해서 죄송합니다. 하지만 하나님이 침묵하셔서 어쩔 수 없이 당신을 불렀습니다. 그러니 옛정을 생각해서 결과를 알려주십시오." 사무엘 귀신이 말했습니다. "하나님이 침묵하시는데 하나님의 종인 내가 말해줄 것 같으냐? 그러나 기왕에 나왔으니 전쟁의 결과를 알려주겠다. 내일 너는 블레셋에게 패배할 것이고 너와 아들들이 모두 죽을 것이다." 이 말을 듣자 사울은 너무도 놀랐습니다. 자신과 아들들이 죽으면 자신의 집안이 망하게 되고 왕권도 잃게 됩니다. 그동안 왕권을 잘 지켜서 자손에게 물려주려고 많은 애를 썼는데 내일 전쟁으로 인해 모두 날아가게 되었습니다. 그러니 얼마나 허망하고 괴로운 일입니까? 신접한 여인의 말을 들은 사울은 기운을 잃고서 탈진해 버렸습니다. 몸은 내일 죽었지만 정신은 오늘 죽은 것입니다. 다음날 사울은 군대를 이끌고 블레셋과 싸웠지만 패하였습니다. 세 아들이 전사하였고 자신도 화살에 맞아서 부상했습니다. 그러자 어제 사무엘 귀신이 한 말이 생각났습니다. "너와 네 아들들이 죽을 것이다." 그 예언이 지금 이루어지고 있다는 생각이 들었습니다. 그래서 부상을 치료해 보려고 하지 않고 자결해 버렸습니다. 만약 사울이 신접한 여인을 만나지 않았더라면 살려고 애썼을 것이고 그러면 목숨은 건질 수 있었을 것입니다. 그런데 사무엘 귀신의 말 때문에 사는 것을 포기해 버렸습니다. 결국 블레셋 군대는 사울에게 상처를 입혔지만 사무엘 귀신은 사울의 목숨을 빼앗았습니다. 사무엘 귀신이 블레셋을 편들어서 사울을 죽인 것입니다.

그렇다면 왜 사무엘 귀신은 결정적인 순간에 나타나서 사울의 죽음을 예언했을까요? 사울이 하나님의 말씀에 불순종해서 미워하기는 했어도 개인적으로는 원수진 일이 없는데 왜 죽은 후에까지 나타나서 사울에게 절망감을 심어주었을까요? 그리고 신접한 여인은 능력이 얼마나 많길래 사무엘의 영혼을 데려올 수 있었을까요? 사무엘은 어머니

한나가 기도해서 낳은 아들이었고, 젖을 떼자마자 하나님께 바친 아들이었습니다. 그래서 평생 하나님을 잘 섬겼고 이스라엘 백성을 보살폈던 선지자요, 제사장이요, 사사였습니다. 이렇게 훌륭한 분이 신접한 여인에게 끌려 나왔다면 우리같이 평범한 성도들은 죽은 후에 영매들에게 사정없이 끌려다니지 않겠습니까? 그렇다면 천국에서 안식과 기쁨을 누릴 틈이 없지 않겠습니까? 그래도 천국에 있는 영혼들이 영매에게 불려 다닌다면 천국의 경비가 허술하다는 생각이 들지 않을 수 없고 천국 생활이 항상 좋은 것만은 아니라는 불안감이 생겨나기도 합니다.

2. 마귀의 장난

3천 년 전만이 아니라 근래에도 이런 일이 일어났다면 실제로 죽은 사람의 영혼을 불러오는 일이 가능할까요? 신이 내린 무당이 작두 위에서 뛰는 것처럼 능력 있는 영매도 귀신을 자기 맘대로 부릴 수 있을까요? 어떤 사람들은 신접한 여인이 영혼을 불러낼 수 있는 능력이 있다고 믿습니다. 원래 무당은 귀신들과 한통속이기에 귀신을 불러오는 것은 어렵지 않다고 생각합니다. 특히 본문의 신접한 여인은 주문을 외우자마자 사울이 왕이라는 것을 알았고 사무엘 귀신도 불러냈습니다. 이 정도의 능력이라면 어떤 영혼도 불러올 수 있을 것입니다. 또한 이 여인은 능력만 대단했던 것이 아니라 사명감도 투철했습니다. 사울 왕이 신접한 자들과 박수를 그 지역에서 쫓아낼 때 다른 사람들은 다치지 않기 위해서 얼른 이사했습니다. 그러나 본문의 신접한 여인은 계속 이 지역에 남아서 양 떼를 돌보고 있었습니다. 그러나 성경은 신접하는 일이 악하다고 하였습니다. "너희는 신접한 자와 박수를 믿지 말며 그들을 추종하여 스스로 더럽히지 말라 나는 너희 하나님 여호와니라"(레 19:31). 이 말씀처럼 신접한 자와 무당은 하나님의 종이 아니라 마귀의 종입니다. 마귀에게 속해 있는 사람들을 관리하는 더러운 목자입니다. 따라서 거룩하신 하나님의 백성은 그런 것들을 찾아가서는 안 됩니다. 궁금한 것이 있으면 목사에게 물어봐야 하고 필요한 것이 있으면 하나님께 기도해야 합니다. 그러면 목사가 친절하게 가르쳐 주고 하나님이 좋은 것을 주십니다. 무당이나 점쟁이가 기적을 행하더라도 신통하다고 생각해서는 안 됩니다. 기적보다 중요한 것은 기적의 목적이기 때문입니다. 하나님은 자녀의 유익을 위해 기적을 행하시지만, 마귀는 자신의 이익을 위해 기적을 일으킵니다. 마귀는 기적으로 사람들에게 공포심을 심어주면서 자신에게 복종하게 만듭니다. 사람들을 실컷 이용하다가 결국 지옥으로 끌고 갑니다. 따라서 성도들은 신령하다는 사람들이 아무리 희한한 기적을 행하여도 매료되어서는 안 됩니다.

신접한 여인이 사울을 알아본 것은 사실이었지만 대단한 것은 아니었습니다. 마귀는 사람들의 미래는 모르지만, 과거와 현재는 알고 있기 때문입니다. 신접한 여인이 본 귀신은 사무엘이 살았을 때의 모습이었고 그 귀신이 사울에게 한 말도 사무엘이 살아 있을 때 했던 말이었습니다. 사무엘은 살아 있을 때 사울에게 당신이 하나님의 말씀에 불순종했기 때문에 하나님이 당신을 버리셨고 당신의 왕위를 다른 사람에게 주실 것이라고 경고했습니다. 그런데 신접한 여인이 불러낸 사무엘 귀신도 똑같이 말했기 때문에 사무엘을 흉내 낸 것이라고 할 수 있습니다. 다만 그 귀신이 예언한 대로 다음 날 사울과 아들들이 죽임을 당했습니다. 그래서 본문을 예외적인 사건으로 해석하는 신학자들이 있습니다. 본문의 포인트는 신접한 여인이 아니라 사울이라는 것입니다. 본래는 신접한 자들이 죽은 성도들의 영혼을 불러낼 수 없지만, 하나님이 사울을 죽이시려고 특별히 사무엘의 영혼을 신접한 여인에게 보내셨다는 것입니다.

하나님은 완악한 바로를 도구로 사용하셔서 자신의 영광을 드러내신 것처럼 본문에서는 신접한 여인을 도구로 사용하셔서 사울이 자살하게 하셨다는 것입니다. 메릴 F. 엉거의 말입니다. "악령과의 교제는 비참한 멸망을 초래한다. 그런데도 하나님은 유일하게 이 사건에 개입하셔서 죽은 사람이 돌아오게 하셨고 산 사람과 대화하게 하셨다. 즉, 신접한 여인이 사무엘의 영혼을 불러온 것은 스스로 능력이 있어서가 아니라 하나님이 그 여인을 사용하셨기 때문에 가능했다." 물론 이렇게도 해석할 수 있지만 몇 가지 의심이 생깁니다. 사무엘은 살아 있을 때도 사울이 하나님의 말씀을 거역한 후부터는 만나지 않았습니다. 그런데 죽은 후에 만난 것이 이상하고 말을 많이 한 것도 괴상합니다. 또한 하나님은 선지자나 꿈이나 우림을 통해서도 사울에게 응답하지 않으셨습니다. 그런데 신접한 여인을 통해서 말씀하신다는 것은 앞뒤가 맞지 않습니다. 그리고 사무엘의 영혼은 하늘에서 살고 있는데 신접한 여인은 땅에서 올라왔다고 말했기 때문에 사무엘의 영혼이라고 볼 수 없습니다.

본문에 등장한 사무엘 귀신은 진짜 사무엘의 영혼이 아니라 마귀의 조작이었습니다. 마귀가 사무엘의 영혼처럼 위장한 것입니다. 성경을 아무리 뒤져보아도 죽은 사람이 이 세상에 다시 와서 활동했다는 내용이 없습니다. 살아 있는 상태에서 천국에 다녀온 사람은 있지만, 죽은 사람의 영혼이 이 세상에 왔던 경우는 없습니다. 예수님의 친구 나사로는 몸과 영혼이 함께 살아난 것이었지 몸은 죽었는데 영혼만 이 세상에서 활동하지 않았습니다. 따라서 사람이 죽으면 영혼이 천국과 지옥으로 직행하고 예수님이 재림하실 때까지 그곳에서 삽니다. 무속종교에서 말하는 것처럼 영혼이 구천을 떠돌거나 힌두교가 주장하는 것처럼 사람이나 동물로 환생하지 않습니다. 한번 죽는 것은 정해진 것이요, 그 후에는 심판을 받습니다. 심판의 결과에 따라서 천국이나 지옥에서 사는 것이지 자기 맘대로 아무 데나 돌아다니는 것이 아닙니다. 특히 성도들은 거지 나사로가 아브라함의 품에서 위로를 받은 것처럼 세상에서 주님을 위해 일한 것에 대해서 보상을 받지 또다시 일하기 위해 세상으로 오지 않습니다.

하나님은 부자가 나사로를 보내서 가족에게 전도하게 해달라고 간청했는데도 거절하셨습니다. 천하보다 귀한 영혼을 구원하는 일에도 성도를 보내지 않으셨는데 사울을 저주하기 위해 사무엘을 보내신다는 것은 있을 수 없는 일입니다. 따라서 신접한 여인에게 나타난 것은 사무엘의 영혼이 아니라 마귀가 사무엘의 영혼인 것처럼 행세한 것이었습니다. 그리고 사무엘 귀신이 한 말도 새로운 내용이 아니었습니다. 하나님이 사울을 버리셨다는 말이나 사울이 왕위를 다윗에게 빼앗길 것이라는 내용은 이스라엘 백성이 다 알고 있었습니다. 또한 사울이 내일 전쟁터에서 죽으리라는 말도 해코지하기 위한 악담이었지 예언이 아니었습니다. 그러므로 신접한 여인에게 나타난 사무엘 귀신은 마귀였지 사무엘의 영혼이 아니었습니다. 오늘날도 영매들이 죽은 사람과 만나게 해줄 때나 사람들에게 들어온 귀신이 가족이라고 말하는 것도 마귀의 속임수이지 진짜 가족의 영혼이 아닙니다. 귀신이 가족이라고 해야 사람들이 두려워하고 죄책감을 느끼면서 복종하기 때문에 마귀들이 그런 교묘한 수법을 쓰는 것입니다.

"그런 사람들은 거짓 사도요 속이는 일꾼이니, 자기를 그리스도의 사도로 가장하는 자들이니라 이것은 이상한 일이 아니니라 사탄도 자기를 광명의 천사로 가장하나니 그러므로 사탄의 일꾼들도 자기를 의의 일꾼으로 가장하는 것이 또한 대단한 일이 아니니라 그들의 마지막은 그 행위대로 되리라"(고후 11:13~15). 이 말씀은 사탄과 그의 추종자들의 특징이 거짓이요 사기라고 말하고 있습니다. 그래서 사탄이 자신을 찬란한 천사로 꾸미는 일이나, 사탄의 일꾼들도 자신들을 목사로 변장하는 일을 스스럼없이 한다는 것입니다. 그러니 겉모습만 보고서 그들이 하나님의 일꾼이라고 믿어서는 안 되고 그들이 말씀을 바르게 전하고 말씀대로 생활하는지를 보면서 진짜와 가짜를 구분해야 합니다. 어떤 사람이 아주 신령해서 기적을 행하고 어떤 스타가 몹시 유명해서 많은 사람이 따를지라도 말씀에 어긋나게 말하고 행동하면 사탄에게 속했다는 생각을 가져야 합니다. 그래서 과감하게 거부해야 하나님의 복을 누리고 귀한 쓰임을 받게 됩니다. 그런데 사울 왕은 마귀의 종을 찾아갔고 마귀의 말을 믿었기 때문에 죽음을 맞이했습니다. "사울이 죽은 것은 여호와께 범죄하였기 때문이라 그가 여호와의 말씀을 지키지 아니하고 또 신접한 자에게 가르치기를 청하고 여호와께 묻지 아니하였으므로 여호와께서 저를 죽이시고 그 나라를 이새의 아들 다윗에게 넘겨주셨더라”(대상 10:13-14). 이 말씀처럼 사울이 죽은 이유는 하나님의 말씀에 불순종했고 마귀의 종을 찾아갔기 때문이었습니다. 마귀는 사울이 하나님께 버림받았다는 사실을 알고 있었습니다. 그래서 거리낌 없이 사울을 갖고 논 것입니다. 사무엘 귀신인 것처럼 살벌하게 겁을 줌으로써 사울이 자살하게 만든 것입니다. 따라서 평소에 하나님의 자녀답게 말씀대로 살아야 하고 나쁜 일들이 생길 때는 하나님께 엎드려서 기도해야 합니다.

하나님이 사울의 기도를 듣지 않으신 이유는 사울의 죄가 많았기 때문입니다. 그 죄가 담이 되어서 사울과 하나님 사이를 가로막았기 때문에 사울이 기도해도 하나님께 도달하지 않았고 하나님의 도움의 손길이 사울에게 닿지 않았던 것입니다. 이런 경우에는 사울이 진심으로 회개해야 했습니다. 회개로 죄악의 담을 허물면 하나님과 소통할 수 있게 되고 기도에 응답을 받을 수 있기 때문입니다. 그런데 사울은 자신의 죄는 회개하지 않고 잔머리를 굴려서 신접한 여인을 찾아갔기 때문에 마귀에게 속아서 패가망신했던 것입니다. 그러므로 신앙생활의 원칙을 분명히 세워야 합니다.

어떤 경우에도 나는 전능하시고 영원하신 하나님을 붙잡고 살겠다는 원칙과 아무리 상황이 급하고 어려워도 말씀에 어긋나는 방법을 사용하지 않겠다는 원칙을 갖고 있어야 합니다. 안타깝게도 우리나라에서 점쟁이를 찾는 사람 중의 35%가 기독교인이라는 통계가 있습니다.

물론 그 기독교인이 모두 구원받은 분들은 아니겠지만 그중에는 하나님의 자녀가 된 분들도 있을 것입니다. 그런데 신앙생활 하면서 이런 저런 어려움이나 재난이 생겼다고 해서 하나님의 아들딸이 악령의 종을 찾아가는 것이 얼마나 못나고 부끄러운 일인지 모릅니다.

창조주요 구속주요 통치하시는 하나님을 아버지라고 부르는 분들이 피조물이요 더럽고 해로운 귀신의 도움을 받으려고 하는 것은 잘못된 것입니다. 자신의 생명을 바쳐서 나를 구원해주신 예수님의 사랑과 은혜를 무시하고 스스로 마귀에게 종속되고 휘둘리는 것은 보통 큰 죄가 아닙니다. 이런 죄에 빠지지 않기 위해서는 내가 하는 일에 실패하거나 나의 생명을 잃을지라도 하나님 자녀의 자존심을 지켜야 합니다. 왜냐하면 사람에게 가장 중요한 것은 승리하고 성공하며 출세하고 부유해지는 것이 아니라 고통과 죽음에서 건짐 받는 것이요, 영생과 행복을 얻는 것이기 때문이며 이런 일은 오직 예수님만이 사람들에게 해주실 수 있기 때문입니다.

예수님을 통하여 전능하시고 영원하신 하나님의 자녀가 되었고, 사랑이시고 거룩하신 예수님과 한 몸으로 연합하였으며 나에게 영생과 행복을 주시는 성령님과 함께 살고 있습니다. 악하고 더러운 것들은 세상의 돈과 권력을 모두 준다고 할지라도 거부하고 나의 조건이나 환경과 상관없이 오직 주님만을 붙잡고 사랑하며 섬기고 교제하면서 살아야 합니다. 세상에서 힘들고 어렵게 살지라도 하나님 나라에서 영원히 왕 노릇하면서 최상의 만족과 기쁨을 누릴 것이라는 믿음을 갖고서 주님의 영광을 위해 살아야 합니다.

9

엘리야 증후군

열왕기상 19:1-8

아합이 엘리야가 행한 모든 일과 그가 어떻게 모든 선지자를 칼로 죽였는지를 이세벨에게 말하니 이세벨이 사신을 엘리야에게 보내어 이르되 내가 내일 이맘때에는 반드시 네 생명을 저 사람들 중 한 사람의 생명과 같게 하리라 그렇게 하지 아니하면 신들이 내게 벌 위에 벌을 내림이 마땅하니라 한지라 그가 이 형편을 보고 일어나 자기의 생명을 위해 도망하여 유다에 속한 브엘세바에 이르러 자기의 사환을 그곳에 머물게 하고 자기 자신은 광야로 들어가 하룻길쯤 가서 한 로뎀 나무 아래에 앉아서 자기가 죽기를 원하여 이르되 여호와여 넉넉하오니 지금 내 생명을 거두시옵소서 나는 내 조상들보다 낫지 못하니이다 하고 로뎀 나무 아래에 누워 자더니 천사가 그를 어루만지며 그에게 이르되 일어나서 먹으라 하는지라 본즉 머리맡에 숯불에 구운 떡과 한 병 물이 있더라 이에 먹고 마시고 다시 누웠더니 여호와의 천사가 또 다시 와서 어루만지며 이르되 일어나 먹으라 네가 갈 길을 다 가지 못할까 하노라 하는지라 이에 일어나 먹고 마시고 그 음식물의 힘을 의지하여 사십 주 사십 야를 가서 하나님의 산 호렙에 이르니라

엘리야는 죽고 싶을 만큼 낙심했습니다. 로뎀나무 아래 앉아서 하나님께 지금 내 영혼을 취해 달라고 말씀드렸습니다. 그리고 아무것도 하지 않은 채 누워서 죽기만을 기다리고 있었습니다. 엘리야는 이세벨이 자신을 죽이겠다고 해서 삶의 의욕을 완전히 잃었습니다. 2절에서 이세벨은 엘리야에게 사람을 보내서 내일까지 너를 반드시 죽이겠다고 말했습니다. 만약 죽이지 못하면 신들이 내게 벌을 곱빼기로 내릴 것이라고 위협했습니다. 그러자 엘리야는 이세벨이 보낸 자객에게 살해당하지 않으려고 유다의 가장 남쪽 지방인 브엘세바로 피신했습니다.

이제 신변이 안전해졌다고 생각되자 하나님께 지금 저를 데려가 달라고 하였습니다. 언제는 살겠다고 도망친 사람이 살만 해지자 죽여 달라고 합니다. 도무지 죽겠다는 것인지, 살겠다는 것인지 알 수가 없습니다. 또 엘리야는 죽여 달라고 말하면서도 천사가 음식을 주자 그것을 먹었습니다. 엘리야는 진짜 죽고 싶은 것이 아니라 딴 꿍꿍이가 있었던 것 같습니다.

1. 엘리야의 낙심

이세벨이 엘리야를 죽이려고 하는 이유는 이세벨이 오랫동안 양성한 바알과 아세라 선지자 850명을 엘리야가 죽였기 때문입니다. 이세벨은 이 선지자들을 이스라엘의 각 지방에 파견하여 백성에게 바알을 숭배하도록 했습니다. 이스라엘을 하나님의 백성에서 바알의 백성으로 바꾸려고 했습니다. 이런 종교정책은 이세벨의 남편 아합왕이 구상한 것이었는데 그는 다른 사람들이 쿠데타를 일으켜서 자신의 왕위를 빼앗을까 두려워 왕권을 강화해야겠다고 결심했는데 율법으로는 절대 권력을 확보할 수 없었습니다. 율법은 왕권을 제한했기 때문입니다. 그래서 아합은 율법을 버리고 왕의 권력을 무제한으로 확장해 주는 바알법을 받아들였습니다. 바알의 전문가인 이세벨과 정략결혼을 하였고 그녀의 조언을 받아들여 바알 신학교를 세웠습니다. 바알 신학교에서 바알 선지자들을 잔뜩 길러낸 다음 그들을 이스라엘의 각 동네에 파견하여 바알법을 가르치게 하였습니다. 그래서 금송아지 하나님과 율법을 지키던 백성들이 바알을 섬기게 하였습니다.

이런 상황을 보고서 분연히 떨치고 일어선 사람이 있었습니다. 바로 엘리야 선지자였습니다. 엘리야는 아합의 종교정책을 보면서 두려움을 느꼈습니다. 이스라엘을 바알의 나라로 바꾸면 하나님께 무서운 징계를 받을 것이고 그 결과 나라가 망할 수 있었습니다. 이런 생각을 하자 등에서 식은땀이 흘렀고 아합에게 입바른 소리를 해서 이스라엘의 바알화를 막아야겠다고 생각했습니다. 그래서 엘리야는 아합을 찾아가서 앞으로 수년 동안 비가 오지 않을 것이라고 경고했습니다. 이것은 아합과 백성을 겨냥한 이중 포석이었습니다. 먼저 아합이 권력의 강화를 위해 바알을 섬기는 것은 잘못되었다는 것을 지적하는 것이었습니다. 권력을 주기도 하고 거둬가기도 하는 분은 바알이 아니고 하나님이라는 사실을 보여 주려고 하였습니다. 백성에게는 햇빛과 비를 내려 농사가 잘되게 해주는 분은 바알이 아니고 우주 만물을 창조하시고 다스리시는 하나님이라는 사실을 알리려고 하였습니다. 따라서 왕이든 백성이든 하나님을 섬겨야 풍성한 복을 받아서 강건하고 형통한다는 것을 확인해 주려고 비가 내리지 않게 한 것입니다.

드디어 때가 되어 엘리야가 아합과 백성을 갈멜산으로 초청했습니다. 바알과 아세라 선지자 850명에게 하나님과 바알 중에 누가 참 신인지 내기를 하자고 말했습니다. 제물을 쌓고서 기도할 때 불을 내려주는 신을 참 신으로 인정하자고 하였고 이긴 사람이 진 사람을 죽이자고 하였습니다. 바알 선지자들은 목숨을 건 내기가 무서웠지만 백성들이 지켜보고 있어서 거절하지 못했습니다. 또한 엘리야는 혼자이고 그들은 850명이기 때문에 숫자로 밀어붙이면 이길 것 같았습니다.

그런데 상황이 이상하게 돌아갔습니다. 바알 선지자들이 열심히 주문을 외웠지만 불은 내려오지 않았습니다. 다급해지자 자기들 몸에 상처를 내면서 바알을 협박했지만 불은커녕 연기도 보이지 않았습니다. 반면에 엘리야가 하나님께 기도했더니 하늘에서 커다란 불덩이가 내려왔고 제물과 제단의 물을 모두 태웠습니다. 엘리야는 백성에게 바알 선지자들을 모두 죽이라고 명령하였고 그들이 죽자마자 하나님께 간절하게 기도드렸습니다. 그러자 3년 6개월 동안 내리지 않던 비가 억

수로 쏟아졌습니다. 이것을 통하여 엘리야는 바알은 가짜 신이요, 하나님만이 참 신이라고 증명했습니다.

이렇게 엄청난 사건 이후 이스라엘에는 아무런 일도 일어나지 않았습니다. 달라진 것도 없었고 바뀐 것은 더욱더 없었습니다. 오히려 이세벨이 엘리야를 죽이겠다고 혈안이 되었습니다. 이것은 도저히 있을 수 없는 일이었습니다. 엘리야가 기대했던 것은 이런 것이 아니었습니다. 출애굽과 같은 변화는 일어나지 않더라도 니느웨와 같은 사건이라도 벌어질 줄 알았습니다. 니느웨는 이방 나라였지만 요나의 경고를 듣자 왕과 백성이 재를 뒤집어쓰고 회개했습니다. 그런데 이스라엘에는 아무런 변화도 없었습니다. 아합은 그 흔한 성명서 하나 발표하지 않았습니다. "제가 어리석어서 헛된 우상을 섬기게 한 것을 사과드립니다. 앞으로는 하나님만 섬기도록 합시다." 이랬더라면 얼마나 좋았겠습니까? 그런데 아합은 고작 이세벨에게 엘리야가 바알 선지자들을 죽였다고 말한 것밖에 없었습니다. 신하들도 꿀 먹은 벙어리처럼 침묵했습니다. 아무도 왕에게 종교정책을 바꾸자고 건의하지 않았습니다.

이런 형편을 보고 엘리야는 크게 낙심하였습니다. 뭐가 잘못돼도 한참 잘못되었다는 생각이 들었기 때문입니다. 자신은 하나님이 참 신이라는 것을 증명하기 위해 무진장 고생하며 하늘에서 불과 비가 내리게 하였습니다. 그런데도 아무런 성과를 얻지 못하자 뭐가 어떻게 돌아가는지 갈피를 잡을 수 없었습니다. 이세벨에게 잡혀서 죽기 전에도 대체 뭐가 잘못되었는지 알아야겠다는 생각이 들었습니다. 어떻게 해야 왕과 백성이 하나님께로 돌아올 수 있을지에 대해서 알고 싶었습니다. 그래서 하나님께 나는 모세보다 열등하다고 하소연하였습니다. 하나님이 엘리야를 모세처럼 호렙산으로 부르신 것과 나중에 예수님 곁에 모세와 엘리야가 나타난 것이 그 증거입니다. 모세는 이스라엘을 애굽에서 구하고 하나님께 율법을 받아서 백성을 가르쳐서 노예의 신분에서 하나님 백성의 신분으로 바꿔놓았습니다. 그 모세처럼 엘리야도 놀라운 기적을 행하였지만 백성이 전혀 변하지 않자 나는 아주 못났다고 생각했던 것입니다.

엘리야가 한 일은 어느 누구도 하지 못했기 때문에 대단한 일이었습니다. 모세도 하늘에서 불과 비를 내리지 못했고 엘리야보다 성령의 능력을 갑절이나 받았던 엘리사도 흉내 내지 못하였습니다. 또한 엘리야가 당시에는 별다른 열매를 거두지 못했지만, 나중에는 지대한 영향을 끼쳤습니다. 지금도 수많은 성도가 엘리야를 존경하면서 본받으려고 하기 때문입니다. 그런데도 엘리야가 낙심한 이유는 자신도 모세처럼 세상을 바꾸는 업적을 남기고 싶었기 때문입니다. 이스라엘이 국가적으로 회개하고 하나님을 섬기도록 하고 싶었는데 아무것도 바꾸지 못했기 때문에 크게 좌절했던 것입니다. 이런 현상은 엘리야만이 아니라 개인에게서도 나타납니다. 오랫동안 준비하고 부지런히 일했는데도 일에 대한 성과가 별로 없을 때 가슴이 무너져 내립니다. 나의 능력과 노력이 이 정도밖에 되지 않는다는 것 때문에 자신감을 잃게 되고 앞으로 내가 어떤 일들을 해도 표시가 나지 않을 것이라는 생각 때문에 더 이상 일하고 싶은 마음이 생기지 않습니다.

2. 엘리야 증후군의 치료

이처럼 크고 중요한 일을 행한 후 결과가 나빠서 허탈감에 사로잡히는 것을 가리켜서 '엘리야 증후군'이라고 말합니다. 하나의 행사를 위해 모든 것을 쏟아부었는데 열매가 없을 때 몹시 낙심하고 실망감에 사로잡혀서 일에 대한 의욕을 잃어버리는 것입니다. 증상이 가벼운 경우에는 의욕을 잃는 정도이지만, 무거운 경우에는 살고 싶은 마음이 사라지기도 합니다. 이 엘리야 증후군은 사람들이 가만히 있을 때는 나타나지 않고 어떤 일을 행한 다음에 드러납니다. 치밀하게 계획하고 열정적으로 일했는데도 성과가 형편없을 때 찾아옵니다. 그나마 그 일이 사소했으면 별로 낙담하지 않지만 심혈을 기울여서 추진한 일이었는데 아무런 소득이 없으면 손해가 막심하여서 몹시 괴로워하고 절망하게 됩니다. 재수에다 삼수까지 했는데 성적이 오르지 않아서 원하는 대학에 들어가지 못했을 때는 무기력함과 자괴감을 느끼고, 주변 사람들에게 돈을 빌려서 사업을 했는데 부도가 나면 공황 상태에 빠집니다. 이처럼 큰일을 행하였는데도 결과가 나빴을 때 느끼는 좌절감이 엘리야 증후군입니다.

문제는 사람이 세상을 살다 보면 엘리야 증후군에 걸리지 않을 수 없다는 점입니다. 세상에는 다양한 장애물이 사방에 도사리고 있습니다. 일을 하다 보면 자신도 모르는 사이에 장애물에 걸립니다. 사람은 어떤 일에 대한 지식과 경험, 자본과 인맥이 충분하지 못했을 때만 실패하는 것이 아닙니다. 성공의 조건을 상당히 갖추었고, 부지런히 일했는데도 예상치 못한 재난이나 사고가 발생하는 바람에 쓰러지기도 합니다. 대표적인 예가 야심 차게 준비하고 추진했던 사업이 IMF나 코로나19가 터지는 바람에 실패하게 된 경우입니다. 그래서 많은 사람이 빚더미에 올라앉거나 노숙자가 되기도 하였습니다. 계획은 사람이 할지라도 그 계획을 이루는 것은 하나님이시라는 말씀이 진리임을 입증하였습니다. 그 결과 인생을 돌아보면 성공보다 실패가 더 많다는 사실을 발견하지 않을 수 없고 그것 때문에 아픔과 수치, 후회와 우울함을 느끼지 않을 수 없습니다. 그나마 젊거나 외향적인 사람은 훌훌 털어버리고 다시 일하지만 나이가 많거나 내성적인 사람은 오랫동안 엘리야 증후군에 시달립니다.

엘리야 증후군이 어떤 이유로 생겼든지 백해무익하기 때문에 극복해야 합니다. 이 병은 나는 무능하다면 자신을 비하하고, 자신감을 상실하게 합니다. 당장 해야 할 일들에 대해서 망설이게 만들고, 미래의 꿈과 비전에 대해서는 생각하지 못하게 만듭니다. 엘리야 증후군은 사람의 가치를 떨어뜨릴 뿐만 아니라 인생을 망가뜨리기 때문에 방치해서는 안 되고 빨리 치료해야 합니다. 그리고 다시금 주님께 받은 달란트로 사명을 충실히 행하면서 살아야 합니다. 하나님은 엘리야를 호렙산으로 부르셔서 작은 음성으로 세 사람에게 기름을 부으라고 하셨습니다. 엘리야를 부르신 이유는 모세처럼 대우한다는 뜻이었고, 시내 산과 달리 작은 음성으로 말씀하신 것은 모세와 상황이 다르다는 의미였습니다. 그리고 말씀의 내용은 너는 너의 일을 계속해야 한다는 것이었습니다. 갈멜산의 사건은 엘리야가 해야 할 일 중의 하나이지 전부가 아닙니다. 따라서 크고 요란한 일만이 아니라 작고 사소한 일도 하라는 것이었습니다.

이것은 우리에게도 해당됩니다. 창조부터 종말까지 '나'는 한 명이지 두 명이 아니고 '나'는 영의 세계와 물질의 세계를 통틀어서 유일한 존재이지 짝퉁이 있는 것이 아닙니다. 그러므로 나를 다른 사람들과 비교하면서 열등감이나 우월감을 느껴서는 안 되고 남들의 성공과 업적을 바라보면서 기가 죽거나 분노할 필요가 없습니다. 남들과 조건과 환경이 다르기 때문에 내가 할 수 있는 일은 나밖에 없습니다. 따라서 나대로 살아야지 다른 사람을 부러워하거나 흉내 내서는 안 됩니다. 맡은 사명을 행하면서 만족해야지 위대한 스타를 좇아다니면서 대리 만족을 해서도 안 됩니다. 설사 내가 남들보다 크게 성공하지 못하고 이름 없이 살지라도 나는 존재해야 할 이유가 있기 때문에 하나님이 만드셨고 내가 하는 일이 의미가 있기 때문에 지금까지 생명을 연장해주고 계십니다. 그러니 나는 세상에서 유일한 존재라는 생각과 하나님께 쓰임 받고 있는 존재라는 믿음을 갖고서 당당하게 살아야 합니다. 하나님께 대한 확신을 갖고서 나의 인생을 착실하게 꾸려나가야지 헛된 욕심을 부려서는 안 됩니다.

그뿐만 아니라 어떤 일을 마친 다음에도 엘리야 증후군에 걸려서는 안 됩니다. 결과가 나쁘다고 해서 낙심하거나 변한 것이 없다고 해서 자학하지 말아야 합니다. 왜냐하면 일은 그 자체로 신성한 것이고 유익을 생산하기 때문입니다. 일을 하면 나의 능력이 향상되고 경험이 늘어나서 성공의 확률이 높아집니다. 아무것도 하지 않으면 아무것도 생기지 않지만 아무리 하찮은 일도 열심히 하면 뭔가가 생기기 때문에 이득이 아닐 수 없습니다. 그리고 하나님은 우리가 수고한 것을 모두 기억하고 계시면서 시시때때로 복을 주십니다. 그러므로 일의 결과는 하나님께 맡기고 우리는 부지런히 수고해야 합니다. 한편으로 어떤 일에 성공한 다음에도 목표를 이루었다는 생각 때문에 더 이상 할 일이 없다면서 비전과 삶의 의욕을 잃어서는 안 됩니다. 성도들은 주님께서 부르실 때까지 일해야 하는 것이지 크고 중요한 일을 했다고 해서 나의 사명을 다 감당한 것이 아닙니다.

물론 사람은 자기중심적인 성향을 갖고 있기 때문에 나도 한번쯤 세상에서 크게 성공하고 싶고 성공의 결과를 마음껏 과시하고 싶을 수 있습니다. 또 꾸준히 일했는데도 얻는 것도 없고 누리는 것도 없다면 더 이상 일해야 할 이유나 마음이 생기지 않을 것입니다. 반면에 내가 수고하고 투자한 것보다 많은 열매가 맺는다면 기분이 아주 좋을 것이고 그 열매 때문에 풍성한 영광과 기쁨을 누린다면 다시 일하고 싶어질 것입니다. 그렇다고 할지라도 이 세상에서는 죄의 방해 때문에 심은 것만큼 거두지 못할 때도 있고 사회의 구조악 때문에 내가 심었는데 남들이 거두기도 하며 사람들의 질투 때문에 봉사하고 헌신했는데도 비난을 받을 수 있습니다. 그러므로 성도들은 세상에서 큰 성공을 바라거나 완전한 보상을 기대하지 말고 주님께서 주신 사명을 행하는 것을 나의 존재 목적으로 삼아야 합니다. 주님께서 나의 수고를 알아주시고, 위로해 주시며, 보상해 주시는 것에 만족해야 합니다. 성도들은 하나님의 자녀이기 때문에 아버지의 뜻을 이루어야지 세상 사람들처럼 자신의 욕망과 쾌락을 위해 살아서는 안 됩니다. 아버지의 뜻은 창조부터 종말까지 계속됩니다. 그 기나긴 역사 속에서 인간은 아주 짧은 기간만 활동하기 때문에 모든 일을 해치우려고 들지 말고 맡은 일을 하면 됩니다. 독자적으로 해야 할 일도 있지만 함께 해야 할 일도 있으며 세상 사람들과도 협력해야 할 일도 있습니다. 따라서 성도들은 내가 전부라고 생각하지 말고 나는 하나님의 거대한 섭리 속에서 한 개의 작은 징검다리라고 믿어야 합니다. 그러면 내가 하는 일이 크든지 작든지 결과는 하나님께 맡기고 편하고 즐겁게 할 수 있습니다. 그렇다고 세상에는 징검다리가 워낙 많기 때문에 하나쯤 없어도 되는 것이 아닙니다. 징검다리는 하나만 빠져도 건너가기가 어렵고 한 징검다리가 자기 역할을 수행하지 못하면 역사가 매끄럽게 연결되지 못합니다. 그래서 든 자리는 표가 나지 않아도 난 자리는 표가 난다는 말이 생겼습니다. 이처럼 하나님은 자신의 뜻을 이루어가는 데 있어서 나를 중요하게 여기시고 적절한 시간과 공간 속에 배치하시며 일하는데 필요한 조건들을 주셔서 효율적으로 사용하십니다. 하나님은 성도들이 일한 것에 대해서 반드시 갚아주시기 때문에 여러분은 하나님을 신뢰하면서 부지런히 일하고 섬겨야 합니다. 또한 하나님은 개개인의 상황에 맞춰서 평가 하시기 때문에 자부심을 갖고서 내가 맡은 일에 충성해야 합니다.

해방과 한국전쟁 이후에 우리나라는 가난과 질병에서 벗어나야 했고, 가진 것도 없는 상태에서 선진국을 따라잡아야 했습니다. 경제를 일으키기 위해서 수단과 방법을 가리지 않고 덤벼들지 않을 수 없었습니다. 과정이야 어떻든 결과만을 위해서 밤낮을 가리지 않고 일했습니다. 이런 생활을 반세기가 넘도록 하다 보니 결과주의가 몸에 배었습니다. 이사하면 당장 가스가 연결되고 텔레비전이 나와야지 다른 나라들처럼 몇 달씩 기다리지 못합니다. 외국에 여행 가서도 빨리빨리 여러 곳을 돌아다녀야지 한곳에 머무르면서 차분히 구경하지 못합니다.

이런 성격 때문에 성도들이 사명과 직분을 행할 때도 얼른 성과를 얻기를 원하지 주님께서 열매를 주실 때까지 기다리지 못합니다. 주님은 적당한 시간에 열매를 주심으로 성도들이 많은 유익을 얻기를 원하시는데 우리는 내가 원하는 시간에 주지 않으면 몹시 짜증을 내면서 낙심합니다. 그 결과 얻은 것이 무엇입니까? 좋게는 GNP 3만 달러라는 업적을 이룩하였지만, 나쁘게는 사회의 구석구석에서 부실과 사고와 인재가 발생하였습니다. 그래서 많은 사람이 죽거나 다쳤고 재산상의 피해가 막심하였으며 국민의 불안이 높아졌고 국가의 경쟁력이 떨어졌습니다. 이런 폐단을 없애기 위해서는 성도들이 앞장서서 결과주의를 과정주의로 바꾸어야 합니다. 하나님은 결과가 아니라 전체의 과정을 중요하게 여기신다는 믿음을 가져야 하고 우리의 인생은 수많은 과정의 연속이지 몇 차례의 대단한 성공이 아니라는 신념을 가져야 합니다. 그래서 서둘러서 결과를 얻으려고 하지 말고 하나님의 시간표에 맞춰서 살아야 합니다. 하나님은 나에게 언제 어떤 성공을 주어야 더 좋은지를 나보다 더 잘 아시기 때문에 하나님의 계획과 방법을 따르는 것이 나에게 유익합니다. 하나님이 나에게 영원히 베풀어주실 은혜를 생각하면 세상에서 실패자가 되어도 찬송해야 합니다. 그래야 엘리야 증후군을 극복할 수 있습니다.

이렇게 살아가기 위해서는 나를 버리고 하나님께 편승해야 합니다. 나의 입장과 관점으로 나와 세상을 보는 것이 아니라, 하나님의 입장과 관점으로 나를 비롯하여 모든 것을 보아야 합니다. 나의 시각으로 모든 것을 바라보면 내가 주인공이 되지 못하거나 내가 원하거나 좋아하는 것을 차지하고 누리지 못하는 것 때문에 원망과 불평이 나오게 됩니다. 반면에 하나님 시각으로 나와 환경을 바라보면 하나님이 나를 얼마나 존귀하게 여기시는지를 알게 되고 나를 얼마나 소중하게 사용하시는지를 깨닫게 되며 나에게 얼마나 잘해 주시는지를 느끼게 됩니다. 그래서 어떤 상황에서도 감사하고 찬송할 수 있습니다. 그리고 하나님의 관점으로 나와 세상을 바라보면, 눈앞이 아니라 멀리 볼 수 있고 부분이 아니라 전체를 파악할 수 있으며 세상만이 아니라 내세도 바라볼 수 있습니다. 마음이 차분해져서 서두르지 않고 여유롭게 인생을 꾸려나갈 수 있고 좋은 일이나 나쁜 일 때문에 일희일비하지 않을 수 있으며 성령님이 주시는 의와 평강과 기쁨을 누리면서 생활할 수 있습니다.

엘리야의 시각을 탈피해서 하나님의 시각으로 자신과 세상을 보면서 하나님의 손길을 찾아내기를 바랍니다. 그래서 하나님에 대한 신뢰와 경외와 감사가 향상되어 인생을 멋있게 꾸려가기를 바랍니다. 엘리야처럼 날이 갈수록 성숙하고 엘리야처럼 주님 곁에 서는 영광과 행복을 누려 엘리야와 함께 주님을 찬송하기를 축복합니다.

10

여리고와 벧엘

열왕기하 2:19-25

그 성읍 사람들이 엘리사에게 말하되 우리 주인께서 보시는 바와 같이 이 성읍의 위치는 좋으나 물이 나쁘므로 토산이 익지 못하고 떨어지나이다 엘리사가 이르되 새 그릇에 소금을 담아 내게로 가져오라 하매 곧 가져온지라 엘리사가 물 근원으로 나아가서 소금을 그 가운데에 던지며 이르되 여호와의 말씀이 내가 이 물을 고쳤으니 이로부터 다시는 죽음이나 열매 맺지 못함이 없을지니라 하셨느니라 하니 그 물이 엘리사가 한 말과 같이 고쳐져서 오늘에 이르렀더라 엘리사가 거기서 벧엘로 올라가더니 그가 길에서 올라갈 때에 작은 아이들이 성읍에서 나와 그를 조롱하여 이르되 대머리여 올라가라 대머리여 올라가라 하는지라 엘리사가 뒤로 돌이켜 그들을 보고 여호와의 이름으로 저주하매 곧 수풀에서 암곰 둘이 나와서 아이들 중의 사십이 명을 찢었더라 엘리사가 거기서부터 갈멜산으로 가고 거기서 사마리아로 돌아왔더라

사람을 향한 하나님의 뜻에는 절대적인 뜻과 상대적인 뜻이 있습니다. 절대적인 뜻이란 하나님이 사람들의 조건인 남자나 여자, 백인이나 흑인, 능력과 신체 등에 대해 독자적으로 정해서 그 사람을 어느 시대에 태어나게 하고 어떤 지역에서 활동하게 하며 언제 세상을 떠나게 할 것인가를 결정하시는 것입니다. 이것은 하나님이 사람과 상의하지 않고 혼자서 계획하시기 때문에 절대적인 뜻이라고 합니다. 반면에 상대적인 뜻은 사람들에게 선택할 수 있는 요소들을 제공하시고 그것을 선택했을 때 자신의 뜻으로 여기시는 것입니다. 마치 고객이 식당에서 메뉴판에 적혀 있는 여러 가지 음식 중에서 짬뽕을 고르는 것처럼 하나님도 사람이 어떤 학교에 진학하고 어떤 직업을 가지며 어떤 사람과 결혼하고 어떤 도시에서 살 것인가를 선택할 수 있는 자유를 주셨습니다. 자신이 선택했기 때문에 그 결과에 대한 책임을 지게 하십니다. 따라서 상대적인 뜻은 생활적인 요소이고 절대적인 뜻은 운명적인 요소입니다. 사람이 하나님의 절대적인 뜻은 바꿀 수 없지만, 상대적인 뜻은 얼마든지 바꿀 수 있습니다. 이 사실을 본문에 나오는 여리고 사람들과 벧엘 사람들이 보여 주고 있습니다.

1. 여리고의 치료

엘리사가 선생님 엘리야 선지자와 헤어진 후 여리고에 머물고 있을 때 사람들이 찾아왔습니다. 그리고 자신들이 겪고 있는 재난을 19절과 같이 말했습니다. "우리 주인께서 보시는 바와 같이 이 성읍의 위치는 좋으나 물이 나쁘므로 토산이 익지 못하고 떨어집니다." 이 말처럼 여리고는 땅이 비옥했고 기후도 좋았습니다. 그래서 곡식과 과일나무가 잘 자랐고 꽃도 피고 열매도 달렸습니다. 그런데 문제는 그 열매가 완전히 익기 전에 떨어져 버린다는 것입니다. 그 원인은 일조량이 부족하거나 병충해가 열매를 먹어서가 아니라 수질이 나빴기 때문이었습니다. 그래서 수질을 개선하기 위해 애썼지만 땅에서 솟아 나오는 물을 고칠 수는 없었습니다. 그렇다고 농사를 포기하자니 비옥한 땅과 온화한 기후가 너무 아까웠습니다. 그래서 이러지도 못하고 저러지도 못하였습니다.

여리고의 수질은 과거에 여호수아에게 저주를 받아서 나빠졌습니다. 여호수아는 여리고를 파괴한 후에 이 성을 재건하는 자는 기초를 쌓을 때 큰아들을 잃을 것이고 문을 세울 때 막내아들을 잃을 것이라고 하였습니다. 이렇게 저주한 이유는 여리고가 하나님의 백성을 대적해서 이에 대한 본보기로 폐허로 남겨두려고 했던 것입니다. 그런데 여로보암이 이스라엘의 왕이 되면서 정치적인 목적으로 금송아지를 만들자 백성들이 하나님을 가볍게 여기기 시작했습니다. 그리고 아합왕이 바알을 섬기면서 율법으로 바알법으로 바꾸자 백성들이 하나님의 말씀을 믿지 않게 되었습니다. 그래서 히엘이 여호수아의 저주를 무시하고 여리고에 성을 쌓았습니다. 여리고는 교통의 요지였기 때문에 성이 있으면 국가의 경제와 안보에 도움이 되기 때문입니다. 성이 생기자 사람들이 여리고에 들어와서 주택도 짓고, 농사도 짓고, 장사도 하면서 살았습니다. 그러나 여호수아의 저주가 아직도 남아 있어서 곡식과 과일의 열매가 완전히 익지 않았습니다. 자기네 지식과 재주를 총동원해서 수질을 바꾸려고 했지만 전혀 나아지지 않았습니다.

여리고 사람들은 물을 고치기 위해 엘리사를 찾아 왔습니다. 당시 여리고에 사는 사람들은 하나님을 섬기지 않았고 율법도 알지 못했습니다. 단지 잘 먹고 잘 사는 것이 그들의 목표였고 생활의 방식이었습니다. 그런데 물 문제로 어려움을 당하자 엘리사를 찾아왔습니다. 그들이 믿고 따르는 바알의 선지자를 의존하지 않고, 하나님의 선지자를 붙잡은 것입니다. 엘리사는 지금까지 엘리야의 제자로 있었기 때문에 그의 능력이 어떠한지 알 수 없었습니다. 그런데도 그들은 엘리사를 찾아가서 매우 공손하게 여리고의 문제점을 말씀드렸습니다. 그리고 염치가 없어서 부탁은 하지 않았지만 하나님의 능력으로 물을 치료해 줄 것을 기대하였습니다. 그들의 말을 듣자 엘리사는 새 그릇에 소금을 담아서 가져오라고 하였습니다. 그 소금 그릇을 들고 물 근원으로 가더니 그곳에 소금을 던지면서 말했습니다. "여호와의 말씀이 내가 이 물을 고쳤으니 이로부터 다시는 죽음이나 열매 맺지 못함이 없을지니라 하셨느니라." 그러자 곧바로 여리고의 수질이 변했고, 곡식과 나무의 열매는 도중에 떨어지지 않고 완전히 익었습니다. 여리고 사람들은 수확의 기쁨을 누리게 되었습니다.

이제 여리고는 살기 좋은 성읍이 되었습니다. 여호수아가 했던 저주가 사라졌고 엘리사가 베푼 복이 임했습니다. 그래서 여리고는 계속 존속할 수 있었고 예수님이 오셨을 때도 많은 사람이 살고 있었습니다. 이것은 우리에게 중요한 교훈을 합니다. 어떤 이유로 문제가 생겼던지 그 문제를 해결하기 위해서는 하나님께 나아가야 한다는 것입니다. 그 문제가 사람들의 실수나 잘못으로 생긴 것이든지 조상 때부터 내려오던 폐습이나 저주이든지 하나님의 도우심을 받아야 깨끗하게 고칠 수 있다는 것입니다. 사람은 주어진 환경에서 살아가기에 자신의 힘으로 환경에서 생기는 재난을 치료하지 못합니다. 그래서 히엘이 여리고에 성은 쌓을 수 있었지만 여호수아의 저주 때문에 발생한 재앙은 막지 못했던 것입니다. 반면 하나님은 전능하시기 때문에 못 하시는 일이 없습니다. 사람은 불가능한 일이라 할지라도 하나님은 손쉽게 처리하실 수 있습니다. 따라서 문제를 해결 받고 싶으면 하나님을 의지해야 합니다. 그것이 개인의 문제이든자 가정과 교회와 국가의 문제이든지 하나님께 맡겨야 합니다.

엘리사가 물을 치료한 방법을 살펴보면 하나님께서 저주를 없애주셨다는 사실을 알 수 있습니다. 엘리사는 새 그릇에 소금을 담은 후 그 소금을 물 근원에 던졌습니다. 새 그릇은 여리고가 새로운 도시가 변했다는 뜻이요, 저주의 도시가 축복의 도시로 바뀌었다는 의미입니다. 소금을 물 근원에 던진 이유는 전에는 싱거웠던 여리고가 이제는 짠맛을 내는 여리고로 바뀌었다는 것을 뜻합니다. 여리고가 하나님을 대적할 때는 저주를 받아서 무익하고 불행한 도시가 되었습니다. 그런데 이제 하나님을 찾았기 때문에 하나님께 은혜를 받아서 가치 있고 행복한 도시가 되었습니다. 음식이 썩는 것을 막는 소금처럼 세상에 유익을 주는 도시가 된 것입니다. 이런 변화는 여리고가 우상이 아니라 하나님을 붙잡았기 때문에 일어났습니다.

하나님은 자비로우셔서 자신을 찾는 자들에게 은혜를 베푸십니다. 어떤 죄인이라 할지라도 하나님께 나아오면 내쫓지 않으시고 모두 받아 주십니다. 진정으로 회개하면 금방 징계를 멈추시고 새롭게 복을 내려 주십니다. 그래서 하나님의 영광과 사람들의 유익을 위해 살게 하십니다. 이러한 진리는 오늘날도 여전히 시행되고 있습니다. 하나님은 절대적인 뜻은 고수하시지만, 상대적인 뜻은 사람들의 선택과 행위에 따라서 바꾸십니다. 하나님은 공의로우셔서 자신을 경외하는 사람에게는 복을 내려주시지만, 자신을 거부하는 사람에게는 재앙을 내리십니다. 하나님은 진실하셔서 자신을 존중하는 사람은 높여 주시지만, 자신을 싫어하는 사람은 낮추십니다. 하나님은 거룩하셔서 겸손한 사람을 받아 주시고 교만한 사람은 물리치십니다.

하나님은 심은 대로 거두는 법칙을 만드셨기 때문에 성실히 일하고 섬기는 사람은 건강하고 형통하게 하시고, 허황하고 게으른 사람은 빈곤하고 초라하게 하십니다. 이런 일들을 하나님은 오랫동안 인간의 역사에서 행하셨고 앞으로도 계속하실 것입니다. 다만 성도들의 훈련을 위하여 고난을 주기도 하시지만 근본적인 원칙은 바꾸지 않으십니다. 그러므로 하나님을 높이고 신뢰하며 하나님의 말씀에 순종해야 합니다.

2. 벧엘의 저주

여리고의 물을 치료한 엘리사가 벧엘로 올라갔습니다. 벧엘에는 엘리야 선생님이 세운 선지자 학교가 있었습니다. 엘리사는 이 학교의 새 교장이 되었기에 선지자 학교를 운영하면서 제자들을 가르치려고 그곳으로 갔습니다. 그런데 선지자 학교로 올라가는 도중에 사방에서 작은 아이들이 뛰쳐나왔습니다. 한두 명도 아니고 수십 명이 우르르 몰려나오더니 엘리사의 뒤를 따라가면서 이렇게 외쳤습니다. "대머리여 올라가라. 대머리여 올라가라." 사실 엘리사는 나이가 들어서 선지자로 부르심을 받았습니다. 머리가 벗어진 것만 보아도 당시에 중년이었고 아이들에게는 큰아버지뻘이 되었습니다. 따라서 아이들은 엘리사에게 최소한의 예의를 보였어야 했는데 대머리라고 욕을 하였으니 얼마나 경솔하고 버릇없는 언행입니까? 물론 엘리사가 먼저 아이들에게 시비를 걸었다면 화가 나서 맞대응할 수 있었을 것입니다. 그러나 엘리사는 조용히 선지자 학교로 가는 중이었기 때문에 마른 하늘에 날벼락이 아닐 수 없었습니다.

이처럼 황당한 일을 당하자 열 받은 엘리사가 하나님의 이름으로 아이들을 저주하였습니다. 그랬더니 수풀에서 암곰 두 마리가 튀어나와서 아이들에게 덤벼들어 순식간에 42명의 아이를 찢어 죽였습니다. 그 결과 동네가 피로 얼룩졌고 시체가 사방에 널렸으며 놀란 주민은 죽은 아이들을 붙잡고 통곡을 하였습니다. 지금까지 별 탈 없이 지내던 마을이 엘리사의 저주 때문에 순식간에 눈물 바다로 변했습니다. 도대체 왜 아이들은 엘리사를 조롱해서 이런 비극을 맞이했을까요? 평범한 사람을 놀려도 야단맞을 텐데 어쩌다가 선지자를 대머리라고 흉보다가 무서운 참상을 당했을까요? 그것은 벧엘에 세워진 금송아지 때문이었습니다. 그들은 금송아지 때문에 먹고 살고 있었는데 선지자 학교가 자신들의 경제에 피해를 준다고 생각해서 엘리사를 싫어해서 아이들이 주민들을 대신해서 엘리사를 조롱하다가 떼죽음을 당한 것입니다. 원래 벧엘이란 이름은 이스라엘의 조상 야곱이 지었고 하나님의 집이란 뜻이 있었습니다. 그런데 여로보암이 왕이 되면서 이곳에 금송아지를 세웠습니다. 백성은 예루살렘의 성전에 가지 못하게 하려고 벧엘에 금송아지를 세우고서 섬기게 한 것입니다.

처음에는 하나님의 집이 우상의 도시가 된 것 때문에 주민들이 반발했지만 나중에는 우상을 통하여 경제적인 이득이 생기자 상당히 좋아하였습니다. 다른 지역의 사람들이 금송아지에게 제사를 지내기 위해 방문하였고 절기에는 수많은 사람이 몰려들었습니다. 그들을 고객으로 삼아서 상업과 서비스업을 하면서 100여 년 동안 금송아지 덕분에 안전하게 먹고 살았습니다. 그런데 최근에 아합왕이 여러 지역에 바알과 아세라의 신전을 세웠습니다. 그러자 벧엘을 찾던 사람들이 많이 줄어 경제가 크게 위축되었습니다. 그래서 엘리야는 벧엘에 선지자 학교를 세웠습니다. 엘리야는 하늘에서 불도 내리고 비도 내리는 능력의 선지자였습니다. 이런 분이 벧엘에 계시자 무서워서 아무도 금송아지를 찾아오지 않았습니다. 그래서 가게들이 도산하자 어떤 사람은 벧엘을 떠났고 어떤 주민은 관광업을 농업과 목축업으로 바꾸었습니다. 그런데 어느 날 엘리야가 승천했다는 소식이 들려오자 아주 좋아하였고 그의 후계자인 엘리사만 쫓아내면 금송아지 산업은 다시 일어나서 옛날처럼 경제가 번영할 것이라고 믿었습니다. 그래서 아이들을 시켜서 엘리사를 놀려댔다가 축복의 마을이 죽음의 마을로 변했던 것입니다.

사람이 세상을 살다 보면 필요한 것이 많이 있습니다. 생존하기 위해서는 날마다 먹고 입고 잘 곳이 있어야 하고 성공하기 위해서는 지식과 기술, 자본과 인맥을 갖추어야 하며 즐거움을 누리기 위해서는 오락거리가 있어야 합니다. 그래서 너도나도 자신이 필요로 하고, 좋아하는 것을 많이 소유하기 위해 노력합니다. 그런데 그 많은 것 중에서 참으로 중요한 분이 있습니다. 사람이나 사물이 아니라 하나님이십니다. 하나님이 소중한 이유는 나를 존재케 한 창조주이시고, 나에게 고통과 죽음에서 건져주는 구속주이시며 나에게 영생과 행복을 주는 통치주이시기 때문입니다. 나만 아니라 하나님은 사람들의 생사화복을 주관하시고, 모든 공동체와 환경까지 운영하십니다. 이런 하나님께 복을 받으면 강건하고 형통하게 살 수 있지만, 저주를 받으면 형벌과 불행을 당하게 됩니다. 따라서 하나님은 있어도 되고 없어도 되는 분이 아니라 나의 시작부터 영원까지 꼭 필요하신 분입니다. 성도들은 다른 어떤 것들보다 먼저 하나님을 붙잡아야 하고 항상 좋은 관계를 유지해야 합니다.

벧엘 사람들은 의식주에만 집착한 나머지 전능하신 하나님을 버렸습니다. 하나님이 마을의 경제에 장애가 된다고 생각되자 하나님을 자기네 마을에서 몰아내려고 하였습니다. 그리고 돈벌이가 잘 되는 금송아지를 부활시키려고 했다가 엘리사에게 저주를 받아서 아이들이 죽었던 것입니다. 만약 그들이 하나님이 어떤 분인지를 알았다면 그 하나님이 우리와 어떤 관계를 갖고 계시는지를 알았다면 그런 못난 짓을 하지 않았을 것입니다. 하나님이 우리에게 해주실 수 있는 일이 무엇인지 알았다면 그런 어리석은 선택을 하지 않았을 것입니다. 하나님은 온갖 좋은 것들을 갖고 계실 뿐만 아니라 자기 백성을 사랑하셔서 좋은 것을 풍성하게 주신다는 사실을 알았다면 그와 반대의 선택을 했을 것입니다. 금송아지와 바알을 제거하고 하나님을 모셨을 것이며 엘리사 선지자를 환대하면서 율법을 배웠을 것입니다. 그런데 물질때문에 하나님을 버렸고 하나님의 집을 우상의 집으로 바꾸어서 거룩한 마을이 불결한 마을로 돌변했던 것입니다.

하나님은 어떤 피조물과도 비교할 수 없는 완전하신 분이심을 기억하면서 하나님을 제일로 사랑하고 섬겨야 합니다. 하나님은 어제나 오늘이나 내일도 동일하시지만 사람과 세상은 바뀌고 돈과 권력도 변하며 시대와 환경도 달라지기 때문입니다. 한때는 잘나가던 사람이 바닥으로 추락하기도 하고 세계를 지배하던 강대국이 얼마 후에는 자취를 감추기도 합니다. 그래서 사람이나 사물을 의지하면 어려움을 당할 때 도움을 받지 못해서 좌절하게 됩니다. 사람은 연약해서 자신을 건사하기도 힘들어서 나까지 신경 쓸 수 없고 돈과 권력은 가진 자에게는 고분고분하지만 가지지 못한 자에는 냉정하기 때문이며 우상과 미신은 뭔가를 할 수 있는 능력은커녕 생명도 없어서 백해무익하기 때문입니다. 따라서 성도들은 이러한 믿음과 체험을 갖고서 언제 무슨 일을 당하든지 영원불변하시는 하나님을 붙잡고 은총을 간구해야 합니다. 그래야 하나님께 삶에 필요한 복을 받으며 살 수 있습니다.

성경은 하나님만큼 사람들에게 잘해 주시는 분은 없다고 수없이 말합니다. 신약성경만 하나님은 독생자를 희생제물로 내놓으실 만큼 사람들을 사랑하신다고 이야기한 것이 아니라 구약성경은 율법을 지킬 것을 강조하면서도 하나님은 사람들을 불쌍히 여기면서 은혜를 베푸신다고 하였습니다. “여호와께서 그의 앞으로 지나시며 선포하시되 여호와라 여호와라 자비롭고 은혜롭고 노하기를 더디 하고 인자와 진실이 많은 하나님이라”(출 34:6). 이 말씀은 광야의 이스라엘 백성이 금송아지를 만들고 숭배한 후에 하나님이 자신을 모세에게 소개하신 내용입니다. 이 내용은 하나님은 몹시 관대하셔서 백성들이 못된 죄를 지었어도 곧바로 처벌하지 않으시는 분이요, 회개하고 돌이키면 새롭게 은혜를 베푸시는 분이라고 하였습니다. 열 번 잘하다가도 한 번 잘못한 사람은 내치지만, 하나님은 열 번 잘못하다가도 한 번 잘한 사람을 받아주신다고 한 것입니다. 따라서 여러분은 세상에서 하나님보다 더 좋으신 분은 없다는 확신을 가져야 하고, 하나님을 사랑하고 경배하며 순종해야 합니다.

이처럼 하나님 중심으로 살기 위해서는 나의 존재와 생활에 있어서 중요한 것의 우선순위를 분명히 정해야 하고 그 순서에 따라서 취사 선택해야 합니다. 우선순위를 정할 때는 사도 바울의 말을 참조해야 합니다. “내가 그를 위하여 모든 것을 잃어버리고 배설물로 여김은 그리스도를 얻고 그 안에서 발견되려 함이니”(빌 4: 8~9). 이 말씀처럼 바울은 그리스도를 너무도 중요하게 여긴 나머지 자신의 소유를 버렸을 뿐만 아니라 자기 자신도 배설물로 여겼습니다. 그 이유는 그리스도 안에서 자신의 존재를 확립하고 그리스도의 소유를 물려받기 위해서였습니다. 바울은 일시적이고 단편적인 것들은 모두 잃어버릴지라도 영원하고 전부이신 그리스도를 강하게 붙잡았던 것입니다. 그러므로 여러분도 나에게 중요한 분은 자신이나 가족, 돈이나 건강이 아니라 하나님이시라는 믿음을 갖고서 하나님을 일 순위로 꼽아야 합니다.

요즘 세간에는 금수저와 흙수저에 이야기가 종종 회자하고 있습니다. 돈이나 권력을 많이 가진 부모에게서 태어난 사람은 순탄하게 부유해지고 출세하지만, 가난하고 비천한 부모에게서 태어난 사람은 아무리 애써도 신분 상승을 하지 못합니다. 그래서 어떤 사람은 더 나은 삶에 대한 기대를 접기도 하고, 어떤 사람은 막연히 대박이 터져서 팔자가 바뀌기를 기다리고 있습니다. 그런데 성도는 금수저를 쥐여준 부모보다 더 위대하신 하나님의 아들 딸이고 아버지로부터 엄청난 사랑과 은혜를 이미 받았고,앞으로도 쭉 받을 것입니다.

어떤 사람은 조상의 죄 때문에 후손이 저주를 받아서 내가 고생하고 있기 때문에 가계에 흐르는 저주를 제거해야 상황이 좋아진다고 말합니다. 그러나 나의 인생은 내가 어떻게 하느냐에 달린 것이지 조상이 결정하는 것이 아닙니다. 지금까지 내가 힘들게 살았을지라도 지금부터 하나님을 잘 섬기면 하나님께 복을 받고 오늘까지 잘 살았어도 말씀에 불순종하면 상황이 나빠지게 됩니다. 이 사실을 가장 잘 보여주는 것이 여리고와 벧엘입니다. 여리고는 어제까지 재난을 당했지만, 오늘 하나님께 나아오자 재난이 사라지고 복을 받았습니다. 벧엘은 오랫동안 거룩한 장소였지만 하나님을 경멸하다가 복이 재난으로 변했습니다. 하나님은 아비의 죗값을 아들에게서 받아내지 않으시고 사람들이 무엇으로 심든지 그대로 거두게 하시는 분이기 때문입니다.

이처럼 저주를 축복으로 바꾸고 나쁘고 해로운 것들을 선하고 유익한 것들로 바꾸는 터닝 포인트를 경험하기를 바랍니다. 혹시 부모로부터 좋은 것들을 물려받았을지라도 부모보다 더 하나님께 충성하고 헌신함으로써 부모보다 더 값지게 쓰임 받고 풍성히 보상받기를 바랍니다.

11

도끼의 기적

열왕기하 6:1-7

선지자의 제자들이 엘리사에게 이르되 보소서 우리가 당신과 함께 거주하는 이곳이 우리에게는 좁으니 우리가 요단으로 가서 거기서 각각 한 재목을 가져다가 그곳에 우리가 거주할 처소를 세우사이다 하니 엘리사가 이르되 가라 하는지라 그 하나가 이르되 청하건대 당신도 종들과 함께하소서 하니 엘리사가 이르되 내가 가리라 하고 드디어 그들과 함께 가니라 무리가 요단에 이르러 나무를 베더니 한 사람이 나무를 벨 때에 쇠도끼가 물에 떨어진지라 이에 외쳐 이르되 아아, 내 주여 이는 빌려온 것이니이다 하니 하나님의 사람이 이르되 어디 빠졌느냐 하매 그곳을 보이는지라 엘리사가 나뭇가지를 베어 물에 던져 쇠도끼가 떠오르게 하고 이르되 너는 그것을 집으라 하니 그 사람이 손을 내밀어 그것을 집으니라

엘리사가 이스라엘 신학교의 학장으로 부임한 후에 신학생이 두 배로 늘었습니다. 그래서 요단강 옆에 있는 땅에 새롭게 건물을 짓기 시작했습니다. 그런데 건축하는 과정에서 뜻하지 않은 사고가 생겼습니다. 한 신학생이 도끼로 나무를 찍다가 실수해서 물속으로 빠뜨린 것입니다. 요단강에는 물이 흐르고 있었기 때문에 수영 실력이 뛰어나지 않으면 들어갈 수 없었습니다. 더구나 도끼는 쇠라서 강바닥에 가라앉기 때문에 강바닥을 뒤져서 도끼를 찾으려면 탁월한 잠수 실력을 갖춰야 했습니다. 옆에서 일하던 신학생들은 아깝지만 도끼를 포기할 수밖에 없다고 생각했습니다. 도끼를 건지려다 소중한 목숨을 잃을 수 있기 때문입니다. 그러니 그 도끼는 자기 것이 아니라 남에게 빌려온 것이기 때문에 도끼를 빠뜨린 학생은 무척 당황했을 것입니다. 자기가 도끼를 변상해 주어야 했습니다. 그러나 그 신학생은 가난했기 때문에 도끼값을 물어줄 돈이 없었습니다. 하는 수 없이 그 신학생은 엘리사를 찾아가서 나무를 찍다가 도끼를 강물에 빠뜨렸다고 말했습니다. 그리고 울먹이면서 저는 그 도끼 값을 물어줄 돈이 없다고 덧붙였습니다.

1. 도끼의 기적

그러자 엘리사가 도끼가 빠진 곳이 어디냐고 물었습니다. 그 신학생이 도끼 빠진 곳을 가리키자 엘리사가 나뭇가지를 베어서 그곳에 던졌습니다. 그랬더니 도끼가 물 위로 올라왔습니다. 그리고 넋을 잃고 쳐다보고 있는 신학생에게 도끼를 건져내라고 하였습니다. 그 결과 신학생은 도끼를 찾을 수 있었고 그 도끼로 나무를 찍는 일을 계속할 수 있었습니다. 몇 달 후에 신학교 건물이 완공되었고 신학생들이 편리하게 공부를 하게 되었습니다. 엘리사는 가벼운 나뭇가지를 던져서 무거운 쇳덩어리가 떠오르게 하였습니다.

하나님이 주신 능력으로 기적을 행한 것이었지 나무꾼과 산신령처럼 꾸며낸 이야기가 아니었습니다. "이 금도끼가 네 도끼냐? 이 은도끼가 네 도끼냐? 둘 다 아니라면 너는 도대체 어떤 도끼를 나놓으란 말이냐? 짜증 나게." 이 이야기를 기억하고 있는 분들은 본문의 내용을 실화로 여기지 않을 수 있습니다. 설사 진짜 일어났던 사건이라 할지라도 하찮은 사건이라고 생각할 수 있습니다. 기껏해야 만 원밖에 되지 않는 도끼를 찾은 사건이기 때문입니다.

본문의 도끼 사건을 앞과 뒤에 나오는 사건들과 비교하면 사건이라고 말하기가 부끄러울 정도입니다. 앞에 나오는 사건은 엘리사가 나아만의 나병을 고친 사건이고 뒤에 나오는 사건은 엘리사가 아람 나라의 군대를 물리친 사건입니다. 먼저 나아만은 아람 나라의 군대 장관이었고 왕에게 크게 총애를 받는 신하였습니다. 이런 신하가 몹쓸 병에 걸려서 고생하였기 때문에 왕과 백성이 몹시 안타까워하였고 왕은 어떤 방법을 써서라도 나아만의 병을 치료해 주려고 노력하였습니다. 그러나 당시의 의술로는 고칠 수 없는 불치병이었기 때문에 애간장만 태우고 있었습니다. 그런데 포로를 통해서 이스라엘에 엘리사라는 용한 선지자가 있다는 말을 들었기 때문에 얼른 나아만을 그 선지자에게 보냈습니다. 그러자 엘리사는 나아만에게 요단강에서 일곱 번 목욕하라고 지시하였고 그 지시대로 나아만이 목욕하자, 나병이 깨끗하게 나았습니다. 그런데 엘리사는 목욕만으로 불치병을 치료했으니 얼마나 대단한 기적입니까?

이 사건과 도끼 사건을 비교하면 도무지 수준이 맞지 않습니다. 일단 내용의 분량에서 게임이 안 됩니다. 나아만의 사건은 27절이나 되지만 도끼 사건은 7절이기 때문에 4배나 적습니다. 또한 나아만은 국제적으로 이름을 날리는 아람 나라의 군대 장관이었지만 도끼를 빠뜨린 사람은 이름 없는 신학생에 지나지 않았습니다. 유명세는 4만 배 정도의 차이가 납니다. 나아만은 천문학적인 돈으로도 고칠 수 없는 불치병을 치료 받았습니다. 그런데 신학생이 잃어버린 도끼는 만 원짜리입니다. 가격도 4천 배나 차이가 납니다. 나아만의 병을 치료하자 엘리사를 보기 위해서 몰려든 사람들이 대단히 많았습니다. 심각한 병에 걸린 환자들만이 아니라 엘리사에게 사인을 받기 위해서 온 사람들도 있었습니다. 반면에 엘리사가 도끼를 건졌을 때는 찾아온 사람이 한 명도 없었습니다. 옆에서 지켜보던 신학생들도 이런 사건을 기적이라고 말하기는 쑥스럽다고 생각했습니다. 역시 4백 배의 차이가 납니다. 이처럼 본문의 사건은 앞에 나오는 사건과 대조하면, 정말 별 볼 일 없는 사건에 지나지 않습니다.

본문의 사건을 더욱 위축되게 만드는 사건이 있습니다. 도끼의 기적에 뒤따라서 나오는 사건입니다. 이것은 엘리사가 아람 나라의 침략을 물리치는 사건인데 엘리사는 아람 나라가 침략할 때마다 이스라엘 왕에게 알려주어서 이스라엘 군대가 길목을 지키게 하였습니다. 이런 일이 여러 차례 반복되자 아람 왕은 엘리사를 제거하지 않고는 이스라엘을 정복할 수 없다고 생각했습니다. 그래서 특수부대를 파견해서 엘리사를 죽이려고 하였습니다. 그러나 엘리사는 자신을 잡으러 온 특수부대를 사마리아 성으로 유인하여 모조리 사로잡았고 풀어주었습니다. 그러자 화가 난 아람 왕이 군대를 총동원하여 이스라엘의 수도 사마리아를 포위했습니다. 그 결과 사마리아에 식량이 떨어져서 여인들이 아기를 잡아먹는 비극이 벌어졌습니다. 참으로 절망적이었을 때 엘리사가 하나님의 능력으로 아람 군대가 도망치게 만들었습니다. 그래서 사마리아 백성이 포위에서 풀려났고 아람 군대가 버리고 간 군수품으로 배불리 먹고 마시게 됩니다. 이처럼 엘리사는 이스라엘 백성을 적군의 침략에서 구원하는 일을 하였습니다.

이 사건을 도끼를 찾은 사건과 비교하면 하늘과 땅만큼이나 차이가 납니다. 엘리사가 아람 나라로부터 이스라엘을 구원한 사건은 아주 크고 중요하지만 요단강에 빠진 도끼를 건진 사건은 매우 작고 하찮기 때문입니다. 도끼를 건져서 이득을 본 사람은 몇십 명이었지만 전쟁에서 승리한 사건은 이스라엘 백성 전체가 혜택을 누렸기 때문입니다. 이처럼 도끼의 사건은 국제적인 사건들의 틈새에 끼어 있습니다. 앞에는 불치병을 치료한 사건이요, 뒤에는 적으로부터 나라를 구한 사건입니다. 따라서 본문을 전후해서 도끼 사건만 있었던지 아니면 도끼 사건이 평범한 사건들 사이에 놓였더라면 초라하지 않았을 것입니다. 그런데 하필이면 거대한 사건들 틈새에 사소한 사건이 끼어들었기 때문에 홀대를 받게 된 것입니다. 본문의 사건이 바울서신에 들어 있었다면 대단한 인기를 끌었을 것입니다. 그런데 국제적인 사건들 사이에 들어 있었기 때문에 주목을 받지 못하게 된 것입니다.

그렇다면 왜 열왕기서를 쓴 사람은 도끼의 사건을 두 사건 사이에 배치했을까요? 엘리사가 행한 일을 순서대로 기록하다 보니 그렇게 된 것일까요? 아니면 우리가 이 사건을 읽으면서 비웃으라고 그렇게 한 것일까요? 성도들은 크고 놀라운 일을 위해 추구해야지 작고 사소한 일로 하나님을 괴롭혀서는 안 된다는 것을 가르치기 위해서였을까요? 엘리사의 사역을 보면 전체를 위해 행한 일들과 개인을 위해 행한 일들이 겹칩니다. 때로는 외적으로부터 백성을 보호하기도 하였고 때로는 어려움 당한 사람들을 보살피기도 하였습니다.

이런 사역을 통해서 우리는 크고 작은 일들이 모두 중요하다는 것과 둘 다 행해야지 한쪽으로 치우쳐서는 안 된다는 교훈을 얻습니다. 나라와 열방을 위해서 기도해야 하지만 가족과 이웃을 위해서도 기도해야 하며 다른 나라에 선교사를 보내야 하지만 이웃에게 복음도 전해야 합니다. 큰일 때문에 작은 일을 하찮게 여기거나 작은 일에 매여서 큰일을 하지 못하면 안 되고 둘의 균형을 이루어야 합니다. 큰일이나 작은 일을 모두 소중하게 여기면서 동시에 행해야 합니다.

2. 하나님의 자상함

본문이 정말 강조하고 있는 것은 하나님의 자상함입니다. 하나님은 드넓은 우주를 창조하셨고 그 우주를 손수 운영하고 계십니다. 하나님은 70억의 인구를 만드셨고 인류의 역사를 관리하고 계십니다. 이렇게 위대하신 하나님이 개개인의 이름을 기억하시고 생사화복을 일일이 주관하십니다. 형편을 아실 뿐만 아니라 필요를 채워주십니다. 하나님은 사람들처럼 가진 자와 가지지 못한 자를 차별하지 않으시고 능력과 업적에 따라서 성도들의 몸값을 평가하지 않으십니다. 하나님은 사람들처럼 자기가 좋아하는 사람을 편애하지 않고 전체와 개체를 함께 돌보십니다.

예수님은 성부께서 택한 백성을 구원하기 위해 십자가를 지셨지만 동시에 나 한 사람에게 영생을 주기 위해 자신의 생명을 바치셨습니다. 이처럼 하나님은 크고 작은 것을 똑같이 취급하십니다. 하나님은 모든 성도를 사랑하시지만 나처럼 이름 없는 존재도 예뻐하십니다. 이 사실을 엘리사가 도끼를 찾은 사건이 증명하고 있습니다. 본문의 도끼 사건이 나아만의 나병을 고친 사건과 아람 나라의 군대를 물리친 사건 사이에 놓인 것은 두 사건만큼이나 중요하다는 점을 암시하기 위해서입니다. 왜냐하면 다른 사람들은 몰라도 그 신학생만큼은 도끼가 없어서는 안 될 물건이었기 때문입니다. 도끼가 있어야 나무를 찍어서 건물을 지을 수 있고 도끼를 돌려주어야 빚쟁이가 되지 않을 수 있습니다. 오늘날 연봉을 많이 받는 분들은 만 원짜리 도끼를 대수롭지 않게 여기겠지만 그 신학생은 가난해서 도끼를 살 수 없었습니다. 그래서 그 신학생은 도끼를 찾는 것이 무엇보다 시급하고 중요한 일이었습니다. 그래서 엘리사가 기적을 행하여 문제를 해결해 준 것입니다. 이 사건을 통하여 하나님은 어려운 사람들의 사정을 헤아리시고개개인에게 은혜를 베푸신다는 사실을 알 수 있습니다. 하나님은 창조주요 구속주라는 것 때문에 커다란 영광을 받는 일에만 몰두하시는 것이 아니라 하나님은 사랑이시고 무한하시기에 연약하고 불쌍한 사람들에게 은혜 베푸는 것을 좋아하십니다.

하나님은 균형을 잃고 한쪽으로 기우셨다는 오해를 받으면서도 모든 사람을 똑같이 대하지 않으시고 사회적인 약자에게 마음을 더 쏟으십니다. 높고 부유한 사람들은 하나님이 보살피지 않으셔도 잘 살지만 빈약하고 비천하며 병들고 버림받은 사람들은 하나님이 붙잡아주지 않으면 일어설 수 없고 위로받을 수 없으며 희망도 없기 때문입니다. 그래서 성경은 노골적으로 하나님을 고아와 과부의 하나님이라고 말합니다. "그의 거룩한 처소에 계신 하나님은 고아의 아버지시며 과부의 재판장이시라"(시 68:5). 이 말씀처럼 하나님은 부모가 없어서 무시를 당하는 고아의 아버지가 되어 주시고 남편이 없어서 서러움을 느끼는 과부의 편이 되어 주십니다. 그래서 못된 인간들이 고아와 과부를 억압하거나 착취할 때 하나님이 그들을 혼내주십니다. 이처럼 하나님은 가진 자들의 기득권을 지켜주시는 분이 아니라 가지지 못한 자들을 보살펴 주시는 분입니다. 암탉이 병아리를 품는 것처럼 하나님은 힘없는 자들을 품에 안아주시기 때문에 얼마나 든든하고 고마운지 모릅니다.

예수님의 사역을 보면 작은 자들에게 치우치셨다는 점을 쉽게 발견할 수 있습니다. 갈릴리의 어부들을 제자로 삼으셨고, 병들고 귀신 들린 사람들을 치료하셨으며, 굶주린 사람들을 떡 다섯 개로 배불리 먹이셨습니다. 그런데 유대인의 지도층이던 왕과 대제사장이나 로마제국의 총독과는 한번도 식사하지 않으셨습니다. 예수님께서 낮고 천한 사람들과 어울리신 것은 가진 자와 가지지 못한 자에 대한 공평성이 없어서가 아니라 자신을 필요로 한 사람들에게 반응하셨던 것입니다. 유대인과 로마인 지도층은 예수님에게 자기네 소유와 권력을 빼앗기지 않기 위해서 애썼을 뿐이지 예수님을 의지하고 섬기려는 생각이 없었습니다. 가난하고 병들고 따돌림받고 정죄 받은 사람들은 예수님을 몹시 필요로 하였습니다. 그래서 예수님이 그들에게 향하셨고 그들이 원하는 자비를 베푸셨던 것입니다. 예수님은 언제나 변치 않으시기 때문에 지금도 예수님은 작고 연약한 사람에게 관심을 가지고 자기를 진심으로 필요로 하며 간절히 찾는 성도들에게 은혜를 베푸십니다.

이처럼 예수님께서 약자의 형편을 헤아려주시는 까닭은 그들이 다수라서 선거 때 표를 얻기 위해서가 아니었습니다. 그렇다고 예수님이 아량이 넓은 것을 보여 주기 위해 가진 것도 없고 기댈 곳도 없어서 좌절하고 체념할 수밖에 없는 사람들을 동정하시고, 위로하시고, 도와주신 것도 아니었습니다. 사람은 흙으로 지음 받은 연약한 피조물이며 시간과 공간 속에서 고달프게 사는 존재라는 것을 아셨기 때문에 불쌍히 여기셔서 긍휼을 베푸신 것입니다. 어떤이는 미숙해서 남들이 도와주지 않으면 생존하지 못하고, 또 누군가 이끌어주지 않으면 나아갈 방향을 찾지 못하기 때문에 예수님이 그들의 목자가 되어 주시는 것입니다. 그리고 예수님도 낮고 가난하게 사셨기 때문에 병들고 무력한 사람들의 아픔을 아시고 열등하고 배고픈 사람들의 처지에 공감하셨습니다. 그래서 그들에게 대가를 바라지 않고 사랑과 은혜를 베푸신 것입니다. 말로만이 아니라 마음에서 우러나오는 사랑을 주시고 그들을 구원하기 위해 자신의 생명을 제물로 바칠 만큼 은혜를 베푸셨습니다.

사람은 이익이 있어야 생존할 수 있고 꿈과 비전을 이룰 수 있습니다. 이익을 얻을 수 있다면 힘들고 위험한 일도 마다하지 않고 자신보다 나이가 어리고 무능한 사람에게 모욕과 갑질을 당해도 참으면서 아부하기도 합니다. 이것은 개인만이 아니라 공동체도 마찬가지입니다 약소국은 강대국이 요구하는 일이 자존심이 상할지라도 다치지 않기 위해 복종합니다. 그리고 안전한 생활을 위해 사대주의란 비난을 감수하면서 강대국에 찰싹 달라붙기도 합니다. 이런 세상이기 때문에 전능하신 하나님이 이름 없는 신학생의 도끼를 찾아주신 사건이 특별하게 느껴지는 것입니다. 그의 도끼를 찾아주었다고 해서 대단한 찬양을 받으신 것이 아니었고 다른 굵직한 사건들에 묻혀서 금방 잊혔는데도 하나님은 이익과 손실을 따지지 않고 신학생의 문제를 해결해 주셨습니다. 그러니 하나님은 얼마나 다정하시고 세밀하신지 모릅니다. 이런 분이 나의 아버지라는 사실이 얼마나 좋은지 모릅니다.

잘난 것이 별로 없고 가진 것도 많지 않으며 도움받을 곳이 없는 분들은 하늘 아버지를 전적으로 의지해야 합니다. 하나님은 자신에게 나아오는 사람은 아무런 조건 없이 받아주십니다. 크게 성공했을지라도 갈증과 허전함을 느끼는 분들은 하나님을 붙잡아야 합니다. 하나님은 영적인 요소들을 통하여 마음의 기쁨과 만족을 주십니다. 뛰어난 재주나 소유가 많을지라도 출신성분이 나쁘거나 시대를 잘못 만나서 소외를 당하는 분들도 하나님의 품에 안겨야 합니다. 그러면 하나님이 나를 알아주시고 값지게 사용해 주시기 때문에 자부심과 행복을 느낄 수 있습니다. 하나님의 말씀대로 신앙생활 하는데도 이런저런 풍파나 시련을 겪는 분들도 낙심하지 말고 하나님을 바라보아야 합니다. 그러면 하나님이 모든 것이 합력하여 좋은 결과를 이루게 해주십니다.

중요한 것은 나의 부족을 채우는 것이지 남들에게 뭔가를 보여주는 것이 아닙니다. 여러 문제를 나의 힘과 노력으로 해결할 수 없으면 아버지의 도우심을 받는 것은 당연한 일입니다. 남들은 하찮게 여길지라도 내가 소중하게 여기는 것이 있다면 그것을 달라고 매달려야 합니다. 그러면 나를 잘 아시고 지독히 사랑하시는 하나님이 그것을 주실 것입니다. 이처럼 살면서 생기는 재난이나 사고에서 벗어나기 위해서 또한 꿈과 목표를 이루기 위해서 하나님께 은혜를 베풀어 달라고 간구하기를 바랍니다.

안이숙 여사가 일제강점기때 신사참배를 거부해서 감옥에 갇혔는데 해방 이후 감옥생활에 관한 책 〈죽으면 죽으리라〉를 썼습니다. 그 책의 내용에 있는 이야기입니다. 한번은 안 여사가 갑자기 사과가 먹고 싶었습니다. 당시는 일본이 태평양전쟁을 일으켜 군수품 조달을 위해 우리나라에서 요강과 숟가락까지 빼앗아갔기 때문에 감옥에 있는 죄수가 사과를 먹는다는 것은 꿈도 꿀 수 없었습니다. 그런데도 하나님께 사과를 달라고 기도했더니 다음 날 식판에 사과가 놓여있었습니다. 요단강에서 도끼를 건진 기적과 뭐가 다르겠습니까? 어떤 대학생은 친구를 따라서 성경 공부 모임에 참석했습니다. 모임이 끝나서 집으로 돌아가는데 우산을 세미나실에 놓고 온 것이 생각났습니다. 새 우산이라서 잃어버리기에는 아까웠습니다. 그래서 다소 어색했지만 아까 모임에서 배운 대로 하나님께 우산을 찾을 수 있게 해달라고 처음으로 기도했습니다. 그리고 세미나실로 갔더니 자기가 앉았던 곳에 우산이 그대로 있었습니다.

그분들만이 아니라 많은 사람에게는 하나님이 도와주셔서 문제를 해결한 사건들을 갖고 있을 것입니다. 어떤 분은 돈 문제가 해결된 적도 있었을 것이고, 어떤 분은 시험에 합격하기도 했을 것이며, 어떤 분은 사람들과의 사이에서 생겼던 오해가 풀어지기도 하였을 것입니다. 그럴 때마다 하나님이 나를 세밀하고 자상하게 돌보신다는 생각이 들었을 것입니다. 또한 어떤 분은 어렵고 위험한 일을 당했을 때도 하나님이 나를 지켜주고 계신다는 것을 느꼈을 것입니다. 실패하고 괴로워할 때도 고난이 나에게 유익이 되게 하시는 것을 깨달았을 것입니다. 밑바닥에서부터 새롭게 일으켜주시고 승리하게 해주시는 하나님의 역사를 겪어보았을 것입니다.

이러한 체험들을 발판으로 삼아서 하나님을 더욱 신뢰하고 의지하기 바랍니다. 필요하면 시간과 장소를 가리지 말고 하나님께 간구하고 문제가 생기면 체면이나 상황을 따지지 말고 하나님께 엎드리기 바랍니다. 정한 목표를 이루거나 사명을 잘 행하기 위해서도 능력과 은사를 달라고 하나님께 매달리기 바랍니다. 우리의 형편을 세밀히 알고 계시는 하나님으로부터 응답과 선물을 받기를 바랍니다. 그래서 문제가 해결되고 소원이 성취되며 가는 길이 순탄해지고 행하는 일마다 좋은 열매가 맺히기를 바랍니다. 나를 언제 어디서나 자상하게 돌보시는 아버지의 사랑을 날마다 느끼면서 든든하고 즐겁게 살기를 바라고 이처럼 나에게 잘해주시는 아버지께 진심으로 감사와 찬송을 드리기를 축복합니다.

12

끊어버리라

에스라 10:10-15

제사장 에스라가 일어나 그들에게 이르되 너희가 범죄하여 이방 여자를 아내로 삼아 이스라엘의 죄를 더하게 하였으니 이제 너희 조상들의 하나님 앞에서 죄를 자복하고 그의 뜻대로 행하여 그 지방 사람들과 이방 여인을 끊어버리라 하니 모든 회중이 큰소리로 대답하여 이르되 당신의 말씀대로 우리가 마땅히 행할 것이니이다 그러나 백성이 많고 또 큰 비가 내리는 때니 능히 밖에 서지 못할 것이요 우리가 이 일로 크게 범죄하였은즉 하루 이틀에 할 일이 아니오니 이제 온 회중을 위하여 우리의 방백들을 세우고 우리 모든 성읍에 이방 여자에게 장가든 자는 다 기한에 각 고을의 장로들과 재판장과 함께 오게 하여 이 일로 인한 우리 하나님의 진노가 우리에게서 떠나게 하소서 하나 오직 아사헬의 아들 요나단과 디과의 아들 야스야가 일어나 그 일을 반대하고 므술람과 레위 사람 삽브대가 그들을 돕더라

페르시아에서 살던 유대인이 가나안 땅으로 돌아왔습니다. 그리고 예루살렘과 그 주변 지역에 정착하여 농사도 짓고 가축도 기르며 장사도 하고 물건도 만들면서 생활하였습니다. 처음에는 자기들끼리만 교제하였고 다른 사람들과는 거래하는 정도였지만 세월이 흐르면서 같은 지역에서 사는 이방인과 친해지기 시작했습니다. 그러자 어떤 유대인은 이방인 아가씨가 맘에 들어서 데이트하였고 집안의 어른들이 반대했지만 그 아가씨와 결혼했습니다. 그리고 자녀를 낳아서 화목하고 행복한 가정을 이루었습니다. 이방인과의 혼인의 문이 열리자 다른 유대인도 이방인과 결혼하는 것을 주저하지 않았으므로 이런 가정이 점점 늘어났습니다.

1. 에스라의 개혁

그런데 어느 날 갑자기 마른하늘에 날벼락과 같은 비극적인 사건이 발생했습니다. 그것은 율법 학자인 에스라가 이방인과 결혼한 유대인은 아내를 버리라고 명령한 것입니다. 11절의 말씀처럼 이방인 여인을 아내로 삼은 사람들은 모두 아내를 끊어버리라고 하였습니다. 끊어버리라는 말씀은 아내와 이혼해서 남남이 되라는 뜻이었습니다. 아내만이 아니라 그 아내가 낳은 아이들까지 버리라고 하였습니다. 이처럼 살벌하고 잔인한 명령을 받자 평온하던 가정들이 지진이 난 것처럼 흔들렸고 여기저기서 통곡하는 소리가 들렸으며 반발하는 사람들도 생겨났습니다. 이런 문제가 있는데도 율법을 지키기 위해서 에스라는 혹독한 명령을 내렸습니다. 율법은 이스라엘 백성과 이방 여인의 결혼을 금하고 있습니다. 이스라엘 남자는 이스라엘 여인과 결혼해야지 하나님을 섬기지 않는 민족의 여인들과 혼인해서는 안 되었습니다. 그런데 일부 유대인이 율법을 어기고 이방 여인과 결혼한 것입니다. 이것 때문에 백성 전체가 하나님께 징계를 받게 되었으며 징계를 피하기 위해서는 이방 여인과 자녀를 버려야 했던 것입니다.

왜 율법은 이방 여인과의 결혼을 금지함으로써 수많은 유대인이 몹시 고민하고 괴로워하게 하였을까요? 유대인 남자는 이혼해도 새롭게 동족의 여인과 결혼해서 살 수 있겠지만 버림받은 이방 여인은 혼자서 살아야 하고 그의 자녀들은 커다란 상처와 고통을 받을 것입니다. 이런 현실을 감안해서 에스라가 율법을 유연하게 적용했더라면 좋았을 것입니다. 이미 결혼한 사람은 봐주고 나머지 백성은 이방 여인과 결혼하지 못하게 했더라면 부작용이 적었을 것입니다. 그런데 왜 그렇게 강력하게 율법을 소급해서 집행했을까요? 하나님에 대한 신앙을 지키기 위해서였습니다. 율법은 신앙을 지키는 방법을 가르쳐주기 때문에 율법대로 행하지 않고서는 신앙을 지킬 수 없었습니다. 백성들이 율법과 상관없이 자기 맘대로 살면 이방인의 문화와 풍습에 빠지거나 우상을 숭배할 수 있었습니다. 그래서 에스라는 율법의 준수를 강조해 모든 사람에게 똑같이 적용한 것입니다. 이런 적용 때문에 피해를 입는 사람들이 있다고 해서 사정을 봐주다 보면 불공평하기 때문에 백성들이 공직자를 불신하거나 율법을 빠져나갈 구멍을 찾게 됩니다.

하나님에 대한 신앙은 가정을 파괴하면서까지 지킬만한 가치가 있습니까? 도대체 그 신앙이 얼마나 중요하고 위대하길 레 아내와 자녀를 버리면서까지 보존해야 합니까? 만약 오늘날 이런 일이 벌어졌으면 엄청난 비난과 저항을 받을 것입니다. 어떤 이유로든 힘없는 여자와 아이를 버린다는 것은 비인도적이고 무책임한 행위이기 때문입니다. 지금은 여자들이 경제력을 갖고 있고 이혼한 후에도 아이를 키울 때 아버지로부터 양육비를 받아낼 수 있으며 사회복지의 혜택을 입기도 합니다. 그래서 힘없는 사람들도 최소한의 생활을 할 수 있습니다. 그러나 옛날에는 이런 요소들이 없었기 때문에 여자와 아이들은 남자에게 버림받으면 생계에 위협을 당할 수밖에 없었습니다. 그런데도 에스라가 과감하게 율법을 시행한 이유는 하나님 백성의 신앙을 보존하기 위해서였습니다. 이전에 유대인은 율법을 버리고 신앙에서 떠났기 때문에 하나님께 버림을 받아서 나라가 망하였습니다. 그 후로 국력을 회복하지 못해서 지금도 페르시아의 식민통치를 받고 있었습니다. 그러니 또다시 신앙을 버리면 유대인의 정체성을 잃고서 이방 민족이 되어버리기에 에스라가 율법을 최고의 가치로 여기고서 엄격하게 집행했던 것입니다.

하나님이 없으면 세상에서 아무리 잘 먹고 잘 살아도 의미가 없습니다. 죽음과 함께 영혼은 지옥에 떨어지고 몸은 흙으로 변합니다. 반면 하나님을 섬기면 하나님이 그 사람의 영혼을 데려다가 안식을 주시고 종말에 몸을 다시 살리십니다. 그래서 새 하늘과 새 땅에서 왕으로서 만물을 통치하면서 자부심과 기쁨을 누리게 해주십니다. 따라서 사람에게 진정으로 가치 있고 우선적인 것은 신앙이지 생활이 아닙니다. 아무리 호화롭고 고급스러운 생활도 사람을 고통과 죽음에서 건져내지 못하고 어떤 공동체도 영생과 행복을 주지 못합니다. 그러나 신앙은 하나님과의 관계를 회복시켜서 하나님과 함께 영원히 살게 해 줍니다. 이런 신앙을 보존하고 가르치고 물려주기 위해서는 교회가 필요합니다. 교회가 신앙을 잘 지키기 위해서는 말씀에 순종해야지 세속화되어서는 안 됩니다. 그런데 구약의 유일한 교회였던 유대인이 생활의 편리를 위해 율법을 지키지 않았기에 이에 대한 수정이 불가피했던 것입니다.

이방 여인들이 유대인의 신앙을 빼앗았다는 증거가 있습니까? 유대인이 아내를 설득해서 하나님을 믿도록 만든다면 서로에게 유익하지 않았겠습니까? 그러나 오늘날도 예수님을 믿는 남자와 믿지 않는 여자가 결혼하면 둘 다 교회에 다니지 않는 경우가 많습니다. 세계를 지배하는 것은 남자이지만 그 남자를 지배하는 것은 여자이기 때문입니다. 이것은 아이들도 마찬가지인데 엄마가 유대인이면 집안에서 아이들에게 율법을 가르치기 때문에 자녀들도 유대인이 되지만 엄마가 이방인이고 아빠가 유대인이면 아이들이 엄마를 따라서 이방인이 될 수밖에 없습니다. 그래서 지금도 유대인은 엄마가 유대인이면 자녀를 유대인으로 인정합니다. 이런 이유 때문에 에스라가 유다 남자들의 신앙을 위해 이방 여인과 그 여인의 양육을 받은 자녀를 버리라고 명령했던 것입니다. 그래서 신앙을 지키기 위해서는 어떤 손실과 고통도 감수해야 한다는 진리를 되새기게 하였고 다시는 율법에 불순종하지 않도록 충격적인 교육을 실시했던 것입니다.

이 사건은 너무도 가슴이 아프지만 에스라의 조치가 지나쳤던 것이 아니라 유대인이 율법을 어기고 이방 여인과 결혼한 것이 잘못이었습니다. 그 잘못을 바로잡다 보니 여자들과 아이들이 고통당했습니다. 이런 고통이 싫다고 해서 이방인과 함께 살게 되면 당장에는 좋을지 모르지만 결국에는 신앙을 잃을 것입니다. 그러면 너도나도 율법을 지키지 않게 되고 공동체가 무너질 것입니다. 이런 상태가 되지 않기 위해 그리고 교회가 자신의 본질을 지키고 역할을 잘 행할 수 있도록 아픔을 감수한 것이었습니다. 이것이 개혁입니다. 개혁은 잘못된 것들을 잘라내고 사람과 제도를 바꾸는 것입니다. 그것이 돈과 권력이든지 명예와 취미이든지 가족과 친구이든지 나를 신앙에서 떠나게 만드는 것들은 끊어버리는 것입니다. 암을 잘라내지 않으면 온몸에 퍼져서 나의 생명을 빼앗아가는 것처럼 불신앙을 방치하면 그것이 나와 공동체를 집어삼키기 때문에 과감하게 제거해야 건강하고 활력이 넘칩니다.

2. 끊어버리라

선거철마다 정치인들은 개혁을 부르짖습니다. 권력을 차지하려는 야당은 말할 것도 없고 권력을 지키려는 여당도 모든 것을 바꿔야지 현 상태대로 놔두면 나라가 어려워진다고 주장합니다. 이 말은 제가 어렸을 때 들었는데 지금도 듣고 있습니다. 그 이유는 그동안 정권이 바뀌지 않았거나 새로 들어선 정권이 개혁을 하지 않아서 그런 것이 아닙니다. 사람은 죄성을 갖고 있기에 그 죄성에서 못된 것들이 끊임없이 튀어나와서 개인과 공동체를 더럽히기 때문입니다. 처음에는 참신한 생각을 가졌던 정치인도 시간이 지나면 자신의 욕심과 야망을 드러냅니다. 이런저런 청탁과 유혹에 넘어가기도 하고, 권력을 이용해서 자기 실속을 챙기기도 합니다. 그래서 개혁을 외쳤던 사람이 개혁의 대상으로 바뀝니다. 공동체들도 청소가 필요한 것입니다. 개혁은 세상 사람들만이 아니라 성도들에게도 해당되는데 성도들도 의인이면서 죄인이라 하나님의 영광이 아니라 자신의 이익을 위해서 나쁜 짓을 하거나 공동체를 오염시키기도 합니다.

성도들은 개혁해야 하는데 그 개혁은 한두 번이 아니라 계속해서 나 자신부터 시작되어야 합니다. 내 안에도 죄성이 있기 때문에 나도 상황에 따라서 죄를 용인하고 부정과 타협할 수 있습니다. 나쁜 짓을 반복하다 보면 달콤한 맛에 길들어져서 상습범이 되고 그렇게 쌓아 올린 기득권을 방어하기 위해 온갖 수단을 동원합니다.

개혁은 부끄럽고 괴롭지만, 진정한 유익이며 새로운 기회입니다. 개혁은 잘못된 것들을 내버리고 좋은 것들을 덧붙입니다. 물론 이 과정에서 나의 잘못이 드러나면 비난을 받거나 대가를 치러야 합니다. 그러면 몹시 아프고 창피할 수 있습니다. 그렇다고 해서 개혁을 회피하면 잘못을 계속 반복하게 되고 잘못의 노예가 되어서 주님이 주신 달란트와 시간을 낭비하게 되어 오히려 커다란 손실을 당하게 됩니다.

개혁은 힘들고 고통스러울지라도 반드시 해야 합니다. 그래야 나쁘고 해로운 것들로부터 벗어나서 자유롭고 행복하게 살 수 있습니다. 그러므로 성도들은 개혁을 나를 위한 것이라는 신념을 갖고 매일의 생활에서 실천해야 한다. 내가 예수님을 믿음으로써 나의 신분이 마귀의 종에서 하나님의 자녀로 변한 것으로 끝내서는 안 됩니다. 내가 신앙생활 하면서 끊임없이 나를 개혁함으로써 나의 상태를 계속 업그레이드 해야 합니다.

성도들의 목표는 세상에서 성공해서 부귀영화를 누리는 것이 아니라 주님을 닮아가는 것이고 사명을 잘 행하는 것입니다. 이를 위해서는 먼저 부정적인 요소들은 제거하고 긍정적인 요소들은 보완해야 합니다. 죄성에서 나오는 나쁜 것들을 잘라내지 않으면 주님이 아니라 마귀를 닮아갈 수밖에 없습니다. 말씀과 성령님의 도우심을 받지 않으면 사명을 행하는 것이 아니라 자신의 이익과 만족을 위해서 살게 됩니다. 성도에게 있어서 개혁은 필수이고 평생의 과업입니다. 성도는 날마다 말씀의 거울에 자신을 비춰보면서 실수와 허물을 찾아내서 주님의 보혈로 씻어야 하고 또다시 성령님으로 충만해져서 하나님의 영광과 사람들의 유익을 위해 일하고 섬겨야 합니다. 그래야 자기를 부인하고 자기 십자가를 지고 예수님의 뒤를 따라가는 신앙생활을 할 수 있습니다. 그래야 성숙한 신앙과 인품을 갖출 수 있고 튼실한 열매를 풍성히 맺을 수 있습니다.

이처럼 개혁자로 살아갈 때 성도들이 잊어서는 안 될 것이 있습니다. 그것은 우리가 끊어버려야 할 것들이 아무리 대단해 보여도 유대인과 비교하면 작다는 것입니다. 유대인은 결혼해서 함께 살던 아내도 버렸고 자신의 피붙이인 자녀까지 버렸습니다.

오늘날 교회가 개혁해야 할 요소에는 공통적인 요소와 개인적인 요소가 있습니다. 공통적인 요소로는 교회의 세속화입니다. 세속화란 교회가 하나님보다 맘몬을 더 좋아하고 의존하는 것입니다. 마태복음 6장 24절에서 예수님은 성도들이 하나님과 돈을 겸하여 섬겨서는 안 된다고 하셨습니다. 이 말씀은 돈이 하나님과 최고의 자리를 놓고 다툴 만큼 강한 권력과 매력을 갖고 있다는 뜻입니다. 따라서 교회는 돈이 아니라 하나님을 선택해야 한다는 의미입니다. 그런데도 교회는 역사적으로 하나님과 돈 사이에서 수없이 오락가락하였습니다. 한국 교회도 보릿고개를 넘기던 시절에는 오직 하나님만 붙잡고 매달렸지만 GNP 3만 달러가 되자 돈으로 모든 일을 해치우고 있습니다. 그 결과 성령님이 교회에서 하실 일이 없어졌습니다. 이런 상태를 개혁하기 위해서는 교회가 돈에 대한 애착과 의존을 잘라내야 하고, 다시금 성령님을 높이면서 성령님의 역사를 사모해야 합니다. 그래야 세속적인 교회가 성경적인 교회로 바뀔 수 있습니다.

이어서 교회가 개혁해야 할 개인적인 요소로는 생활적인 것들이 있습니다. 오늘날 성도들의 겉모습을 보면 성도인지 아닌지를 구분할 수 없을 정도입니다. 이것은 성도들이 세상의 문화와 유행을 본받지 말고 하나님의 자녀답게 의롭고 거룩하게 살라는 말씀에 어긋납니다. 그 결과 성도들이 세상 사람들에게 보여줄 것이 없어졌을 뿐만 아니라 세상을 변화시킬 수도 없어졌기 때문에 맛 잃은 소금이 되어서 하나님과 사람들에게 버림받을 수밖에 없는 상태가 되었습니다. 이런 위험에서 벗어나기 위해서는 영국의 청교도로부터 물려받은 신앙생활을 회복해야 합니다. 청교도는 세속에 물들지 않고 경건하게 살기 위해 검소하고 소박한 생활을 하였고 성령님이 주시는 기쁨으로 만족하였으며 천국의 영광을 바라보면서 즐거워하였습니다. 그런데 오늘날 세상에서 잘나가고 있는 신자들은 청교도와 달리 사치스럽고 고급스러운 생활을 하고 있습니다. 이것을 통하여 자기 과시와 만족을 누리고 있기 때문에 개혁이 필요한 상황이 아닐 수 없습니다. 성도들이 세상과 가까워지면 하나님에게서 멀어집니다. 세상과 하나님 사이에는 중간 지대가 존재하지 않기에 성도들이 이쪽으로 쏠리면 저쪽에서 멀어질 수밖에 없습니다. 그래서 교회가 세속화되면 될수록 하나님의 은혜와 역사는 사라지고 인간의 자랑과 높임만 나타나게 됩니다.

스타 목사는 최고의 찬사와 박수를 받지만 하나님은 그 스타 목사의 들러리 역할만 하게 되는 것입니다. 그러면 교회에서 주님의 향기는 사라지고 사람의 냄새만 풍기게 됩니다. 이런 상태를 묵인하면 교회가 세상의 공동체로 변하게 되고 사람들이 교회를 통해서 하나님 나라에 들어가지 못하게 됩니다. 그런 교회는 아무짝에도 쓸모가 없기 때문에 예수님께서 촛대를 다른 곳으로 옮기십니다. 그러면 교회가 정체성을 잃게 되고 오래가지 못해 사라지고 맙니다. 이렇게 되지 않으려면 교회가 성경에 어긋난 요소들은 과감하게 잘라내고 말씀의 지배와 성령의 인도를 받아야 합니다. 그래야 교회가 본질과 생명력을 회복해서 모두에게 유익을 줄 수 있습니다. 물론 사람은 이기적이라서 자기 살을 도려내기가 보통 어렵지 않고 자신의 모든 것을 바쳐서 구축한 기득권을 허물기가 결코 쉽지 않습니다. 살을 도려내면 자존심이 너무 상하고 기득권을 허물면 살맛이 나지 않기 때문이다. 그래서 사람들이 죽는 한이 있어도 자신의 소유는 말할 것도 없고, 잘못된 것까지도 움켜쥐는 것입니다. 이것이 사람의 본성이기 때문에 개혁이 더욱 빛나고 가치 있는 것이요, 개혁에 따른 대가가 크고 훌륭한 것입니다. 아무나 개혁할 수 있으면 개혁이 흔해 빠져서 똥값이 되지만 개혁이 힘들고 드물기 때문에 좋은 열매를 맺는 것이고 많은 사람이 혜택을 받는 것입니다. 개혁하면 나와 공동체에서 나쁘고 해로운 것들이 사라지고 선하고 유익한 것들이 나타납니다. 피부의 상처에 있는 고름을 아프다고 해서 짜내지 않으면 피부가 점점 썩지만 아파도 짜내면 새 살이 돋습니다. 마찬가지로 개혁하지 않으면 점점 부패하고 죽어가지만 개혁하면 나와 공동체가 새로워지고 강해져서 개혁하기 전보다 상태가 훨씬 좋아지게 됩니다.

마르틴 루터가 잘한 일은 목숨을 걸고 천주교를 개혁해서 성경적인 교회를 세운 것도 있지만, 동시에 자신을 개혁하기 위해 몸부림을 친 것도 빼놓을 수 없습니다. 그렇다고 해서 루터가 폭력배처럼 사람들을 괴롭혔거나 사기꾼처럼 남들의 재산을 갈취했거나 난봉꾼처럼 향락에 빠져서 산 것이 아니었습니다. 그는 수도사로서 하나님을 잘 섬기기 위해 애썼고 천주교가 만든 제도와 의식을 충실히 지키기 위해 힘썼습니다. 그런데도 루터는 이성으로 나쁜 생각이나 헛된 상상을 하거나 감정으로 미움이나 음란함을 느낄 때마다 심각한 죄의식에 사로잡혔습니다. 그 죄 때문에 저주받아서 지옥에 떨어질까 봐 신부에게 하루에 6시간씩 고해성사를 하였습니다. 몸에 달라붙은 먼지를 털어내는 것처럼 자기 내면을 샅샅이 파헤쳐서 죄를 찾아냈고 그것을 제거하기 위해 철저히 회개했던 것입니다. 이처럼 루터는 자신을 개혁하고 쇄신하는 일을 하였기 때문에 자기 죗값을 모두 치뤄주신 예수님의 은혜가 얼마나 큰 것인가를 알았고 그 은혜에 감격하고 감사해서 평생 예수님을 위해 살 수 있었습니다.

루터처럼 우리도 예수님으로부터 엄청난 사랑을 받아서 하나님의 자녀가 되었고 성령님으로부터 영생 복락을 선물 받았습니다. 이런 은총을 입었기 때문에 하나님의 영광을 위해 일하고 헌신해야 합니다. 그런데 이렇게 살 수 있는 시간이 많지 않기에 우리의 능력과 소유를 선하고 가치 있는 일에 사용해야지 욕심과 유혹에 빠져서 더럽고 해로운 것들을 위해 소모해서는 안 됩니다. 이를 위해서는 말씀에 근거해서 좋은 것과 나쁜 것을 잘 분별해야 하고 성령님의 도우심을 받아서 나쁜 것은 배설물처럼 버려야 하며 좋은 것은 소중하게 여기면서 착실히 가꾸어야 합니다. 그래야 많은 유익을 얻을 수 있고 하나님과 사람들을 이롭게 할 수 있습니다. 주님은 우리가 행한 일들을 모두 기억하고 반드시 갚아 주십니다.

13

하나님의 권한

욥기 38:1-7

그 때에 여호와께서 폭풍우 가운데에서 욥에게 말씀하여 이르시되 무지한 말로 생각을 어둡게 하는 자가 누구냐 너는 대장부처럼 허리를 묶고 내가 네게 묻는 것을 대답할지니라 내가 땅의 기초를 놓을 때에 네가 어디 있었느냐 네가 깨달아 알았거든 말할지니라 누가 그것의 도량법을 정하였는지, 누가 그 줄을 그것의 위에 띄웠는지 네가 아느냐 그것의 주추는 무엇 위에 세웠으며 그 모퉁잇돌을 누가 놓았느냐 그 때에 새벽 별들이 기뻐 노래하며 하나님의 아들들이 다 기뻐 소리를 질렀느니라 만약 욥이 하나님을 떠나 살았다면 어떤 고통을 당했어도 이상하게 여기지 않을 것입니다. 자신이 지은 죄의 대가를 치르는 것은 당연하기 때문입니다. 그런데 욥은 누구보다 정직하고 성실하게 살았는데도 극심한 재난을 당했기 때문에 이해하기가 쉽지 않습니다. 선하게 산 사람이나 악하게 산 사람이 똑같이 재난을 당한다면 누가 착하게 살려고 하겠으며 모두 나쁜 짓을 한다면 공동체가 어떻게 존속하겠습니까? 그래서 욥의 고난은 도덕적인 혼란을 일으킵니다. 욥은 하나님을 경외하였고 사람들과 사이좋게 지냈으며 생활도 깨끗했습니다. 자신만 잘 관리한 것이 아니라 혹시 자녀들이 잘못해서 집안에 풍파가 일어날까 해서 생일잔치를 끝낸 자녀들을 성결하게 하려고 하나님께 제사 지냈습니다. 또한 욥은 부자였는데도 사람들에게 거들먹거리지 않고 겸손으며 사회적인 약자들을 무시하지 않고 따뜻하게 보살폈습니다. 그래서 욥은 사람들에게 커다란 존경을 받았습니다. 욥이 나타나면 젊은이들은 숨었고 노인들은 일어섰으며 지도자들은 말소리를 낮추었습니다. 이처럼 욥은 위대하고 뛰어난 인물이었기 때문에 욥이 당한 재난과 손실을 어떻게 해석해야 할지 고민되지 않을 수 없는 것입니다.

1. 욥의 재난

욥은 갑작스럽고 참혹한 고통을 당했기 때문에 그 충격이 보통 크지 않았습니다. 엄청난 재물을 잃고서 알거지가 되었고 돌풍에 집이 무너져서 자식들이 깔려 죽었습니다. 그래도 재물을 잃었을 때는 설마 산 입에 거미줄을 치겠느냐는 생각 때문에 힘들기는 하겠지만 열심히 일하면 다시 재산을 모을 수 있다는 계산 때문에 견딜 수 있었습니다. 그러나 자식들이 죽었을 때는 억장이 무너지는 것 같았습니다. 부모로서 자식들의 장례식을 치르는 것보다 가슴 아픈 일은 없습니다. 그러나 이것으로 재난이 끝나지 않았습니다. 또 욥은 무서운 병에 걸렸습니다. 머리끝부터 발끝까지 악성 종기가 나는 바람에 얼마나 가렵고 아프던지 종일 기왓장으로 몸을 긁어야 했습니다. 이렇게 재물과 자식과 건강까지 잃었기 때문에 욥의 인생은 끝장이 난 것 같았습니다.

이런 상태가 되면 욥이 아무리 신앙이 좋아도 하나님을 원망할 수밖에 없었습니다. 그런데도 욥은 주신 분도 하나님이고 거두신 분도 하나님이라면서 오히려 하나님의 이름을 찬송했습니다. 그렇다고 해서 고난이 멈춘 것이 아닙니다. 아내에게 무시와 조롱을 받았고 친구들에게 정죄와 구박을 당하였습니다. 그 결과 욥은 물질만 잃은 것이 아니라 영혼도 완전히 짓밟혔습니다. 한 몸이었던 아내가 등을 돌렸습니다. 자기편이 되어야 할 친구들이 자신을 대적했습니다. 그나마 아내는 욥을 한번 저주한 것으로 끝냈는데 친구들은 집요하게 회개를 촉구하며 하나님은 의인에게는 상을 주시고 죄인에게는 벌을 주시는데 욥이 벌 받는 것은 하나님께 죄를 지은 것이 분명하다고 말합니다. 그러자 욥은 죄는 벌이요 선은 상이라는 공식을 나에게 적용해서는 안 된다고 주장하였습니다. 나는 이런 재난을 당할만한 죄를 짓지 않았고 세상에는 죄를 많이 지었는데도 부유하고 장수하는 사람이 있는가 하면 착하고 성실하게 사는데도 병들고 가난한 사람이 있기 때문이라고 하였습니다. 따라서 오렌지가 노랗다고 해서 노란 것은 모두 오렌지라고 말하는 것은 논리적인 모순이라고 하였습니다. 왜 하나님은 공의로우신 분이요 심는 대로 거두게 하시는 분이면서 남들보다 신앙과 인품이 좋은 욥에게 재난을 내리셨을까요?

하나님은 욥에게 직접 나타나셔서 말씀하셨습니다. 그런데 욥이 한 질문에 대해서 속 시원하게 대답해주신 것이 아니라 오히려 욥에게 질문하셨습니다. 그 질문은 내가 한 일을 네가 알고 있느냐는 것이었습니다. 내가 태초에 우주를 창조하였는데 네가 그 우주에 대해서 얼마나 알고 있느냐고 물으셨습니다. 현대인은 과학을 좋아하기 때문에 본문의 내용을 과학적으로 말해보겠습니다. 우주에는 약 천억 개의 은하계가 있고 은하계에는 약 천억 개의 별들이 있답니다. 우주의 직경은 약 200억 광년으로 추산된다는데 그 크기가 피부로 느껴집니까? 우주는 말할 것도 없고 사람이 살고 있는 지구도 반지름이 6,370km인데 사람들이 지구를 파 들어간 것은 겨우 10km밖에 안 된다고 합니다. 사과에 비유하면 껍질만 살짝 건드린 셈입니다. 그러면서 사람들이 우주에 대해 이러쿵저러쿵 이야기하는 것이 우습지 않습니까? 동시에 그것을 만드신 하나님은 얼마나 크십니까?

이것이 욥의 질문에 대한 하나님의 답변이었습니다. 눈치가 빠른 분은 이것은 동문서답이라는 생각이 들 것입니다. 욥이 질문한 것은 '내가 왜 이런 고통을 당해야 합니까?'하는 것이었는데 하나님은 엉뚱하게도 '내가 한 일을 네가 알 수 있느냐?'라고 대답하셨습니다. 그래서 욥은 확실한 답을 얻지 못했고 우리도 뭐가 뭔지 알 수 없습니다. 그런데도 하나님은 계속해서 욥에게 답변이 아닌 질문을 하셨습니다. 그 질문도 이전의 내용과 별반 다르지 않은데 욥에게 이렇게 물으셨습니다. "왜 연어는 강에서 태어났으면서 드넓은 바다에서 살다가 또다시 자기가 태어난 곳으로 돌아가서 죽느냐? 어떻게 반딧불은 불을 밝히면서 날아다니느냐? 어떻게 사람의 눈은 최첨단 카메라도 흉내 낼 수 없을 만큼 정교하게 작동하느냐? 어떻게 눈에 보이지도 않는 한 개의 세포가 수십억 개의 세포를 가진 인간으로 성장할 수 있느냐?" 요즘은 과학이 많이 발달해서 사람들이 많은 정보를 갖게 되었습니다. 그런데도 사람은 피상적인 지식만 갖고 있을 뿐이지 근본적이고 전체적인 것에 대해서는 알지 못합니다.

이런 한계 때문에 만유인력을 발견했던 뉴턴은 자신이 알고 있는 것은 바닷가의 모래알 몇 개에 지나지 않는다고 고백했습니다. 뉴턴만이 아니라 오늘날도 똑똑한 사람들은 인간의 유한함과 연약함을 인정합니다. 반면에 쥐뿔도 모르는 사람들이 다 아는 것처럼 오만을 떱니다. 그렇다면 하나님은 인간의 못남을 비웃기 위해서 자신이 행한 일을 과시하셨습니까? 나는 전능하고 무한한 신이요 너는 하찮은 피조물이니, 아무 소리 하지 말고 내가 너에게 지워준 운명대로 살아가라고 창조의 위대함에 대해서 강조하셨습니까? 내가 고통의 문제에 대해서 열심히 설명해도 사람의 머리로는 이해할 수 없기 때문에 시간을 낭비하지 않은 것이라고 덧붙이셨습니까? 먼저 알아야 할 것은 하나님은 자신이 하는 일을 사람에게 통보해야 할 이유가 없다는 것입니다. 사람을 이해시킨 다음에 일할 필요가 없고 사람의 동의를 받아서 일해야 할 법칙도 없습니다. 우리는 피조물이요, 하나님은 창조주이시기 때문에 하나님은 자신의 뜻대로 일하시면 됩니다. 따라서 하나님이 우리의 질문에 대답하지 않으셔도 부당한 것이 아닙니다.

2. 하나님의 권한

그러나 이렇게 말하면 논리적으로는 승복해도 감정적으로는 불복할 것입니다. 이 점에 관해 설명해보겠습니다. 그것이 어떤 직분이든지 직분에는 반드시 그 직분을 행할 수 있는 권력이 주어집니다. 권력이 주어지지 않으면 직분을 행할 수 없습니다. 그래서 초등학교 반장은 떠든 아이들의 이름을 칠판에 쓸 수 있고 대통령은 수많은 공직자에 대한 임면권을 행사할 수 있습니다. 마찬가지로 하나님도 인간과 우주를 자신의 뜻대로 경영할 수 있는 권력을 갖고 계십니다. 하나님은 창조주이시기 때문에 누구는 머리가 좋게 만드실 수 있고, 누구는 흙수저를 물고 태어나게 하실 수 있습니다. 하나님은 통치주이시기 때문에 어떤 지역은 일 년 내내 덥게 하실 수 있고 어떤 나라는 강대국이 되게 하실 수 있습니다. 다만 하나님은 거룩하셔서 악을 만들지 않으셨습니다. 악은 사탄의 타락과 인간의 불순종에서 생겨났고 거기서 고통과 죽음이 나왔습니다. 어쨌든 사람들이 선출한 직분자도 권력을 갖고 있는데 인간과 우주를 창조하신 하나님이 무엇을 할 수 있는 권세가 없다면 잘못된 것입니다.

이 사실에 대해서 기분 좋아하든지 나빠하든지 그것이 기정사실이라는 것을 인정해야 합니다. 어떤 사람도 자신의 상태나 살아가는 환경에 대해서 미리 알거나 선택할 수 없고 이 세상에 태어나서 성장하고 보니 하나님의 절대권력에 의해 내가 현재의 조건을 갖고서 지금의 시대와 지역에서 살고 있다는 것을 발견했기 때문입니다. 그리고 세상에서 성공하고 부유하며 유명해지든지 실패하고 낙오되며 빈곤하든지 나의 욕구나 의지와 상관없이 얼마 후에는 세상을 떠난다는 것도 부정할 수 없습니다. 이것은 나만이 아니라 모든 사람이 공통으로 겪고 있는 현실입니다. 만약 내가 스스로 존재했거나 독립적으로 살아간다면 나의 존재의 상태와 삶의 조건을 내가 좌지우지할 수 있을 것입니다. 그런데 나는 하나님에 의해 존재하였고 현재의 시공에 배치되었기 때문에 나의 조건과 환경을 내 맘대로 결정할 수 없습니다. 나는 나를 창조하시고 주관하시는 하나님의 계획과 손길 안에서 나의 존재 목적을 찾고 이루어가야 합니다.

우리는 고난을 어떻게 받아들여야 할까요? 초대교회의 신학자 이레니우스는 하나님을 목자라고 하였습니다. 목자 하나님은 사랑이 풍성하셔서 우주 만물을 잘 보살피시기 위해 창조하셨습니다. 그리고 자신과 교제하면서 우주 만물을 관리할 사람을 만드셨는데 인격을 가진 영과 물질로 된 몸을 결합하셨습니다. 다만 이 사람은 미숙한 상태였기 때문에 하나님으로부터 은혜를 받고 사명을 잘 행함으로써 더 성숙해져야 했습니다. 그런데 사람이 마귀의 유혹을 받아서 타락하였고 고난을 겪게 되었습니다. 이런 상태가 된 이유는 하나님이 죄를 허용하셨기 때문인데 그 이유는 사람의 자만을 꺾고 구속과 교육을 통해서 하나님의 사랑을 알고 감사하도록 하기 위해서였습니다. 그래서 하나님은 사람이 타락했을 때도 완전히 버리지 않으셨고 자녀로 삼기 위해 예수님을 희생제물로 삼으셨으며 자녀가 성숙해지도록 고난으로 훈련하십니다. 이 과정에서 하나님은 양들을 항상 보호하시고 인도하시며 종말에는 몸의 부활과 최고의 영광을 주실 것입니다. 이러한 하나님의 의도와 역사를 생각하면서 성도들은 고난을 이겨내야 한다고 하였습니다.

성도들은 무슨 일을 당하든지 하나님의 선하심을 잊어서는 안 됩니다. 하나님은 본성이 진실하고 선하고 아름답기 때문에 어떤 경우에도 성도들에게 해코지하지 않으십니다. 혹시 성도들이 잘못했을 때도 하나님은 형벌이 아니라 징계하시고 성숙시키기 위해서도 얼차려가 아니라 시련을 주십니다. 징계는 회개하면 끝나고 시련은 성숙해지면 멈춥니다. 물론 사람은 완전할 수 없기에 계속 배우고 단련 받아야 하지만 하나님은 자비로우셔서 우리가 감당할 수 있을 정도로만 교육하십니다. 그리고 세상살이가 험난하여서 하나님의 말씀대로 행하다 보면 어려움을 겪을 수 있습니다. 이럴 때에도 하나님은 위로와 능력과 선물을 주셔서 난관을 돌파할 수 있게 해주십니다. 지금은 힘들고 피곤하지만 모든 것이 합력하여 좋은 열매를 맺게 하시고 그것 때문에 부유하고 만족하게 하십니다. 이처럼 하나님은 선하셔서 우리를 유익하게 하시지 유해하게 하지 않으십니다. 유익을 주시는 방법도 개개인의 수준에 맞추시지 모든 사람을 동일하게 취급하지 않으십니다.

또한 고난에 대해 접근할 때 생각해야 할 것은 하나님의 공의입니다. 하나님은 약간의 불의나 거짓이 없으시고 완전히 의로우시기 때문에 어떤 일을 계획하고 행하실 때 진실하시고 공평하십니다. 그래서 하나님은 사람들을 다스리실 때 편애나 왜곡이 없이 사람들의 동기와 행위에 따라서 심판하시고 상벌을 내리십니다. 이것이 진리인 것을 증명하기 위해 성경은 하나님이 욥을 비롯하여 수많은 성도에게 완벽한 보상을 해주신 것에 대해 설명하였습니다. 하나님은 욥을 고난으로 신앙과 인품을 향상시키신 후 고난받기 전의 상태를 회복시켜 주셨습니다. 그때보다 자녀와 소유를 더 많이 주셔서 욥이 한없이 즐거워하면서 살게 하셨습니다. 그래서 하나님은 욥을 더 큰 그릇으로 만들기 위해 고난으로 다듬으셨다는 것을 깨닫게 하셨습니다. 그 결과 욥이 더욱 값진 일을 할 수 있게 하셨고 더욱 풍성한 만족을 누릴 수 있게 하셨습니다. 그러니 하나님은 계산이 매우 정확하신 분이시고 그 계산대로 일하시는 분인 것이 확실합니다.

그렇다고 해서 하나님은 우리의의 수고와 섬김에 대해서 이 세상에서 모두 갚아주시는 것은 아닙니다. 왜냐하면 이 세상은 보상을 완벽하게 누릴 수 있는 조건을 갖추지 못했기 때문입니다. 하나님은 마지막 날에 우리의 몸을 부활시키셔서 새 하늘과 새 땅에서 왕의 대우를 영원토록 받게 해주실 것입니다. 그때가 되면 하나님이 인간과 우주에 대해 절대권력을 갖고 계신 이유를 선명히 깨달을 것이고 나를 다루신 하나님의 신비로운 섭리에 감탄할 것이며 나에게 지나친 사랑과 은혜를 베푸신 것에 대해서 크게 감격하고 감사할 것입니다. 동시에 사람들이 나의 운명을 결정할 권력을 쥐고 있지 않은 것에 대해서 고마워할 것입니다. 사람은 무지해서 나를 제대로 파악하지 못하고 사람은 편협해서 자신의 편만 중용합니다. 그래서 사람에게 기대를 걸었던 사람들은 실망할 수밖에 없습니다. 그런데 하나님은 완전하셔서 모든 것을 공평하게 통치하시기 때문에 내가 안심하고 살 수 있고 최악의 상황에서도 희망을 품을 수 있습니다. 하나님은 나에게 적합한 사명을 주셨고 그 사명을 행하도록 재능과 여건을 주셨으며 내가 일하고 섬긴 것에 대해서 반드시 갚아주시기 때문입니다. 또한 하나님은 나를 너무도 사랑하셔서 예수님의 희생을 통하여 나를 자녀로 삼아주셨고 성령님의 내주와 도우심을 통하여 나를 일꾼으로 사용하셔서 나의 존재 가치를 높여 주십니다.

미국의 16대 대통령 아브라함 링컨은 가난한 집에서 태어나 오랫동안 수많은 고생을 해야 했습니다. 한번은 링컨이 장교가 되어 블랙호크 전쟁에 출전했습니다. 그런데 적과 싸울 때마다 패해서 전쟁이 끝날 무렵에는 사병으로 강등되어 있었습니다. 그래서 다른 장교의 지휘를 받아야 했습니다. 자존심이 얼마나 상했을 것이고 자신의 무능함이 미웠을 것입니다. 그런데도 링컨은 자신을 미워하거나 나를 이렇게 만드신 하나님을 원망하지 않았습니다. 오히려 실패를 통하여 자신의 약점을 보완하였고 자신이 더 잘할 수 있는 일을 찾아냈습니다. 군대가 적성에 맞지 않는다고 해서 내 인생이 끝났다고 생각한 것이 아니라 이번 기회에 법조인으로 변신했고 이후 정치인이 되어서 훌륭한 대통령으로 일했던 것입니다. 이처럼 링컨은 하나님이 나를 잘못 만드신 것이 아니라 내가 나를 잘 몰라서 시행착오 한다고 생각하였고 내가 적절한 일에 쓰임 받으면 나의 몸값이 높아질 것이라고 믿었습니다.

하나님의 말씀을 읽고 듣고 묵상함으로써 하나님이 내가 어떤 사람이 되라고 나를 이렇게 만드셨고 나에게 무슨 일을 하라고 이런 시대에 두셨는지에 대해서 알아내기 바랍니다. 내가 오늘 하루 당하는 일들을 통해서 나를 향한 하나님의 계획과 손길을 찾아내기 바랍니다. 힘들고 어려울 때는 하나님이 나에게 의도하신 바가 무엇인지를 깨닫게 해달라고 기도하기 바라고 온 세상을 주관하시는 하나님이 나를 역경에서 건져주시고 새롭게 일으켜달라고 간구하기 바랍니다. 그래서 나의 힘으로는 바꿀 수 없었던 나의 인생이 하나님의 역사에 의해 놀랍게 좋아지기 바랍니다. 패배가 승리로, 슬픔이 기쁨으로 바뀌고, 낮음이 높음으로, 빈곤이 풍요로 변하기 바랍니다.

창조주요 구속주요 통치주이신 하나님은 너무도 좋으신 나의 아버지라고 고백하고 내 삶은 아버지께서 계획하시고 이끄셨기 때문에 성공작이었노라고 간증하기 바랍니다. 더 좋은 것은 아직 오지 않았다는 믿음과 함께 장차 아버지께서 나에게 주실 영광과 행복은 상상할 수 없을 만큼 대단할 것이라는 기대를 하기 바랍니다. 그 기대가 실현되면 세상에서 당했던 고생과 부족과 아픔은 모두 잊어버리고, 최상의 존귀와 자유와 기쁨을 충만하게 소유하고 누릴 것입니다.

14

재미와 의미

전도서 2:9-11

내가 이같이 창성하여 나보다 먼저 예루살렘에 있던 모든 자들보다 더 창성하니 내 지혜도 내게 여전하도다 무엇이든지 내 눈이 원하는 것을 내가 금하지 아니하며 무엇이든지 내 마음이 즐거워하는 것을 내가 막지 아니하였으니 이는 나의 모든 수고를 내 마음이 기뻐하였음이라 이것이 나의 모든 수고로 말미암아 얻은 몫이로다 그 후에 내가 생각해본즉 내 손으로 한 모든 일과 내가 수고한 모든 것이 다 헛되어 바람을 잡는 것이며 해 아래에서 무익한 것이로다

요즘 사는 재미가 있습니까? 아니면 뭣 때문에 사는지 모른 채 살고 있습니까? 조금이라도 사는 맛이 있습니까? 아니면 마지못해서 살고 있습니까? 사람들이 돈을 잃고 사랑도 배신당하며 미래에 대한 희망이 보이지 않으면 살고 싶다는 생각이 들지 않습니다. 반면에 직장에서 승진하고 자녀가 공부를 잘하며 취미생활을 상당히 즐기면 요즘 사는 재미가 쏠쏠하다고 말합니다. 인생살이가 힘들면 사는 낙이 없다고 한탄하지만 자기가 좋아하는 일이나 잘하는 일이 술술 풀리면 인생은 살만하다고 합니다.

이것을 보면 사람은 시대와 지역을 초월해서 재미를 원하고 추구한다는 사실을 알 수 있습니다. 아이나 어른, 부자나 가난한 자, 서양인이나 동양인이나 사는 재미가 있으면 인생은 아름답다고 노래하지만 재미가 없으면 도대체 왜 사는지 모르겠다고 불평하거나 우울해합니다. 그러니 재미는 삶의 원동력이요, 행복의 조건이며 생활의 목적이 아닐 수 없습니다. 쾌락주의자만 재미를 쫓아다니는 것이 아니라 모든 사람이 재미나게 살고 싶어 하기 때문입니다.

1. 재미

도대체 재미가 뭐길래 사람들은 자신이 재미있다고 생각하는 일에는 물불을 가리지 않고 덤벼들지만 아무리 선하고 유익한 것이라도 재미가 없으면 시큰둥하거나 외면합니다. 그 이유는 사람은 재미를 누리고 싶어 하는 욕구를 갖고 있기 때문입니다. 이 욕구는 학습을 통해 형성한 것이 아니라 태어날 때부터 갖고 있었습니다. 그래서 자신의 의사나 의지와 상관없이 재미를 좋아하는 것입니다. 그 대상이 사람이든 일이든 재미가 있으면 마구 달라붙을 뿐 아니라 도박이나 마약처럼 나쁜 일들도 재미를 느끼면 흠뻑 빠져듭니다. 그러니 사람은 재미를 위해서 산다고 말해도 지나치지 않을 것입니다. 그런데 재미의 욕구는 어떻게 생겼습니까? 진화에 의해 생긴 것이 아니라 하나님이 사람을 창조하실 때 심어주셨습니다. 하나님은 사람이 즐겁고 신나게 살아가도록 재미의 본능을 주셨고 그 본능을 충족시킬 수 있는 조건들도 주셨습니다. 그래서 아담은 에덴동산에서 배필과 함께 재미나게 살았습니다.

이 재미를 성도들은 천박하게 여기거나 거부해서는 안 됩니다. 경건하게 신앙생활 하려면 재미를 억제하면서 금욕적으로 생활해야 한다고 주장해서도 안 됩니다. 사람은 재미가 있으면 살맛을 느끼지만, 재미가 없으면 죽을 맛을 느낍니다. 재미를 얻기 위해서라면 무엇이나 하려고 들지만, 재미가 없으면 아무것도 하지 않으려고 하지 않기 때문입니다. 사람은 돈을 벌어서 먹고 입고 쓴다고 해서 충분한 것이 아닙니다. 그것이 무엇이든지 재미가 있어야 삶의 의욕을 느낄 수 있고 즐거움의 가능성이 있어야 현재의 어려움을 참을 수 있습니다. 어떤 사람은 직장 상사가 갈구기 때문에 스트레스가 심해서 직장을 때려치우고 싶어도 사랑하는 아들딸이 예쁜 짓 하는 것을 보면 기분이 좋아져서 다시 출근합니다. 어떤 교사는 극성스러운 학부모들과 삐딱한 아이들 때문에 사표를 내고 싶어도 방학하면 쉴 수 있다는 것 때문에 다시 근무합니다. 이처럼 사람은 재미란 보상을 받을 수 있기 때문에 계속 일하고 지금은 고달프고 괴로워도 언젠가는 재미나게 살날이 올 것이라는 기대를 품고서 힘을 내는 것입니다.

유명한 왕 솔로몬왕도 재미에 집착했다고 10절에서 고백했습니다. "무엇이든지 내 눈이 원하는 것을 내가 금하지 아니하며, 내 마음이 즐거워하는 것을 내가 막지 아니하였으니, 이는 나의 모든 수고를 내 마음이 기뻐하였음이라." 이 말씀에서 내 눈이 원하는 것을 금하지 않았다는 것은 내가 좋아하는 것을 모두 행하였다는 뜻입니다. 내 마음이 즐거워하는 것을 막지 않았다는 것은 내가 재미있어하는 것은 뭐든지 하였다는 의미입니다. 그런데 솔로몬은 말로만 재미있는 것들을 추구한 것이 아니라 실제로 그런 일들을 행하였습니다. 한동안은 웃으면서 살기 위해서 힘썼고 한동안은 사업을 확장하는 데 전념하였습니다. 주택을 짓고 정원을 꾸미며 과수원을 만들어 다양한 과일나무를 심었으며 많은 노비를 두었고 가축을 길렀으며 금은 보화를 잔뜩 소유하였고 아내와 첩을 수없이 가졌습니다. 이처럼 솔로몬은 재미를 위해 별의별 짓을 다 해 보았기 때문에 재미의 왕이라고 할 수 있습니다. 다른 사람은 자기가 원하는 것을 백 분의 일도 하지 못하는데 솔로몬은 다 했으니 참 부럽습니다.

문제는 사람이 죄의 성품을 갖게 되면서 무익하고 해로운 일에서도 재미를 느낀다는 점입니다. 도적질한 물을 달달해 하고, 몰래 먹는 떡을 맛있어하며 해서는 안 되는 일을 할 때 쾌감을 느낍니다. 죄가 교만과 시샘, 살인과 간음과 같은 것들을 만들어낸 것만이 아니라 재미에도 달라붙어서 가치를 크게 떨어뜨려서 선만이 아니라 악에서도 재미를 느끼게 한 것입니다. 덕분에 사람들이 나쁘고 부정한 것에서 짜릿함을 느끼게 되었고 부당하고 잘못된 방법으로 재미를 얻게 되었습니다. 재미를 행복의 수단으로 삼는 것이 아니라 재미의 노예가 되어서 못된 짓도 마다하지 않습니다. 약자에게 갑질을 하면서 우월감에 사로잡히고 자신의 거짓말에 속는 사람들을 보면서 잘난 맛을 느낍니다. 이처럼 죄에 의해서 재미가 변질했기 때문에 우리는 하나님의 말씀으로 재미를 분별해야 하고 통제해야 합니다. 재미있다고 해서 무조건 붙잡아서는 안 되고 그 재미가 좋은 것인지 나쁜 것인지 확인해야 합니다. 좋은 것일지라도 그 재미를 얻는 방법이 정당한지를 따져본 다음에 취해야 합니다.

사람이 타락한 후로는 재미만을 위해서 살 수 없었습니다. 땀을 흘리지 않으면 먹고 살 수 없고 땀 흘리는 일은 힘들고 고달파 이런 생활에서 재미를 느낀다는 것은 쉽지 않기 때문입니다. 머리가 좋은 학생들은 공부가 재미있을 것 같지만 시험을 칠 때마다 일등을 놓쳐서는 안 된다는 압박감에 시달립니다. 괜찮은 직장에 다니는 사람은 걱정이 없을 것 같아도 대출을 많이 받아서 아파트를 샀기 때문에 은행 이자가 오를까 봐 신경을 곤두세웁니다. 오랫동안 지역구의 표심을 다져놓은 정치인은 선거에서 떨어지는 일이 없을 것 같아도 민심이 언제 변할지 몰라서 잠을 자지 못합니다. 그뿐만 아니라 우리도 실패하거나 상황이 잘못되면 의식주에 타격을 받기 때문에 한시도 긴장을 풀 수 없습니다. 이처럼 세상은 변화가 심하고 변수가 많으므로 생활에서 재미를 찾고 누리기가 어렵습니다. 좋은 일이 생겼을 때 느끼는 재미는 짧고 빈약하지만 나쁜 일이 생겼을 때 느끼는 아픔과 손실은 길고 큽니다. 이것이 세상에서 얻을 수 있는 재미의 실상입니다.

결국 우리가 세상에서 얻고 누리는 재미는 헛되다는 것입니다. 아무리 기쁘고 황홀했던 재미도 잠시 후에는 무덤덤해집니다. 밤하늘에 불꽃처럼 타올랐던 즐거움도 얼마 후에는 온데간데없이 사라집니다. 그래서 솔로몬은 가슴이 쓰라린 말을 했습니다. "그 후에 내가 본즉 내 손으로 한 모든 일과 내가 수고한 모든 것이 다 헛되어 바람을 잡는 것이며 해 아래서 무익한 것이로다." 이 고백처럼 솔로몬은 재미를 느끼기 위해서 자신이 할 수 있는 일은 모두 해 보았습니다. 왕의 권력으로 사람들을 마구 부려 먹었고 세금을 많이 거두어서 호화롭고 사치스러운 생활을 하였습니다. 날마다 희한한 요리를 먹었고 여러 가지 음악을 들었으며 산뜻한 이벤트와 파티를 벌였습니다. 그야말로 하루하루를 신나고 흥분한 채로 살았기 때문에 지루함이나 식상을 느낄 새가 없었습니다. 따라서 솔로몬의 삶은 재미 그 자체였습니다. 그런데 이런 솔로몬이 모든 재미가 헛되고 무익하다고 말했습니다. 그러니 충격을 받지 않을 수가 없어졌고 왜 그런 말을 했는지 물어보지 않을 수 없어졌습니다.

2. 의미

솔로몬이 재미는 부질없는 것이라고 말한 이유는 피조물이 주는 재미는 빈약한 데 사람의 욕망은 너무 커서 어떤 재미로도 만족하지 못하기 때문입니다. 피조물은 단조롭고 고정적이어서 몇 번 즐기고 나면 흥미가 없어집니다. 아이들만 그토록 사달라고 졸랐던 장난감을 사흘만에 외면하는 것이 아니라 어른들도 수십 년 동안 돈을 모아서 산 아파트를 한 달 만에 층간소음 때문에 이사해야겠다고 불평합니다. 이처럼 피조물만 한계가 있는 것이 아니라 죄가 사람의 마음에 구멍을 크게 뚫어놓았습니다. 그 구멍을 하나님이 막아주시지 않는 한 아무리 좋은 것들을 소유하고 누려도 갈증과 결핍을 해소하지 못합니다. 처음에는 당신이 없으면 못 살겠다면서 달라붙더니 사랑은 변하는 것이라면서 서너 달 만에 바람을 피웁니다. 일류 요리사가 해주는 요리를 처음 먹을 때는 맛있다고 칭찬하지만 서너 차례 먹으면 이제 질렸다면서 딴 음식을 찾습니다. 이렇게 사람은 탐욕스럽고 변덕스럽기 때문에 재미거리가 별로 없는 것처럼 여겨집니다. 어떤 재미를 느껴도 충분하다고 생각하지 않는 것입니다. 그런데도 사람은 재미의 본능을 갖고 있으므로 재미를 추구하고 얻으며 누리는 것을 포기하지 않습니다.

근대의 이성주의는 사람에게 합리적으로 살라고 하면서 재미를 통제했지만 현대의 포스트모더니즘은 네 맘대로 살라고 말하기 때문에 사람들이 재미를 찾고 누리는 것을 당연하게 여깁니다. 또한 진화론을 믿는 사람들은 하나님의 존재와 내세를 부정하기에 세상살이를 전부라고 생각합니다. 그래서 세상에서 크게 성공해서 왕창 즐기기 위해 열심을 내고 있습니다. 이렇게 살다가 끝나는 것이 너무도 허망하고 쓸쓸하다는 것을 알면서도 뾰쪽한 대안이 없으므로 시행착오를 반복하고 있는 것입니다. 우리는 나를 창조하시고 구속하시며 통치하시는 하나님을 나의 아버지로 믿고 섬기고 있고 그 아버지와 영원히 함께 살 것이라는 소망이 있습니다. 따라서 우리는 피조물이 아니라 아버지가 갖고 계시는 재미가 무엇이고 어떻게 해야 그 재미를 얻고 누릴 수 있는지에 대해 알아야 합니다. 그래야 아버지로부터 끊임없이 재미를 공급받아서 한없이 기뻐하면서 살 수 있습니다.

하나님이 주시는 재미는 세속적인 요소들이 아니라 의미에 담겨 있습니다. 하나님은 사람들이 의미 있는 일을 할 때 재미를 느끼도록 창조하시고 명령하셨습니다. 따라서 성도들이 재미를 얻고 누리기 위해서는 의미 있는 일을 찾고 행해야 하고 의미가 있다면 재미와 상관없이 행해야 합니다. 성도들에게 가장 의미 있는 것은 고린도전서 10장 31~33절의 말씀처럼 하나님께 영광을 돌리고 사람들에게 유익을 주는 것입니다. 하나님이 사람을 만드시고 구원하신 이유는 자신에게 영광 돌리고 사람들과 함께 일하고 섬기도록 하기 위해서이기 때문입니다. 이와 반대로 나의 욕심과 야망을 위해 살면 약간은 기쁘지만 존재 목적을 거스르기 때문에 내심 께름칙합니다. 나의 만족과 쾌감을 위해서 소유하고 즐기면 당장은 기분이 좋지만 사람들과 부딪히기 때문에 불안합니다. 따라서 성도들이 의미 있게 살려면 말씀대로 자신의 존재 목적을 파악하고 정립해야 합니다. 그런 다음 그 목적을 이루는 방법을 알아야 하고 실행해야 합니다. 그 방법은 창세기 1장 28절의 문화명령과 사도행전 1장 8절의 선교명령을 행하는 것입니다. 세상에서 부지런히 일하고 하나님을 잘 섬기는 것입니다. 어떤 성도는 그리스의 이원론에 빠져서 영적인 일은 신령하기 때문에 의미가 있지만 생활적인 일은 세속적이기 때문에 무의미하다고 생각합니다. 그래서 교회에서 예배드리고 봉사할 때는 성스러운 일을 한다고 믿어서 즐거워하지만 직장이나 사업장에서 일할 때나 집에서 설거지할 때는 부정한 일이라고 생각하면서 짜증을 냅니다. 그러나 이런 생각과 행위는 성경적이지 않습니다. 왜냐하면 거룩하신 하나님이 자연 만물을 창조하시고 통치하시면서 사람에게 일하라고 명령하셨기 때문입니다. 선하신 예수님께서 영과 진리로 예배드리고 교회를 운영하라고 당부하셨기 때문입니다. 그래서 성도들이 세상에서 노동하고 교회에서 예배하면 의미있게 사는 것입니다. 따라서 성도들은 나는 양쪽에서 의미 있는 일을 한다는 확신을 갖고서 양쪽에서 열심히 일함으로써 의미의 양을 늘려가야 합니다.

의미를 위해서 살다 보면 문제가 생길 수 있습니다. 사람은 한쪽으로 치우치는 성향이 있어서 의미에 집중하다 보면 의미에서 재미를 느끼지 못할 수 있습니다. 자신이 하는 일에 더 많은 실적을 올리기 위해서 애쓰다 보면 그 일들로부터 재미를 느낄 새가 없어지기 때문입니다. 교회 생활을 할 때 헌금하거나 봉사하는 일에 신경 쓰다 보면 기쁨이 아니라 스트레스를 받기도 합니다. 학교에서 성적을 올리고, 사회에서 성공하기 위해서 정신없이 일하다 보면 즐거움을 느끼는 것이 아니라 피곤하고 지치게 됩니다. 그러면 재미없는 의미에 대해서 회의하게 되고 의미와 별개로 재미를 찾아 나설 수 있습니다. 이런 부작용을 해결하기 위해서는 수시로 의미에서 재미를 뽑아내야 하고 실제로 누려야 합니다. 만약 내가 하는 일들이 의미는 있지만 재미가 없는 것 같으면 재미있을 수밖에 없는 이유를 찾아내야 합니다. 그래서 취미생활을 할 때만이 아니라 내가 하는 모든 일에서 재미를 느껴야 합니다. 내가 찬송하고 기도하는 것 때문에 좋아해야 하고 내가 일하고 섬기는 것 때문에 기뻐해야 합니다. 이렇게 생활하기 위해서는 하나님의 말씀을 붙잡아야 합니다. 그러면 말씀을 통해서 나라는 존재와 내가 놓인 환경과 내가 하는 일에서 의미를 발견할 수 있고 그것 때문에 재미있어할 수 있습니다.

말씀은 하나님이 나를 자신의 형상대로 지으셨고 예수님의 희생을 통하여 나를 자녀로 삼으셨으며 성령님이 영원히 내주하게 하신다고 말합니다. 이처럼 나는 하나님과 함께 살고 있기 때문에 몹시 신비로울 뿐만 아니라 존재하는 것만으로도 의미가 있습니다. 이것을 생각하면 우월감과 흐뭇함에 사로잡힐 수 있습니다. 반면 세상의 매스컴이 말하는 진화론은 사람은 자연의 파편이요, 산물이라고 말함으로써 사람의 존재가치를 하락시키기 때문에 자괴감을 느낄 수밖에 없습니다. 그러므로 하나님을 싫어하는 사람들이 만든 잘못된 사상을 버리고, 절대적이고 완전한 진리인 말씀을 붙잡아야 합니다. 그 말씀대로 나의 위상과 가치를 설정함으로써 자부심을 느껴야 하고 나에게 너무도 잘해주시는 하나님 때문에 찬송해야 하며 하나님이 나를 위해 조성하신 아름다운 자연환경을 보면서 즐거워해야 합니다.

또 활동에서도 재미를 느껴야 합니다. 내가 하는 일을 세상에서 잘나가는 사람들과 비교하면서 기죽지 말고 내 일은 오직 나만이 할 수 있다는 확신을 갖고서 흥겹게 노래하면서 일해야 합니다. 혹시 하나님을 섬기고 세상에서 일하는 것을 반복한다는 것 때문에 식상이나 권태를 느껴서는 안 됩니다. 예배와 노동을 하면 할수록 내가 성숙해지고 선한 열매를 생산하기 때문입니다. 저는 일상에서 재미를 찾는 방법을 밀레의 '저녁 종'에서 알아냈습니다. 부부가 하루의 일과를 끝내고 하나님께 드리는 기도를 제가 엿들었기 때문입니다. "우리에게 건강과 일터를 주셔서 일하게 하신 것을 감사합니다. 이 일로 우리가 일용할 양식을 얻게 하시고 모두에게 유익을 주게 하시니 고맙습니다. 이런 생활을 통하여 주님이 우리를 사랑하신다는 사실을 깨닫게 하시고, 주님과의 교제를 통하여 기쁨과 소망을 갖게 하셔서 감사합니다. 결국에는 우리가 노동을 마치고 안식에 들어가게 해주실 것과 하늘에서 풍성한 영광과 행복을 누리게 해주실 것을 믿고 찬송합니다."

이처럼 농사를 지으면서도 그 일에서 의미를 찾아내는 성도는 보람과 재미를 느낄 수 있습니다. 단순히 먹고 살기 위해서 일하는 것이 아니라 주님이 나에게 이 일을 주셨다고 믿고 일을 행할 때 나에게 지혜와 힘을 주시는 것을 체험할 때 이 세상에서 복과 저세상에서 상을 주실 것을 확신한다면 무슨 일을 해도 기뻐할 수 있습니다. 혹시 일하는 과정에서 장애물이 나타나서 곤욕을 치르거나, 경쟁 때문에 사람들과의 갈등이 생겨서 괴로움을 당하거나, 결과가 나빠서 힘들 때도 주님을 붙잡으면 재미를 회복할 수 있습니다. 주님은 전능하셔서 슬픔이 변하고 기쁨이 되게 하시고 쓰레기통에서 장미를 피우시기 때문입니다. 주님은 우리를 사랑하셔서 모든 것이 합력하여 선을 이루게 해주시며, 주님은 의로우셔서 우리가 흘린 땀과 눈물에 대해서 보상해 주시기 때문입니다. 이렇게 주님은 우리의 정성과 수고를 모두 알고 계시고 반드시 갚아 주십니다. 그러므로 적극적으로 일하고 섬겨야 하고 그렇게 할 때마다 기쁨과 행복을 느껴야 합니다.

또한 존재와 사역과는 별개로 재미를 느낄 방법은 성령님으로 충만해지는 것입니다. 성령님은 무한하시므로 우리에게 풍성한 기쁨을 주실 수 있고, 우리 안에 내주하시기 때문에 우리가 행복하게 살기를 원하십니다. 그래서 말씀을 읽고, 듣고, 묵상하면 은혜를 주셔서 마음이 즐거워지게 하시고 기도하면 위로와 용기를 주셔서 영혼이 만족하게 해주십니다. 따라서 이런 특권을 썩혀두지 말고 수시로 활용해서 성령님으로 충만해져 한없는 평안과 기쁨을 누리며 살아야 합니다. 그뿐만 아니라 성령님께 능력을 받아서 선하고 가치 있는 일들을 행함으로써 의미를 증가시켜 성령님께 은사를 받아서 우리의 사명을 효율적으로 행함으로써 재미를 느껴야 합니다. 성령님께 사로잡혀서 날마다 찬송을 흥얼거리고 성령님의 역사를 체험하면서 신나게 신앙생활 해야 합니다. 심지어 힘들고 괴로운 일을 당해도 낙심하는 것이 아니라 얼마 후에는 성령님께서 내가 새 하늘과 새 땅에서 최상의 영광을 누리게 하실 것이라는 소망을 갖고서 기뻐해야 합니다.

이처럼 지금까지 의미 있게 사는 일에만 열심을 냈다면 이제부터는 그 의미에서 재미를 느끼기 바랍니다. 그래야 힘이 나서 더욱 의미 있게 살 수 있습니다. 반면 노동과 봉사만 하고 그것에서 기쁨을 느끼지 못하면 크게 손해나게 됩니다. 모압 여인 룻은 며느리의 책임을 다하기 위해 이삭을 주워서 시어머니를 봉양하였고 가문의 대를 잇기 위해서 나이 많은 보아스와 결혼해서 오벳을 낳았습니다. 그래서 다윗이 오벳의 손자로 태어날 수 있었고 다윗의 후손으로 예수님이 이 세상에 오실 수 있었으며 택한 백성들을 구원하실 수 있었습니다. 이런 점에서 룻은 매우 중요한 일을 하고 있었으면서도 자신이 마땅히 해야 할 일을 하고 있다고 생각했기 때문에 그 일을 의미 있게 여기지 않았고 재미는 더욱 느끼지 못했습니다. 덕분에 항상 기뻐하고 범사에 즐거워하지 못했으니 얼마나 아쉬운지 모릅니다. 그러므로 의미와 재미를 분리하지 말고 한데 묶어서 모든 것에서 의미와 재미를 느끼기 바랍니다. 진정한 재미는 쾌락과 오락에서 나오는 것이 아니라 고상한 의미로부터 나옵니다. 의미 있는 일을 할 때 느끼는 재미는 해로운 것에 중독되었을 때 느끼는 쾌감과는 비교할 수 없을 만큼 크고 진합니다. 우리는 추구의 대상을 재미가 아니라 의미로 삼아 그 의미에서 재미를 찾아내어 누려야 합니다. 이것이 낯설거나 어려운 일이 아닌 것은 대부분 의미 있게 살고 이제는 그 의미로부터 재미만 느끼면 되기 때문입니다.

혹시 세상살이에 지치고 기죽어서 재미를 잃었을 때는 자기의 존재 자체가 의미 있다는 사실을 기억하면서 재미를 회복하기 바랍니다. 나의 수고와 봉사는 하나님과 사람들에게 유익을 준다는 것 때문에 즐거워하기 바랍니다. 또한 내 안에 계시는 성령님으로부터 다양한 선물을 받아서 풍성한 기쁨을 누리기를 축복합니다.

15

술람미의 매력

아가 1:5-7

예루살렘의 딸들아 내가 비록 검으나 아름다우니 게달의 장막 같을지라도 솔로몬의 휘장과도 같구나 내가 햇볕에 쬐어서 거무스름할지라도 흘겨보지 말 것은 내 어머니의 아들들이 나에게 노하여 포도원지기로 삼았음이라 나의 포도원을 내가 지키지 못하였구나 내 마음으로 사랑하는 자야 네가 양 치는 곳과 정오에 쉬게 하는 곳을 내게 말하라 내가 네 친구의 양 떼 곁에서 어찌 얼굴을 가린 자 같이 되랴

아가서는 남녀 간의 사랑을 노골적으로 다룬 내용이라서 성도들이 읽기가 부담스럽습니다. 또한 솔로몬과 사랑했던 여인의 이름을 계속 숨기다가 끝에 가서야 밝히기 때문에 궁금하다 못해 답답하기까지 합니다. 성경은 솔로몬이 한 말과 여인이 한 말을 구분해 놓지 않았고 시적인 표현이라는 것 때문에 여인이 솔로몬 왕에게 말할 때도 존댓말을 쓰지 않았기 때문에 솔로몬이 한 말인지, 여인이 한 말인지를 분간할 수 없어서 헷갈립니다. 이런 문제점이 있음에도 불구하고 아가는 하나님의 말씀이요, 우리에게 커다란 교훈과 감동을 주기 때문에 우리가 그냥 지나칠 수 없습니다. 솔로몬이 사랑했던 여인의 이름은 바로 술람미입니다. 이 술람미가 어떤 여인인지에 대해 알려주는 내용이 본문입니다. 외모는 검고, 직업은 포도원 지기라고 하였습니다.

1. 술람미의 매력

본문의 설명에 따르면 술람미는 게달의 장막처럼 검은 여인이었습니다. 게달은 이스마엘의 둘째 아들이었고 그의 후손은 아라비아의 유목민이었습니다. 유목민은 풀이 있는 곳을 찾아서 이동했기 때문에 텐트에서 생활하였습니다. 그런데 게달 민족은 독특하게 검은 천으로 텐트를 만들었습니다. 그래서 검은 텐트만 보면 게달 사람이 거주하고 있다는 것을 알 수 있었고 그 결과 검은색은 게달의 상징이 되었습니다. 따라서 술람미가 자신을 게달의 장막과 같다고 말한 것은 자신이 흑인이라는 사실을 밝힌 것이었습니다. 흑인이 아니라면 어떤 이유로든 게달의 장막처럼 검지 않을 것이기 때문입니다. 백인이 햇볕에 그을리면 빨갛게 되고 황인은 누렇게 되지 검어지지는 않습니다. 따라서 술람미는 흑인이었던 것이 분명하고 햇볕에 쬐어서 거무스름해졌다는 것은 피부가 거칠어졌다는 뜻이지 백인이 흑인이 되었다는 의미가 아니었습니다.

흑인이었던 술람미는 포도원 지기입니다. 포도원 지기란 포도원에서 일하는 농부란 뜻으로 여자가 농사짓는 일을 하는 이유는 서양의 백인들이 노예로 삼았기 때문이 아니라 어머니의 아들들이 강제적으로 일을 시켰기 때문입니다. 어머니의 아들들이란 술람미의 오빠들을 가리키는데 오빠들이 여동생을 강제로 포도원 지기로 삼았기에 술람미는 울며 겨자 먹기로 농사일을 해야 했습니다. 오빠들이 힘든 농사일을 연약한 여동생에게 시킨 이유는 여동생이 자신들과 아버지나 어머니가 달라서 그랬을 수도 있고, 오빠들이 폭력배나 술주정뱅이라서 그랬을 수도 있으며, 술람미가 허영과 게으름에 빠져서 혼내주려고 그랬을 수도 있습니다. 어쨌든 술람미는 본의 아니게 포도원에서 일하는 농부 아가씨가 되었습니다. 뜨거운 햇볕과 싸우면서 일하다 보니 피부가 투박해졌고 그런 피부를 볼 때마다 속이 상했습니다. 더구나 그때는 지금처럼 좋은 화장품도 없었기 때문에 피부가 거칠어지는 것을 막을 수 없었습니다. 이처럼 술람미는 흑인이었고 외모를 가꾸지 못했기 때문에 여성의 장점과 매력을 보여줄 수 없는 조건을 가졌습니다.

옛날에는 여자들이 결혼으로 출세하기 위해서는 두 가지 조건이 필요했습니다. 하나는 얼굴이 빼어나게 예쁜 것이고, 다른 하나는 집안에 돈이 많은 것입니다. 가난하고 배운 것이 없어도 용모가 뛰어나면 상류층의 남자에게 시집갈 수 있었고, 집안에 돈이 많으면 정략결혼을 통해서 사회적 지위가 높아질 수 있었습니다. 그런데 술람미는 피부가 검은 데다가 얼굴이 햇볕에 타서 거칠었습니다. 얼굴의 형태는 고왔는지 모르지만, 현재의 상태로는 잘나가는 남자들의 시선을 끌 수 없었습니다. 또한 오빠들이 술람미에게 농사일을 시킨 것을 보면 집안이 좋은 것도 아니었습니다. 부유하고 교양 있는 가정이었다면 여동생을 포도원이 아니라 학교나 직장에 보냈을 것이기 때문입니다. 따라서 술람미는 배경이나 인맥의 덕을 볼 수는 상태였습니다. 그래도 요즘 같으면 술람미나 자신의 능력을 향상시키고 열심히 발휘해서 크게 성공할 수 있었을 것이고 자신이 좋아하는 남자와 결혼할 수 있었을 것입니다. 그러나 옛날에는 가부장적인 사상과 제도가 지배했기 때문에 여자들이 유능하고 근면해도 공동체에서 리더가 되기가 쉽지 않았습니다. 따라서 술람미는 아무리 따져보아도 시골에서 이름 없이 살 수밖에 없는 운명이었습니다.

이렇게 평범한 조건을 가진 술람미가 놀랍게도 솔로몬 왕의 연인이 되었습니다. 도대체 어떻게 해서 술람미가 솔로몬을 만나게 되었는지 몰라도 서로 눈이 맞아서 연애하는 바람에 술람미는 하루아침에 스타가 되었습니다. 물론 솔로몬은 왕이라서 여자들에게 인기가 좋았기 때문에 술람미가 금방 반했겠지만 솔로몬이 술람미를 사랑한 이유는 얼른 찾을 수 없었습니다. 그래서 제가 그 이유를 요리조리 따져보았는데 아무래도 술람미가 환경의 덕을 본 것 같았습니다. 만약 솔로몬이 미인들이 득실거리는 왕궁에서 술람미를 만났다면 거들떠보지도 않았을 것입니다. 그런데 한적한 시골을 산책하다가 포도원에서 혼자 일하는 술람미를 보았기 때문에 아주 산뜻하게 여겨졌을 것입니다. 건강미가 넘치는 여자, 자연과 어울리는 여자, 산소 같은 여자라는 느낌을 받아서 솔로몬이 좋아했던 것 같습니다. 두 사람이 사귄 후에 틈만 나면 산과 들로 쏘다닌 것이 그 증거입니다. 이처럼 술람미는 우등한 조건을 갖추지 못했음에도 불구하고 솔로몬에게 지극한 사랑을 받았으며 그와 결혼해서 왕비가 되었습니다.

당시 솔로몬은 많은 여자를 소유하고 있었는데도 시골의 정취와 호젓한 분위기에 홀려서 얼굴이 까맣고 땀 냄새 나는 술람미에게 푹 빠진 이유는 솔로몬이 즉흥적이어서가 아니라 술람미에게 솔로몬의 마음에 들 만한 요소가 있었기 때문이었습니다. 왜냐하면 시골에는 술람미 말고도 촌뜨기 아가씨가 여럿이 있었습니다. 따라서 술람미는 나름대로 두드러진 면이 있었습니다. 그 두드러진 면에 관해 5절은 내가 검지만 아름답다고 하였고 게달의 장막 같을지라도 솔로몬의 휘장이라고 하였습니다. 검지만 아름답다는 말은 피부의 색깔과 상관없이 예쁘고 귀엽게 생겼다는 뜻입니다. 또한, 솔로몬의 휘장은 우아하고 고상하므로 술람미가 나는 솔로몬의 휘장 같다고 말한 것은 품위와 당당함을 갖고 있다는 의미입니다. 이처럼 술람미는 흑인이었고 농부였지만 상당한 미모와 꼿꼿한 성품 때문에 매력적이었던 것 같습니다. 그런데 술람미가 아름답고 품위 있다는 말을 다른 사람들이 아니고 술람미 자신이 했습니다. 심사위원들이 그렇게 평가한 것이 아니고 술람미 자신이 잘났다고 생각했습니다. 만약 남자들에게 데이트 신청을 받지 못했다면 공주병에 걸렸다고 할 수밖에 없습니다. 그런데 솔로몬의 사랑을 받은 것을 보니 술람미가 자신을 과대평가한 것은 아닌 것 같습니다. 어쨌든 술람미는 자신의 나쁜 점을 찾아내지 않고 좋은 점을 들춰내면서 자존감을 가졌습니다. 피부가 검다는 것 때문에 기가 죽은 것이 아니고 그것이 나의 장점이라고 생각하면서 자부심을 느꼈습니다. 또한 포도원을 가꾸는 농부였지만 헤프거나 철없이 행동하지 않고 야무지고 검소하게 생활하였습니다. 그래서 자신이 자신을 바라보아도 괜찮은 여자라는 생각이 들었고, 남자들의 사랑을 받을만한 조건을 갖추었다고 믿었던 것입니다. 그래서 솔로몬 왕과 만났을 때도 위축되지 않았고 대등한 입장에서 사랑을 주고 받았습니다. 이처럼 술람미는 자기 정체성을 분명히 가졌으며 그 정체성대로 당당하게 살았습니다.

2. 고유의 매력

술람미 여인만이 아니라 모든 사람은 각자의 독특성을 갖고 있습니다. 하나님이 사람을 만드실 때 오직 그 사람에게만 해당하는 외모와 성품과 능력을 주셨습니다. 이것이 나를 남들과 구별되게 해 줍니다. 그래서 사람은 쌍둥이라 할지라도 외모가 다르고 지문은 70억의 사람들이 모두 다릅니다. 겨울에 수없이 내리는 눈의 결정체도 모두 다른며 하물며 만물의 대리통치자인 인간이 어찌 똑같을 수 있겠습니까? 또한 사람의 성품은 비슷한 것 같지만 동일한 사람은 아무도 없습니다. 사람들이 성격을 쉽게 파악하기 위해 혈액형을 넷으로 구분합니다. 그러나 혈액형은 서로 섞여 있는 부분도 많고 같은 유형이더라도 서로 다른 특징이 있습니다. 또한 사람들의 능력도 비슷한 것 같지만 한 사람만이 가진 소질과 감각이 있는데 이것은 학습과 노력으로 만들어지는 것이 아니라 타고난 것입니다. 따라서 모든 사람은 자신만의 독특성을 갖고 있는데 이것 때문에 각자는 고유한 존재가 되는 것입니다.

가치를 결정하는 것은 여러 가지 요소가 있지만 그중의 하나는 희소성입니다. 아무리 좋은 것이라도 쉽게 구할 수 있으면 값이 싸지만 별로 쓸모가 없어도 세상에 한두 개밖에 없으면 가격이 비싸집니다. 유명한 화가가 살아있을 때는 그림을 계속 그릴 수 있으므로 그림의 가격이 높지 않습니다. 그런데 화가가 죽으면 그림을 더는 그릴 수 없으므로 그림의 가격이 수백 배로 올라갑니다. 그런데 나는 태어날 때부터 희소성을 갖고 있습니다. 나는 아담 때부터 지금까지 살았던 사람들과 전혀 다른 존재이기 때문입니다. 나는 유일한 영혼을 갖고 있고, 나를 특징 짓는 인품을 지니고 있으며, 나만의 외모와 신체를 갖고 있고, 나만이 어떤 일을 잘할 수 있는 재주와 열정을 소지하고 있습니다. 이런 점에서 나는 천상천하 유아독존이 아닐 수 없습니다. 세상에서 내가 제일 잘났다는 것이 아니라 나는 세상에서 하나밖에 없는 존재라는 뜻입니다. 이러한 희소성을 갖고 있으므로 나는 천하보다 값비싼 존재라는 믿음을 갖고서 자존감을 느껴야 합니다.

사람에게 자존감이 필요한 이유는 자존감이 행복을 주기 때문입니다. 사람은 환경의 상태가 매우 좋아도 자신을 미워하거나 구박하면 기쁨이 없습니다. 나를 못났다고 생각하면서 열등감을 느끼면 속상하고 자신의 단점을 지적하면서 바보 취급을 하면 우울해 집니다. 반면에 돈이 많지 않아도 나는 쓸모 있는 사람이라고 생각하면 기분이 좋고 유명하지 않아도 나는 성실하고 건전하게 살아가고 있다고 믿으면 즐거움을 느낍니다. 비록 고급 아파트와 값비싼 자동차를 소유하지 못했고 사치스러운 취미생활을 하지 못할지라도 나는 모두에게 유익을 주는 존재라는 생각을 가지면 당당하고 의젓하게 생활할 수 있습니다. 그러면 자신을 소중히 여기게 되고 누가 뭐라고 해도 예민하게 반응하지 않으며 세상이 어떻게 돌아가도 콧노래를 부를 수 있습니다. 이렇게 살기 위해서는 다른 조건보다 먼저 자존감을 가져야 하고 그 자존감을 잘 지키고 강화하기 위해 힘써야 합니다. 자존감은 매우 유동적이어서 내 생각이나 느낌이나 주변의 상황이 변할 때마다 나타났다가 사라지기를 반복하기 때문입니다.

자존감을 지키기 위해서는 자존감을 빼앗는 것이 무엇인지를 알아야 합니다. 그것은 나를 독특한 존재로 다루는 것이 아니라 도매로 취급하는 것입니다. 우리나라 학교들은 아이들의 재능을 일일이 찾아내서 그 재능을 계발해 주는 것이 아니라 성적을 기준으로 삼아 우등생과 열등생으로 구분합니다. 그 결과 고유의 색깔을 가진 아이들이 흰색이 아니면 검은색으로 바뀌기 때문에 나만의 특성을 찾아낼 수 없어서 존재 의미를 느끼지 못하는 것입니다. 또 교사가 학생들의 이름을 번호를 매겨서 1, 2, 3, 4로 부릅니다. 그 결과 나의 고유성은 사라지고 공장에서 대량생산한 제품 중의 하나가 되어버립니다. 이런 현상이 사회 전반에서 나타나기 때문에 사람들이 자신의 유일성을 찾거나 발전시키려고 하지 않고 대중 속에 파묻혀 사는 것을 당연하게 여깁니다. 그래서 나의 인생을 살지 못하고 바람 부는 대로 물결치는 대로 휩쓸리고 자존감을 상실한 채 다른 사람들의 평가에 따라서 울거나 웃는 것입니다.

독재자가 제일 두려워하는 것은 열린 군중입니다. 열린 군중이란 독재자의 통제를 벗어나서 자신의 신념과 의지대로 행동하는 사람들입니다. 이런 사람들은 독재자에게 맹종하지 않고 대들 수 있기 때문에 독재자가 무력으로 억압하고 언론으로 달랩니다. 우리 편이 아니면 적이라면서 불평하지 못하게 하고 GNP 5만 달러를 제시하면서 환상을 갖게 합니다. 이런 독재자들에게 우리 국민은 반세기 동안 단속과 세뇌를 당했기 때문에 자신도 모르게 개인의 특성을 잃어버리고 대중영합주의에 편승하게 되었습니다. 정치인만 다수의 눈치를 보는 것이 아니라 일반인도 유행에 민감하고 대세를 따릅니다. 힘 있는 세력에게 따돌림받지 않기 위해 개성을 죽이면서 수그리하고 남들에게 무시당하지 않기 위해 비싼 명품을 사며 인기 스타들과 똑같아지기 위해 유행을 좇아다닙니다. 서양인은 송곳은 호주머니에 넣어도 뚫고 나온다고 말하면서 개성을 강조합니다. 반면에 우리는 모난 돌이 정에 맞는다고 말하면서 튀지 말라고 경고합니다. 그 결과 많은 사람이 통제와 유행에 길들어서 특성과 자존감을 잃어버리고 말았습니다.

물론 사람은 사회적인 존재이기 때문에 소속감을 느끼고 싶어 합니다. 자신이 속한 공동체에서 인정을 받아야 안심이 되고 쓰임을 받아야 기분이 좋습니다. 반면 사람들에게 미움을 받거나 왕따를 당하면 살맛이 나지 않습니다. 그런데 공동체는 원활한 운영을 위해 동화되지 않는 구성원을 싫어하고, 합세하지 않는 사람을 배척하기 때문에 사람들이 유행과 대세를 따르는 것입니다. 그러나 눈 밖에 나지 않기 위해 나의 특성을 죽여 버리면 나만이 아니라 공동체도 손실을 봅니다. 공동체가 발전하기 위해서는 다양한 재주를 가진 사람들이 여러 가지 일을 담당해야 합니다. 반면에 똑같은 생각과 능력을 갖춘 사람들만 모여 있으면 공동체가 무력해지고 약해집니다. 동식물 중에 돌연변이가 나타나는 이유는 진화 때문이 아니라 권태와 도태를 극복하기 위해서입니다. 돌연변이가 나타나면 정상적인 동식물이 바짝 긴장해서 자신들의 본질을 수호합니다. 그러므로 나의 특성을 살리고 발휘하는 것은 잘못되었거나 해로운 것이 아니라 선하고 유익한 것입니다.

하나님이 나를 만드신 대로 사는 것이기 때문에 자존감을 느낄 수 있습니다. 나의 존재가치를 높일 수 있기 때문에 성취감을 누릴 수 있습니다. 공동체에도 유익을 주기 때문에 소속감을 가질 수 있습니다. 그래서 기독교 정신이 뿌리박힌 나라에서는 개인이 독특성을 개발하고 활용하도록 교육하고 지원합니다. 유치원에서부터 아이들의 재능과 적성을 검사해서 맞춤형 교육을 할 뿐만 아니라, 고등학교를 졸업하면 개인의 소질과 취향에 맞는 직업을 갖도록 이끌어줍니다. 그리고 직업의 귀천을 따지지 않고 노동에 대한 합리적인 보상을 함으로써 즐겁게 일하게 해줍니다. 그런데 우리나라는 기독교 세계관이 없으므로 국가가 개인의 특성을 살려주거나 소질에 맞는 분야에서 일하게 해주지 못하고 있습니다. 현재의 실업 문제도 해결하지 못하기 때문에 개인을 배려해주는 것은 꿈도 꾸지 못합니다. 그 결과 우리는 개성을 살리고 사용하는 것을 포기한 채 이리저리 떠밀리면서 무덤덤하게 살아갑니다.

이렇게 살다 보니 자존감이 사라졌고 그 자리를 자괴감이 차지하게 되었습니다. 그 자괴감에게 너는 무익한 놈이라는 욕과 학대를 받으면서 한없이 위축되고 우울해지곤 합니다. 이런 상태를 치료하기 위해서는 사람들의 관점에서 나의 위상을 파악하지 말고 하나님을 붙잡아야 합니다. 하나님이 나를 어떻게 보시는가를 알아야 하고 그것으로 나를 재평가해야 합니다. 하나님은 나를 유일하고 독특한 존재로 만드셨고 그런 나를 보시면서 대단한 작품이라고 감탄하셨습니다. 하나님이 감탄하셨기 때문에 나는 매력적인 것이 분명합니다. 그 매력이 구체적으로 무엇인지를 파악하고서 그것을 통해서 자존감을 되찾아야 합니다. 그 매력은 당연히 나의 장점인데 잘생긴 외모일 수 있고 성숙한 인품일 수도 있으며 남다른 재능일 수도 있습니다. 그것을 더욱 발전시키고 활용해서 나의 매력을 향상시켜야 합니다. 대세를 좇아가는 시간과 유행을 따르는 돈을 나의 매력을 가꾸는 데 써야 합니다. 그래서 누구에게나 나의 매력은 이것이라고 자신 있게 내놓아야 합니다. 다른 사람들이 나를 볼 때도 그 매력이 생각나게 만들어야 합니다. 그러면 그 매력 때문에 나를 예뻐하고 자랑스러워할 수 있습니다.

혹시 내가 가진 단점이 나의 매력을 깔아뭉갬으로써 나를 초라하게 만들까 봐 염려하는 분이 있을지 모르겠습니다. 물론 단점은 나의 발목을 잡기 때문에 불편하고 남들에게 흉잡히기 때문에 부끄러운 것이 사실입니다. 그래서 사람들이 단점 때문에 속상해하고 자신감을 잃기도 합니다. 이런 단점을 극복하기 위해서도 하나님을 의지해야 합니다. 그러면 단점도 하나님이 나에게 주셨기 때문에 쓸모가 있게 해주실 수 있습니다. 실제로 하나님은 바울의 약점을 자신의 능력을 드러내는 수단으로 사용하셨기 때문입니. 그래서 바울의 약점을 장점으로 바꿔주셨기 때문입니다. 따라서 나의 약점도 하나님이 선용하시면 하나님의 역사를 드러내는 통로요, 기적을 일으키는 수단으로 변하게 됩니다. 따라서 나의 단점을 미워하거나 은폐하지 말고 그 단점 때문에 겸손하게 하나님께 엎드려야 하고 도우심을 간구해야 합니다. 그러면 하나님이 은혜를 베푸셔서 나의 단점이 나의 매력으로 변하게 됩니다.

만약 사람에게 단점이 없다면 사람이 아니라 신입니다. 이런 점에서 단점은 나의 정체성을 결정할 뿐만 아니라 나를 사람으로 살게 해주기 때문에 필수적이고 의미가 있습니다. 따라서 내가 가진 모든 요소가 나를 만들었고 유지하고 있다는 생각을 하고 그것들이 나의 매력이라는 믿음을 갖기를 바랍니다. 그래서 나라는 존재를 예뻐하고 자랑스러워하며 나를 현재의 나로 형성시켜주신 하나님께 감사와 찬송을 드리기를 바랍니다. 왜냐하면 하나님이 나를 창조하시고 구속하시며 다스리시는 바람에 나는 천하보다 귀한 존재가 되었기 때문입니다. 하나님이 나에게 달란트를 주시고 일꾼으로 사용하셔서 나의 존재가치를 높여주시기 때문입니다. 하나님이 나의 수고에 보상하셔서 새 하늘과 새 땅에서 왕 노릇을 하게 해주실 것이기 때문입니다.

16

믿어다오

하박국 2:1-4

내가 내 파수하는 곳에 서며 성루에 서리라 그가 내게 무엇이라 말씀하실 는지 기다리고 바라보며 나의 질문에 대하여 어떻게 대답하실는지 보리라 하였더니 여호와께서 내게 대답하여 이르시되 너는 이 묵시를 기록하여 판에 명백히 새기되 달려가면서도 읽을 수 있게 하라 이 묵시는 정한 때가 있나니 그 종말이 속히 이르겠고 결코 거짓되지 아니하리라 비록 더딜지라도 기다리라 지체되지 않고 반드시 응하리라 보라 그의 마음은 교만하며 그 속에서 정직하지 못하나 의인은 그의 믿음으로 살리라

요시야 왕이 죽자 백성이 둘째 아들 여호아하스를 왕으로 세웠습니다. 그러자 첫째 아들 여호야김이 크게 열 받았습니다. 왕위는 장남인 자신의 것이라고 믿었는데 동생에게 빼앗겼기 때문입니다. 그래서 잽싸게 애굽 왕에게 달려가서 나를 유대의 왕으로 세워주면 많은 돈을 주겠다고 말했습니다. 그러자 애굽 왕은 군대를 이끌고 예루살렘에 와서 동생을 왕위에서 끌어내린 다음 여호야김을 왕으로 세웠고 여호야김에게 거액을 받아서 애굽으로 돌아갔습니다. 이렇게 왕이 된 여호야김은 동생을 왕으로 세웠던 사람들을 모두 숙청했고 애굽 왕에게 준 돈을 보충하기 위해 백성의 재산을 강제로 빼앗았습니다. 왕의 위엄을 과시하기 위해, 궁궐을 크게 지었습니다. 그러자 두 종류의 사람들이 나타났는데 충신들은 왕의 횡포와 국력의 쇠퇴를 보면서 분노했지만 간신들은 이 기회를 틈타서 이득을 취했습니다. 충신은 나라를 위해 자신을 희생하지만 간신은 자신의 부귀영화를 위해 나라를 말아먹습니다. 충신들은 여호야김의 행태가 싫어서 공직을 사퇴했지만 간신들은 여호야김에게 뇌물을 많이 바치고 고위직을 차지했으며 부유해지기 위해 비열한 방법으로 백성의 재물을 강탈했습니다.

1. 질문과 답변

권력을 가진 사람들에게 억압과 착취를 당한 백성이 왕을 미워하고 공직자들을 저주했으며 국가를 싫어하였습니다. 이처럼 백성의 애국심이 사라지자 나라가 점점 약해지기 시작했습니다. 근동에서는 바벨론이 나타나서 주변 국가들을 정복하고 있었습니다. 유다도 언제 바벨론에게 먹힐지 몰랐기 때문에 불안하고 두려웠습니다. 그래서 하박국 선지자는 나라 안팎의 정세를 보면서 답답하고 안타까운 나머지 발을 동동 굴렀습니다. 이 나라가 어떤 나라입니까? 하나님이 세우신 나라요, 하나님의 백성이 사는 나라입니다. 이렇게 거룩하고 위대한 나라가 못된 왕 때문에 망한다는 것은 참을 수 없었습니다. 하나님의 백성이 간신들에게 괴롭힘당하는 것도 열통이 터졌습니다. 사람들은 힘이 없기 때문에 현실을 바꿀 수 없습니다. 그런데 하나님은 전능하시면서도 자신의 나라가 망해가는 것을 가만히 보고만 있으셨습니다. 하박국은 하나님께 따지듯이 기도했습니다. "언제까지 악한 자들이 백성을 짓밟도록 놔두시렵니까? 도대체 나라가 얼마나 나빠져야 직접 손을 쓰시겠습니까?"

하박국만이 아니라 우리도 오랫동안 어두운 시절을 보냈습니다. 일본으로부터 해방과 한국전쟁을 치르면서 정치가 혼란스럽고 경제가 어려웠습니다. 이 틈을 노려서 군인들이 쿠데타를 일으켜서 집권했기 때문이며 자기네 권력을 빼앗기지 않으려고 악법을 만들어서 국민을 탄압했습니다. 그래서 민주화 운동을 하는 분들이 투옥과 고문과 살해를 당하였고 수많은 대학생과 시민들이 최루탄 가스 때문에 눈물을 흘렸습니다. 그러던 어느 날 장기 집권하던 독재자가 부하에게 암살당하자 국민은 이제야 자유를 누릴 수 있게 되었다고 좋아했습니다. 그런데 갑자기 탱크를 몰고 나타난 군인들에 의해서 독재가 연장되었습니다. 이전과 다를 바 없이 국민을 탄압하고 학대했습니다. 민주화는 완전히 물 건너간 것 같아서 많은 젊은이가 자포자기의 심정으로 학업을 중단하고 데모에 가담하였습니다. 이런 상황에서 저는 하박국과 같은 심정으로 기도했었습니다. "하나님, 언제쯤 이 땅에서 화염병과 최루탄이 사라지겠습니까? 언제나 국민이 자기 손으로 대통령을 뽑아서 서로를 신뢰하고 협력하겠습니까? 언제쯤 권력자들이 국민 위에 군림하지 않고 겸손히 섬길 때가 오겠습니까?"

하나님의 답변을 듣기 위해 성경을 뒤적이기 시작했습니다. 그러다 하박국에서 하나님의 응답을 얻게 되었습니다. 하나님은 하박국 선지자에게 놀라운 비밀을 가르쳐 주셨습니다. 그것은 하나님이 여호야김을 혼내기 위해 바벨론이란 강대국을 준비하셨다는 것이었습니다. 잠시 후면 바벨론이 쳐들어와서 여호야김과 간신들을 처벌할 것이라고 하셨습니다. 그러니 지금 악한 자들이 잘나간다고 해서 불평하지 말소 내가 저들을 심판할 때까지 참으라고 덧붙이셨습니다. 그리고 하나님은 때가 되자 바벨론을 동원해서 악한 자들을 혼내셨습니다. 바벨론은 여호야김을 죽였고 그의 아들 여호야긴을 자국으로 끌고 갔습니다. 왕만이 아니라 못된 신하들까지 모조리 데려가서 노예로 만들었습니다. 자기 백성을 노예처럼 부려 먹던 사람들이 바벨론 사람의 노예가 된 것입니다. 노예로서 멸시와 천대를 받으면서 자기네가 얼마나 잘못했는지를 깨닫고 회개하였습니다. 덕분에 유대에 남아 있는 백성은 자유를 얻었습니다. 이처럼 하나님은 백성을 괴롭히던 유다 지배층을 무섭게 처벌하셨습니다. 자기 백성이 압제와 착취에서 벗어나 자유롭고 안전하게 살게 하셨습니다.

이것은 우리나라도 마찬가지였습니다. 하나님은 기어이 독재자들을 심판하셨습니다. 1990년대에 이 땅에 문민정부가 들어서게 하셨고 그 정부가 쿠데타를 일으켜서 집권했던 분들을 감옥에 집어넣게 하셨습니다. 사실 80년대만 하더라도 군인 대통령들이 감옥에 들어가리라고 예상했던 사람은 아무도 없었습니다. 그 양반들은 평생 부귀영화를 누릴 것이라고 생각했습니다. 그런데 얼마 후에 군사독재자들이 완전히 물러났고 국민은 자유와 평안을 누리게 되었습니다. 이러한 역사의 과정을 통하여 하나님은 악인을 심판하시고 의인을 보호하신다는 말씀이 진리임을 확인하게 되었습니다. 하나님은 옛날이나 지금이나 자신의 뜻과 방법대로 세상만사를 이끌어 가신다는 것도 알게 되었습니다. 역사의 수레바퀴는 권력자들이 아니라 하나님이 돌리고 계십니다. 이런 일은 우리나라에서만 일어난 것이 아니라 다른 나라에서도 발생했습니다.

칼 마르크스가 만든 공산주의는 1917년 러시아를 장악하였고 지구의 절반을 빨갛게 물들였습니다. 그리고 종교는 민중의 아편이라고 말하면서 모든 공산주의 국가에서 기독교를 혹독하게 박해했습니다. 러시아는 수백만 명의 기독교인을 숙청하였고 위성 국가들도 교회를 말살하였습니다. 그 결과 공산주의가 기독교를 누르고 승리한 것 같았습니다. 그런데 공산주의 국가들이 생겨난 지 70여 년이 되던 날미하일

고르바초프가 나타나 단숨에 러시아에서 공산주의를 쫓아냈으며 자본주의를 도입하였습니다. 그러자 위성 국가들도 공산주의를 몰아냈기 때문에 지구상에서 공산주의가 사라지고 말았습니다. 사실 공산주의는 분배를 강조하면서 가지지 못한 사람들의 편을 들었기 때문에 수명이 길 줄 알았습니다. 그런데 공산주의는 인간을 제대로 알지 못했고 하나님을 부정했기 때문에 몰락했던 것입니다. 아니 하나님이 다시 교회를 살리시기 위해서 공산주의를 제거하셨던 것입니다.

하나님은 놀라운 능력으로 사람들이 전혀 예상할 수 없는 일들을 행하십니다. 막강한 권력을 가진 사람들도 물러나게 하시고 수많은 사람이 추종하는 사상도 시들게 하시며 전혀 생각하지 못했던 사람들을 세워서 국가를 이끌어가게 하십니다. 그러므로 성도들은 인간의 역사를 주무르시는 하나님의 섭리를 믿어야 합니다. 눈에 보이는 현상만 보지 말고 배후에서 활동하시는 하나님을 생각해야 합니다.

무엇보다 하나님은 세상에 있는 여러분을 분명히 챙기실 것이라는 믿음을 가져야 합니다. 왜냐하면 하나님은 자기 백성을 중심으로 인간의 역사를 이끌어 가시고 우리를 구원하시고 거룩하게 하시며 영화롭게 하시기 위해 지구를 돌리고 계시기 때문입니다. 따라서 악한 사람들이 잘되고 형통하며 무신론 사상과 문화가 활개 칠지라도 우울해하거나 낙심할 필요가 없습니다. 그들이 아무리 잘난 척하고 잘나갈지라도 하나님의 손안에 있으므로 잠시 후에는 바람과 함께 사라질 것입니다.

2. 믿어다오

본문 4절은 하나님을 신뢰하고 하나님이 하시는 일을 믿어야 한다고 강조하였습니다. "보라. 그의 마음은 교만하며 그 속에서 정직하지 못하나 의인은 믿음으로 말미암아 살리라." 이 말씀은 성도들과 세상 사람들의 성격을 비교하면서 성도들은 세상 사람들의 방식대로 살아서는 안 된다고 하였습니다. 세상 사람들은 오만하고 불순해서 하나님의 존재를 부정하기 때문에 자신의 이익과 만족을 위해 살아갑니다. 그러나 성도들은 하나님이 살아계심과 활동하심을 믿기 때문에 하나님이 가르쳐주신 방법대로 살아야 합니다. 그 방법은 말씀인데 말씀은 하나님이 어떤 분이신지 나를 위해 무슨 일을 하셨으며 내가 어떻게 살기를 원하시는지를 설명하였습니다. 성도들은 이 말씀에 근거해서 하나님은 전능하셔서 인간과 우주를 창조하시고 통치하심을 믿어야 합니다. 성도들이 힘들어도 말씀대로 살면 하나님이 반드시 형통하게 해주시지만 나쁜 방법을 사용하면 당장에는 잘나가도 하나님이 기어이 망하게 하신다는 것을 믿어야 합니다.

이런 믿음을 가져야 한다고 하나님이 신신당부하신 이유는 우리가 하나님을 잘 믿지 못하기 때문입니다. 사람은 자신의 눈과 귀로 접촉하는 것들은 스스럼없이 받아들이지만 사람의 감각을 초월하신 하나님은 존재도 알아보지 못하고 활동하시는 것은 더욱 확인하지 못합니다. 또한 사람의 직관력도 죄로 인해 훼손되었기 때문에 신의 존재는 어렴풋이 느끼지만 그 신이 어떤 분인지는 파악하지 못합니다. 그래서 사람마다 신에 대해서 다르게 말하는 것이요, 자신이 원하는 신을 만들어서 섬기는 것입니다. 사람은 자신의 능력과 노력으로 하나님을 알지 못해 하나님을 찾고 의존하지 않습니다. 그래서 하나님은 선지자와 사도들을 통하여 자신에 대한 정보를 알려 주셨습니다. 성도들은 하나님의 말씀을 통하여 하나님이 존재와 속성, 사역과 섭리에 대해서 알게 되었고 하나님이 자신의 뜻대로 인간과 우주를 만드시고 다스리신다는 것도 믿게 되었습니다. 그리고 하나님이 태초부터 종말까지 인간의 역사를 이끌어 가신다는 것을 인정하게 되었고 그 속에 내가 포함되어 있다는 것도 확신하게 되었다.

그렇다면 성도들은 하나님이 주신 말씀을 철석같이 믿고 그 말씀대로 행합니까? 그랬으면 얼마나 좋겠습니까? 그러나 실제로는 믿음이 약해서 말씀을 믿지 못하기도 하고 현실이란 거대한 벽에 부딪혀서 믿음을 잃어버리기도 합니다. 말씀은 사람이 이해할 수 없고 검증할 수 없는 내용에 대해서 말합니다. 모세가 홍해를 갈라서 바다에 길을 냈다는 사건이나 예수님이 보리 떡 다섯 개로 오천 명을 먹였다는 내용은 거짓말처럼 들립니다. 그리고 현대인은 워낙 빠르게 변하는 세상에 맞춰서 살아가다 보니 본의 아니게 조급병에 걸렸습니다. 죽이 되든 밥이 되든 빨리빨리 성과를 얻으려고 하지 뜸이 들 때까지 기다리지 않습니다. 생활이 조금만 불편해도 참지 못하고 얼른 개선하라고 소리치지 환경에 끼칠 악영향을 따져보지 않습니다.

이런 추세를 따라서 성도들도 하나님이 세상을 다스리시는 방식을 답답해하면서 속도감 있게 정의를 구현하라고 재촉합니다. 그러나 아무리 급해도 바늘의 허리에 실을 묶어서 바느질 할 수 없고, 아무리 배가 고파도 어제 씨를 뿌렸는데 오늘 곡식을 수확할 수 있는 것은 아닙니다. 설익은 과일은 써서 먹을 수 없고 능력과 경험을 쌓지 못한 사람은 실패할 수밖에 없습니다. 이것은 세상의 법칙이기 때문에 적응해야 유익을 얻을 수 있습니다. 여기에 적응하기 위해서는 하나님을 나의 욕구에 맞추지 말고 하나님께서 일하시는 방법에 내가 맞추어야 합니다. 하나님께 맞추기 위해서는 성령님의 도우심을 받아서 나의 비뚤어진 성격을 죽여야 하고 말씀을 통해서 하나님이 일하시는 방식을 배워야 합니다. 말씀은 하나님이 인간의 역사를 어떻게 운영하셨는지를 설명하기 때문에 말씀을 알면 알수록 하나님에 대한 믿음과 기대가 커지게 됩니다. 그러면 성도들이 상황을 보면서 서두르지 않고 차분하게 하나님의 역사를 기다릴 수 있습니다.

성도들이 하나님에 대한 믿음을 가져야 하는 이유는 간단합니다. 믿을만한 분이 불신을 당하면 기분이 매우 나쁘기 때문입니다. 허약한 믿음을 가지면 기적이 일어나도 하나님의 활동이라고 여기지 않습니다. 하나님은 사람들처럼 드러나게 일하시는 것이 아니라 보이지 않게 일하시기 때문에 믿음의 눈으로 보지 않으면 하나님의 손길을 발견할 수 없습니다. 그래서 이상한 현상이 나타났을 때 세상 사람들은 예외적인 현상이라고 주장하지만 성도들은 하나님의 역사라고 말하는 것입니다. 믿음이 큰 성도는 다양한 사건 속에서 하나님의 흔적을 찾아내지만 믿음이 적은 성도는 신비한 일이 벌어져도 사람들의 노력 덕분이라고 생각하는 것입니다. 평범한 사람은 우리나라가 잘 살게 된 것은 어떤 지도자 때문이라고 말하지만 신령한 사람은 하나님의 은혜라고 믿는 것입니다. 이처럼 똑같은 사건도 보는 사람에 따라서 다르게 해석합니다. 사람은 전통에서 형성한 시각으로 모든 것을 보고 판단하기 때문입니다. 해석은 자유이지만 해석에 따라서 결과가 달라지기 때문에 성도들은 모든 것의 배후에서 하나님의 사역을 찾아내야 합니다.

하나님의 사역을 찾아내기 위해서는 하나님의 안목을 가져야 합니다. 나의 안목은 감각에 매여 있어서 영적이고 영원한 것들을 보지 못하기 때문에 내가 보고 싶어 하는 것만 보고, 듣고 싶어 하는 것만 듣습니다. 또 전체가 아니라 일부만 보고 나의 입맛에 맞도록 왜곡하곤 합니다. 그러나 하나님은 인간과 우주를 품에 안고서 시작과 과정과 끝을 동시에 보시고 자신의 뜻대로 피조물을 요리하십니다. 그래서 모든 것을 완전하고 전체적으로 파악하십니다. 그렇다면 성도들이 어떻게 해야 하나님의 안목을 가질 수 있을까요? 하나님이 주신 말씀을 보면 됩니다. 말씀은 하나님이 태초에 천지를 창조하셨고 그때부터 종말까지 타락한 인간을 구원하시다가 천지를 재창조하실 것이라고 선언합니다. 이런 내용을 알게 되면 하나님이 세상을 어떻게 운영하고 계시고 내가 어느 시점에 들어 있는지 파악할 수 있습니다. 그래서 하나님이 행하신 일에 대해서 놀라워하고, 감탄하게 되며 하나님이 앞으로 전개하실 일에 대해서 기대하고 흥분할 수 있습니다.

나의 안목과 하나님의 안목을 비교하면서 내가 얼마나 못나고 형편없는가를 발견하게 되고 하나님의 안목에 대해서 경외하고 신비로워할 수 있습니다. 그래서 짧고 편협한 나의 안목을 버리고 가장 높은 곳에서 우주 전체를 내려다보시는 하나님의 안목을 가지려고 애쓰게 됩니다. 나의 안목으로 눈앞에서 벌어지는 일들만 바라보면 세상에서 수 없이 발생하는 수많은 일 때문에 일희일비할 수밖에 없습니다. 그러나 하나님의 안목을 가지면 겉으로 드러난 현상만 보는 것이 아니라, 현상의 배후와 전체적인 연계성과 목적과 결과까지 볼 수 있습니다. 그러면 하나님의 섭리에 대해서 탄복하게 되고 하나님을 전적으로 신뢰하고 의지할 수 있습니다. 세상에서 전쟁이나 사고가 발생해도 염려하지 않게 되고 자연환경에서 변수나 재난이 생길지라도 두려워하지 않게 됩니다. 못된 사람들이 출세하고 부유하며 성도들이 실패하거나 박해를 당할지라도 마음의 평안과 하늘의 소망을 갖게 됩니다. 심지어 내가 늙고 병들고 외로워질 때도 불안해하거나 우울해하지 않고 성령님으로부터 위로받고 힘을 얻게 됩니다.

성도들은 하나님께서 역사 속에 들어 있는 나를 소중하게 여기시고 살뜰하게 다루신다는 것을 확신해야 합니다. 하나님은 선한 목적을 갖고서 나를 이 시대와 장소에 심으셨고 그 목적대로 내가 하나님을 잘 섬기고 이웃을 나처럼 사랑하며 나의 달란트로 일하고 섬기도록 하셨습니다. 하나님이 나를 만드시고 구원하셨으며 활동하게 하시기 때문에 하나님은 나를 안전하게 지켜주시고 좋은 것들을 주지 않으실 수 없습니다. 하나님은 나를 중심으로 세상을 경영하십니다. "너희에게는 머리털까지 다 세신 바 되었나니"(마 10:30). 이 말씀은 하나님이 할 일이 없어서 여러분의 머리털이나 세고 계신다는 뜻이 아니라, 하나님은 나보다 나를 더 잘 아신다는 것을 의미합니다. 세상에는 70억 명이나 되는 사람들이 있는데 그중에서도 하나님은 나를 기억하시고 사랑하시며, 인도하신다는 것입니다. 이런 하나님을 생각하면 가슴이 뭉클하지 않을 수 없고, 깊이 신뢰하지 않을 수 없으며 그 따뜻한 손길을 느끼고 싶지 않을 수 없습니다.

나의 삶에서 하나님의 숨결을 느끼고 내가 걸어가는 길에서 하나님과 함께 호흡해야 합니다. 이성으로 하나님을 더 많이 알아가고, 감정으로 하나님과 매우 친해지며, 의지로 하나님처럼 말하고 행동해야 합니다. 그러면 자신도 모르는 사이에 하나님의 안목을 갖게 되고 그 안목으로 자신과 세상을 바라볼 수 있습니다. 그럴때 모든 것을 전체적으로 파악할 수 있고 영의 세계도 들여다 볼 수 있습니다. 이런 수준에 도달하면 세상이 어떻게 변하고 사람들에게 어떤 일을 당할지라도 한없는 평안과 기쁨을 누릴 수 있습니다. 모든 것은 하나님의 손에 달려있고 하나님은 모든 것을 조정하여 선을 이루실 것이기 때문입니다.

사람은 의존적인 존재라서 믿는 구석이 없으면 위축되고 비굴해집니다. 지식과 기술이 있든지, 돈과 권력이 많든지 인맥이 좋든지 해야 기가 살고 당당해질 수 있습니다. 그런데 피조물은 끊임없이 변하기 때문에 견고한 버팀목이 되지 못합니다. 또한 사람이든, 사물이든, 자본이든, 정권이든지 세월이 흐르면 바뀌기 때문에 그런 것들만 믿으면 실망합니다. 그러나 하나님은 영원하시기 때문에 끝까지 믿을 수 있고 계속 은혜를 받을 수 있습니다. 하나님은 전능하시기 때문에 사람들이 직면하는 모든 문제를 해결하실 수 있습니다. 이런 하나님을 나의 하나님으로 믿으면 하나님이 나를 붙잡아 주십니다. 하나님 말씀대로 살면 말씀이 약속하는 복을 받아 성공적인 인생을 살 수 있습니다. 그러므로 항상 변함없으신 하나님을 굳게 믿기 바랍니다. 하나님의 공의와 보상을 확신하면서 반드시 신뢰하기를 바랍니다.

17

아사비야

마태복음 12:22-27

그 때에 귀신 들려 눈 멀고 말 못하는 사람을 데리고 왔거늘 예수께서 고쳐 주시매 그 말 못하는 사람이 말하며 보게 된지라 무리가 다 놀라 이르되 이는 다윗의 자손이 아니냐 하니 바리새인들은 듣고 이르되 이가 귀신의 왕 바알세불을 힘입지 않고는 귀신을 쫓아내지 못하느니라 하거늘 예수께서 그들의 생각을 아시고 이르시되 스스로 분쟁하는 나라마다 황폐하여질 것이요 스스로 분쟁하는 동네나 집마다 서지 못하리라 만일 사탄이 사탄을 쫓아내면 스스로 분쟁하는 것이니 그리하고야 어떻게 그의 나라가 서겠느냐 또 내가 바알세불을 힘입어 귀신을 쫓아내면 너희의 아들들은 누구를 힘입어 쫓아내느냐 그러므로 그들이 너희의 재판관이 되리라 인간의 역사에서 가장 넓은 영토를 차지한 나라는 몽골입니다. 중세에 몽골이 세계의 절반을 지배하게 된 이유는 여러 부족이 하나로 뭉쳤기 때문이었습니다. 원래 몽골 지역에는 여러 부족이 살고 있었고, 그 부족들이 서로 싸우고 죽이는 일을 하였습니다. 그런데 이런 부족들을 하나로 뭉치게 한 사람이 칭기즈칸이있습니다. 그의 지도로 단합한 몽골은 강한 군사력으로 중국과 아랍, 동유럽까지 점령했습니다. 이 칭기즈칸이 죽기 전에 아들들을 불러 모았습니다. 그리고 나뭇가지 하나를 꺾어보라고 하였습니다. 아들들이 그 나뭇가지를 손쉽게 부러뜨렸습니다. 그러자 나뭇가지 다섯 개를 주면서 꺾어 보라고 하였습니다. 아들들이 아무리 힘을 주어도 다섯 개는 부러뜨리지 못했습니다. 그 아들들에게 칭기즈칸이 말했습니다. “너희들이 따로따로 놀면 망하지만 하나로 뭉치면 함께 번영하게 된다.” 이 유언에 따라서 몽골인은 단결하고 협력했기 때문에 지구의 절반을 정복하는 제국을 건설할 수 있었습니다. 이것은 몽골 사람들만이 아니라 모든 사람에게 해당합니다. 우리도 하나로 뭉쳐서 무슨 일을 하면 가정과 교회가 발전하고 직장과 국가가 형통하게 됩니다.

1. 아사비야

인간의 역사는 뭉치면 살고 흩어지면 죽는다는 것을 여실히 보여줍니다. 가정처럼 혈통으로 형성되었든지, 기업처럼 이익을 얻기 위해 구성하였든지 서로 협력하면 서로가 잘 되지만 서로 불화하면 서로가 잘 못되기 때문입니다. 가정에서 부모는 자녀를 잘 보살피고 자녀는 부모를 잘 봉양하면 가정이 화목하고 좋아지게 됩니다. 그러나 부부의 다투는 소리가 담 밖까지 들리고 재산 때문에 형제들이 싸우면 콩가루 집안이 됩니다. 직장에서 사장은 직원들을 잘 보살피고 직원들은 성실하게 일하면 회사가 발전하지만 사장은 직원들의 월급을 쥐꼬리만큼 주고, 직원들이 게으름을 피우는 회사는 멀지 않아 문을 닫습니다. 국가도 마찬가지인데 왕과 백성이 하나로 똘똘 뭉치면 강대국을 만들지만 왕은 사치하고 방탕하며 백성은 국가가 어떻게 되든지 말든지 자신의 이익만 챙길 때는 거대한 제국도 무너지고 맙니다. 이 공식은 시대와 지역이 바뀐다고 해서 달라지는 것이 아니므로 나의 공동체를 번영하도록 만들려면 이 공식대로 행해야 합니다. 이 사실을 아사비야가 가르쳐 줍니다.

아사비야란 아랍어인데 사회집단이 단체적으로 일치된 행동을 할 수 있는 역량이란 뜻이요, 집단의 구성원들이 하나로 뭉치는 능력이며, 협력하는 능력이란 의미입니다. 다시 말해 아사비야는 한 집단의 결속력을 가리키는 것으로 결속력이 강한 집단은 아사비야가 높은 집단이요, 아사비야가 높은 집단들은 성장하고 번성하지만, 아사비야가 낮은 집단들은 약해지고 사라지게 됩니다. 이처럼 아사비야를 집단과 제국의 흥망의 열쇠로 보았던 사람은 이븐 할둔이었습니다. 이븐 할둔은 1332년에 북아프리카의 튀니스에서 정치가와 학자들이 많은 귀족 가문에서 태어났습니다. 그는 왕궁에서 접대도 받아보았고, 감옥에서 쥐들과 함께 살기도 했으며 배가 난파되어 가족을 잃기도 하였습니다. 여러 왕조에서 공무원으로 일하였고 전쟁 때문에 목숨을 잃을 뻔한 적도 있었습니다. 이런 우여곡절을 겪으면서 이븐 할든은 역사를 연구하였고 어떻게 해서 제국이 탄생하고 몰락하는가에 대한 법칙을 찾았습니다. 그래서 내린 결론이 아사비야였는데 집단의 구성원이 서로에 대한 애정과 서로를 위해 싸우다 죽을 수 있는 결속력의 강도가 제국의 흥망을 결정한다는 것이었습니다.

국가는 세상에서 가장 큰 단위의 집단이라서 뭉치기가 쉽지 않기 때문에 아사비야의 효과가 가장 잘 나타납니다. 가정은 혈통으로 세워졌기 때문에 가족이 자연스럽게 뭉칠 수 있고, 직장은 생계에 직접 영향을 주기 때문에 내가 좋든 싫든 뭉쳐야 합니다. 그런데 국가는 하나로 뭉치기가 매우 힘듭니다. 13세기에 러시아 사람들은 여러 나라로 쪼개져서 자기들끼리 싸웠습니다. 그러다가 몽골제국의 바투에 의해서 멸망하여 약 200년 동안 식민통치를 받았습니다. 그러자 러시아 사람들이 정신을 차렸고 여러 나라가 똘똘 뭉치기 시작했습니다. 드디어 15세기 말에 모스크바가 주변 나라들과 병합하여 그 힘으로 16세기 중반에 몽골 사람들을 완전히 몰아냈으며 17세기에는 우랄산맥을 넘어서 시베리아로 영토를 확장하였습니다. 러시아가 아사비야가 없어서 내분으로 치달을 때는 딴 나라의 밥이 되었지만 결속력이 강해지자 주변 국가들을 정복해서 강대국이 되어 번영했던 것입니다. 그러니 아사비야가 공동체의 융성과 몰락의 열쇠가 아닐 수 없습니다.

공동체를 강하고 번영하게 하는 아사비야는 어떻게 해서 생깁니까? 첫째로 구성원이 갈굼을 당해야 하고, 둘째로 종교가 구성원의 접착제가 되어야 하며, 셋째로 협력을 촉진하는 규범이 있어야 합니다. 사람들은 편안하고 형통하면 자신의 이익만 생각하지 자신이 몸담고 있는 공동체의 중요성을 느끼지 못합니다. 그런데 남들에게 억압과 착취를 당하면 나를 지켜줄 공동체가 필요하다는 것을 깨닫게 되고, 공동체의 발전을 위해서는 뭉쳐야 한다는 것도 알게 됩니다. 사람은 이기적이라서 하나가 될 수 없는데 이것을 해결해 주는 것이 종교입니다. 종교는 옳은 일을 위해서는 고생을 감내해야 하고 공동체를 유지하기 위해서는 목숨도 내놓아야 한다고 가르칩니다. 이처럼 종교에 의해 뭉쳐야겠다고 생각하는 사람들을 조직화해서 에너지를 생산하기 위해서는 규범이 필요합니다. 공동체를 효율적으로 운영하는 공동체일수록 법과 제도가 잘 정비되어 있고 공정하게 시행되고 있습니다.

교회 역시 주님의 말씀에 전적으로 복종하는 천사들로 구성된 것이 아니라 죄성을 가진 성도들로 형성되었습니다. 성도들이 죄성에게 사로잡히면 교회보다 자신의 이익과 만족을 더 중요하게 여깁니다. 자신을 먼저 챙기다 보면 교회에 아픔과 손해를 끼칠 수 있습니다. 이런 문제가 있기 때문에 교회에도 아사비야가 필요하고 성도들은 아사비야를 높이기 위해서 힘써야 합니다. 높은 아사비야가 있어야 교회가 화목하고 성장할 수 있습니다. 성도들이 하나로 뭉쳐서 교회를 섬기면 교회가 강해지고 성장하지만 성도들이 미워하고 분쟁하면 교회가 약해지고 초라해 집니다. 따라서 자신의 교회가 쇠퇴하는 것이 아니라 부흥하기를 원한다면 결속력을 강화해야 합니다.

예수님은 본문 25~26절에서 이렇게 말씀하셨습니다. "스스로 분쟁하는 나라마다 황폐하여질 것이요, 스스로 분쟁하는 동네나 집마다 서지 못하리라. 만일 사탄이 사탄을 쫓아내면 스스로 분쟁하는 것이니 어떻게 그의 나라가 서겠느냐?." 한번은 예수님께서 귀신을 쫓아내시자 바리새인들은 예수님이 하나님으로부터 왔다는 것을 인정하고 싶지 않았기 때문에 예수님이 귀신의 왕에게 능력을 받아서 귀신을 쫓아냈다고 주장하였습니다. 그러자 예수님은 간단한 상식으로 바리새인들의 잘못된 주장을 반박하셨습니다. "한 나라에서 내분이 일어나면 국력이 쇠약해지고, 식구들끼리 싸우면 집안이 망가지며 사탄이 사탄을 쫓아내면 사탄의 나라가 축소된다. 따라서 내가 귀신의 왕을 힘입어서 귀신을 쫓아낸다면 귀신들이 피해를 볼 텐데, 사람보다 머리가 좋은 귀신들이 이런 짓을 하겠느냐?" 이 말씀에 따르면 아사비야는 모두에게 적용되는 것이 분명합니다. 누구이든 자기들끼리 싸우면 망하지만, 자기들끼리 뭉치면 흥하게 됩니다.

2. 높은 아사비야

사탄과 귀신들은 타락한 천사들이기 때문에 하나님과 반대되는 성품을 갖고 있습니다. 하나님은 거룩하시고, 사랑이시며 진실하시기 때문에 성부와 성자와 성령이 완전한 하나를 이루십니다. 반면에 귀신들은 거짓말하고 폭력적이며 불결하여서 서로를 믿지 못합니다. 따라서 귀신들은 자기들끼리 속이고 속으며 치고받고 싸우다가 멸망할 것이라는 생각이 듭니다. 그런데 실제로는 단결하고 협력합니다. 왜냐하면 자신들보다 강한 하나님과 맞서 싸우려면 귀신들이 힘을 모아야 하기 때문입니다. 그래서 하나님께는 거짓말하고 사람들에게는 폭력을 행사해도 자기들끼리는 협력하면서 하나로 뭉칩니다. 마치 폭력집단이 다른 사람들에게는 주먹을 휘둘러도 자기들끼리는 규칙과 의리를 지키는 것처럼 귀신들도 아사비야의 필요성을 알고 있고 실천하고 있습니다. 이처럼 악한 것들도 끈끈한 결속력을 갖고 있다면 선하신 하나님의 자녀들은 더욱 높은 아사비야를 가져야 하지 않겠습니까? 하나님의 자녀들은 영원히 함께 사는 가족이요, 다 같이 아버지의 말씀대로 행해야 하기 때문입니다.

그러므로 성도들은 아사비야를 매우 중요하게 여기고 강화하기 위해 힘써야 합니다. 가정과 교회와 화목하고 형통하기를 원한다면 아사비야를 강화해야 하고 일터와 국가가 평안하고 번영하기를 원한다면 결속력을 단단히 다져야 합니다. 결속력이 좋으면 공동체가 잘되기 때문에 나도 혜택을 입지만 모래알처럼 흩어져서 공동체가 허약해지면 나도 안전하고 행복하게 살 수 없습니다. 가정에 불화가 있으면 내가 상처를 받고, 교회에 분쟁이 있으면 내가 은혜를 받지 못합니다. 이것은 학교나 직장이나 군대도 마찬가지입니다. 학교에 폭력을 행사하는 아이들이 있으면 신경이 쓰여서 공부에 집중할 수 없고 직장에서는 상사로 인한 스트레스 때문에 사표를 던질 수밖에 없으며 군대에서 고참에게 괴롭힘을 당하면 탈영하고 싶어집니다. 이처럼 내가 속한 공동체의 상태에 따라서 나의 삶이 달라지기 때문에 공동체의 아사비야에 대해서 신경 써야 합니다. 우리의 아사비야의 상태가 어떠한지를 점검해야 하고 아사비야를 높이기 위해서 노력해야 합니다.

아사비야는 저절로 생기거나 집단의 결속력을 말만 한다고 해서 강해지는 것이 아닙니다. 아사비야가 생기도록 하려면 구성원이 단결해야 하고 무슨 일을 할 때마다 몸과 마음과 물질을 바쳐야 합니다. 이렇게 하지 않고 개개인이 따로따로 놀면 아사비야가 향상되는 것이 아니라 있던 아사비야까지 없어지게 됩니다. 어떤 일을 할 때 협력하지 않고, 모두들 강 건너 불구경이나 하고 있으면 최소한의 결속력도 깨지게 됩니다. 반면에 공동체의 규모가 작고 구성원의 능력이 부족하며 환경이 나쁠지라도 구성원들이 모여서 좋은 아이디어를 짜내고 정성과 물질을 투자해서 함께 일하면 성공할 수 있습니다. 이것은 시대와 지역을 초월해서 모두에게 해당하는 진리입니다. 구성원이 하나가 되지 않고는 어떤 방법으로도 결속력을 강화할 수 없고 결속력이 강하지 않으면 어떤 수단으로도 형통하고 성장할 수 없습니다. 따라서 성도들은 다른 요소들보다 먼저 결속력을 다지는 일에 힘과 지혜를 모아야 합니다.

그런데 사람은 태어날 때부터 이기적이라 나보다 공동체를 우선시하기가 쉽지 않습니다. 자아는 내 편을 든다면서 내가 먼저이고 공동체는 나중이라고 말합니다. 내가 없으면 공동체도 쓸모없기 때문에 공동체가 어떻게 되든지 내 이익부터 챙겨야 한다고 주장합니다. 그렇지 않고 목사의 설교에 넘어가서 나보다 공동체를 더 중요하게 여기면 결국 남들 좋은 일만 시킨다고 속삭입니다. 그러니 내가 빈약하고 초라해지지 않으려면 설사 예수님이 공동체가 먼저라고 말씀하셔도 믿어서는 안 된다고 부추깁니다. 이런 부추김에 홀려서 나밖에 모르는 것을 당연하게 여기는 분들이 있습니다. 이런 분들 때문에 아사비아가 약해지고, 공동체가 무력해지고 그 결과 모두가 손해를 입게 되는 것입니다. 따라서 공동체의 결속력을 강화하기 위해서는 나의 이기심을 내려 놓아야 합니다. 예수님의 말씀처럼 나를 부인해야 하고 바울의 말처럼 나를 날마다 죽여야 합니다. 그래야 나를 내세우지 않고 전체에 흡수될 수 있고 아사비야를 높이기 위해 나를 기꺼이 드릴 수 있으며 그래야 모두가 유익을 얻게 됩니다.

물론 나보다 공동체를 중요하게 여기라고 한다고 해서 나의 사생활은 완전히 무시하고 오직 공동체를 위해 헌신하라는 말이거나 나는 아무 대가도 바라지 말고 봉사만 해야 한다는 말이 아닙니다. 내가 공동체로부터 더 좋고 많은 것을 얻고 누리기 위해 아사비야 라는 수단을 활용하라는 것입니다. 우리나라는 일제강점기와 한국전쟁을 치르면서 너무 가난하고 황폐해져서 외국의 원조를 받지 않으면 생존할 수 없었습니다. 그런데 국민이 온 힘을 기울여서 노동하고 교육한 결과 우리의 경제가 크게 성장하였습니다. 그래서 오늘날에는 우리보다 가난한 나라들을 도우면서 살기 때문에 상당한 자부심을 느끼고 있습니다. 이것은 우리가 실제로 경험했던 바이고 지금도 체험하고 있습니다.

이처럼 나와 공동체는 하나로 묶여 있습니다. 나의 가정과 국가와 교회가 안정되고 성장하면 나도 그 속에서 꿈과 비전을 펼치면서 품위 있게 살아갈 수 있습니다. 마음과 정성을 바쳐서 공동체가 건강하고 번영하도록 만들어야 하는 것이요, 그럴듯한 핑계를 대면서 요리조리 빠져나가서는 안 되는 것입니다.

사람들이 결속하기 위해서는 경쟁자나 적에게 괴롭힘을 받아야 이를 방어하기 위해 우리끼리 단합하게 되고 성도들은 성령님으로 충만해져야 겸손해져서 남들에게 협력할 수 있게 됩니다. 비록 나와 의견이 다르거나 내 맘에 들지 않더라도 모든 지도자는 하나님이 임명하셨다는 말씀에 순복해야 합니다. 그 지도자가 능력이나 도덕성이나 업적이 없어서 교체하고 싶다면 음모나 폭력이 아니라 정당한 방법을 사용해야 합니다. 그래야 새로운 지도자도 정통성을 인정받아서 공동체를 잘 이끌어갈 수 있습니다. 그리고 나를 중심으로 사람들을 끌어모으고 싶다면 내가 지도자가 되어야 하고 내가 지도자가 되고 싶다면 다짜고짜 나서지 말고 먼저 지도자의 조건을 갖추어야 합니다. 지도자의 자질을 계발하고 능력을 향상시키며 경험을 쌓아야 하고 인맥을 조성하며 실적을 올려야 합니다. 구성원에게 인정받아서 지도자가 될 수 있고 그래야 나를 중심으로 뭉치게 할 수 있으며 좋은 열매를 생산해서 공동체에 유익을 줄 수 있습니다.

세상 사람들은 하나님의 말씀을 무시하지만 자신들의 안전을 지키고 이익을 얻기 위해 단합합니다. 성도들은 주님과 하나로 연합한 상태이기 때문에 그 상태를 지속적으로 유지하기 위해 뭉쳐야 합니다. 에베소서 4장 3절은 성령께서 하나 되게 하신 것을 힘써 지키라고 하였습니다. 이 말씀대로 성령님은 나밖에 모르고 따로따로 놀던 사람들을 예수님의 사랑이라는 강력한 접착제로 예수님의 몸에 찰싹 붙이셨습니다. 그래서 한 몸이 되어서 영원히 함께 살게 하셨습니다. 이런 상태가 되었기 때문에 성도는 그리스도의 몸이라고 부릅니다. 따라서 나의 욕심이나 야망 때문에 교회의 화목을 깨뜨리는 것은 자신을 훼손하는 행위입니다. 그 결과 영혼과 몸과 생활에 커다란 손실과 아픔을 당하지 않기 위해서는 교회를 최고의 가치로 여기고서 뭉침을 보존하고 유지해야 합니다. 더 나아가서 성도들은 아사비야를 수시로 높여서 많은 유익을 얻어야 합니다. 나의 가정과 교회와 국가에서 모범과 희생을 통하여 단합을 촉진함으로써 나의 공동체가 강해지고 번영하도록 만들어야 합니다.

모래알들이 따로 놀 때는 금방 허물어지는 모래성밖에 지을 수 없지만, 모래알에 시멘트를 부으면 콘크리트가 되어서 견고한 건물을 지을 수 있습니다. 성도들도 사랑의 시멘트가 되어서 나의 공동체들의 아사비야를 강화해야 합니다. 내가 기꺼이 양보하고 적극적으로 협력함으로써 리더를 중심으로 모두가 하나 되게 해야 합니다. 그래야 나의 공동체들이 견고해지게 되고 그래야 내가 공동체들로부터 많은 혜택을 받을 수 있습니다. 높은 아사비야는 구성원들의 능력을 극대화해서 풍성한 열매를 맺습니다. 성령님께서 우리를 하나로 묶으신 이유는 나의 유익을 위해서이지 나를 구속하기 위해서가 아닙니다. 나의 유익을 위해서 나를 겸손하게 낮추고 남들을 기꺼이 높이며 내 생각과 느낌을 버리고 지도자 위주로 똘똘 뭉쳐야 합니다.

그리고 나를 필요로 했던 공동체에 심어주셔서 일하고 섬기게 하신 하나님께 감사드리기를 바랍니다. 내가 분수에 넘치는 일을 하지 않고 겸손히 단결하고 협력함으로써 우리 공동체가 평안하고 형통하도록 은혜를 베푸신 성령님께 찬양하기를 바랍니다. 내가 아사비야를 높이기 위해서 힘쓴 것이 겉으로 드러나지 않았는데도 나의 동기와 행위를 속속들이 파악하시고 완벽하게 보상해 주시는 예수님께 영광을 돌리기를 축복합니다.

18

마태와 시몬

마가복음 3:13-19

또 산에 오르사 자기가 원하는 자들을 부르시니 나아온지라 이에 열둘을 세우셨으니 이는 자기와 함께 있게 하시고 또 보내사 전도도 하며 귀신을 내쫓는 권능도 가지게 하려 하심이러라 이 열둘을 세우셨으니 시몬에게는 베드로란 이름을 더하셨고 또 세베대의 아들 야고보와 야고보의 형제 요한이니 이 둘에게는 보아너게 곧 우레의 아들이란 이름을 더하셨으며 또 안드레와 빌립과 바돌로매와 마태와 도마와 알패오의 아들 야고보와 및 다대오와 가나나인 시몬이며 또 가룟 유다니 이는 예수를 판 자더라 사람들은 가인 때부터 지금까지 편 가르기를 계속하고 있습니다. 가인이 제사를 문제 삼아 자신과 아벨의 편을 갈랐던 것처럼 사람들은 온갖 이유를 들어서 우리 편과 남의 편을 가릅니다. 그러면서 우리 편은 선하고 유익하지만, 남의 편은 악하고 해롭다고 생각합니다. 그리고 우리 편은 잘못해도 괜찮다고 감싸지만, 남의 편은 잘해도 틀렸다면서 배척하고 제거하는 것을 당연하게 여깁니다. 그래서 역사를 보면 큰 과오가 없는데도 단지 우리 편이 아니라는 것 때문에 사람들을 학살한 경우가 있었습니다.

제2차 세계대전 독일의 히틀러는 열등한 인종을 청소한다면서 유대인을 600만 명이나 죽였고, 1975년에 캄보디아의 정권을 잡은 크메르루주도 사상이 다르다는 이유로 200만 명을 죽였습니다. 그러니 편 가르기의 폐단이 얼마나 큰 것인지 모릅니다. 폭력배들이 이권을 위해 패싸움을 벌여도 수십 명을 살해하는 정도인데 합법적으로 수백만 명을 죽였기 때문입니다. 따라서 편 가르기는 정당하거나 필요악이 아니라 부당하고 나쁜 것임이 분명합니다.

1. 마태와 시몬

예수님은 편 가르기를 제거하는 작업으로 편 가르기를 무력화시켰습니다. 대표적인 경우가 마태와 시몬을 제자로 삼아 그들을 양육하시고 파송하신 것이었습니다. 마태는 마태복음 9장에서 자신이 제자가 된 장면에 관하여 설명했습니다. 예수님께서 길을 가다가 세관에 앉아 있는 마태에게 자신을 따르라고 말씀하셨습니다. 그러자 마태는 곧바로 제자가 되었고 예수님과 일행을 자신의 집에 초청하여 접대하였습니다. 이것을 보고 바리새인들이 제자들에게 너희 선생은 어찌하여 세리와 죄인들과 교제하느냐고 비난하였습니다. 이에 대해 예수님은 의사는 건강한 사람이 아니라 병든 사람에게 필요한 것처럼 나도 의인이 아니라 죄인을 불러서 구원하기 위해 이 세상에 왔다고 말씀하셨습니다. 따라서 마태는 자신이 복음서를 썼다는 것을 자랑하기 위해 부름 받은 사건을 언급한 것이 아니라 예수님이 이 세상에 오신 목적을 강조하기 위해 자신의 과거를 털어놓았습니다. 덕분에 우리는 마태가 세리였다는 것을 알게 되었습니다.

이런 마태와 달리 성경은 시몬을 가나인이라고만 소개하였습니다. 그가 예수님의 부르심을 받았을 때의 상황이나 사도로 활동한 것에 대해서는 말하지 않았습니다. 헤게시푸스는 시몬이 야고보 이후에 예루살렘 교회에서 목회했다고 하였지만 오늘 제가 다루고자 하는 내용은 시몬이 마태와 전혀 다른 직업을 갖고 있었다는 점입니다. 마태는 세리였기 때문에 유대인이 아니라 로마제국을 위해서 일했고 친 로마파였습니다. 비록 사람들에게 매국노란 욕은 먹었지만 로마제국의 세무

공무원이었기 때문에 생활은 넉넉했습니다. 그러나 시몬은 열심 당원이란 뜻을 가진 가나안 사람이었는데 무력으로 로마제국을 물리치기 위해 애썼습니다. 그래서 유대인에게 애국자란 칭찬은 들었지만 로마제국에 박해를 받았기 때문에 생활이 어려웠습니다. 이처럼 마태는 로마제국을 위해서 일했고, 시몬은 로마제국과 싸웠기 때문에 두 사람은 적대적인 관계였습니다. 우리나라로 치면 마태는 친일파였고 시몬은 독립투사였습니다. 따라서 두 사람은 서로를 미워할 수밖에 없었고 내가 득세하기 위해서는 상대방을 제거해야만 했습니다. 그런데 예수님은 두 사람을 제자로 삼으셨으니 놀랍지 않을 수 없습니다.

예수님께서 물과 기름과 같은 사람들을 제자로 삼으신 이유는 모든 사람은 하나님의 형상대로 지음 받았기 때문입니다. 사람들이 성장하면서 전통으로부터 종교와 사상, 지역과 풍습의 교육을 받아서 진보나 보수를 편들게 된 것이지 나는 의롭고 많이 소유했기 때문에 이쪽 편이 되었고, 너는 악하고 적게 소유했기 때문에 저쪽 편이 된 것은 아닙니다. 또한 사람들이 안전하고 행복하게 살기 위해 국가를 세우고 다른 국가를 적대시하는 바람에 애국자나 매국노가 생긴 것입니다. 국가와 상관없이 외국인들끼리 서로를 믿고 거래하면 파트너가 되고 서로 사랑해서 결혼하면 가족이 됩니다. 그래서 예수님은 사람들이 만든 사상이나 제도에 매이지 않으셨습니다. 색깔이 완전히 다른 사람들을 제자로 부르셨던 것입니다.

우리도 어떤 대상을 판단할 때는 그 대상이 누구에게서 나왔느냐를 따져야지 누구 편이냐를 확인해서는 안 됩니다. 그것이 정신적인 요소든지, 물질적인 요소든지, 사상이나 이념이든지, 문화나 의식이든지, 제도나 법이든지 하나님으로부터 나왔느냐 아니면 사람으로부터 나왔느냐를 파악해야 합니다. 하나님은 선하시고 거룩하시므로 하나님으로부터 나온 것들은 유익하고 아름답습니다. 그러나 사람은 타락해서 무지하고 탐욕스럽기 때문에 생각하고 느끼고 결정하는 것이 자기중심적입니다. 그래서 사람들이 말씀대로 하나님의 영광과 사람들의 유익을 위해서 살면 세상이 평화롭고 모두가 행복하지만 사람들이 자신의 욕심이나 야망을 위해서 살면 공동체에 다툼과 혼란이 그치지 않습니다. 중요한 것은 누구한테서 나왔느냐 하는 것이지 누구의 편을 드느냐가 아닙니다. 모든 사람은 죄성을 갖고 있어서 남의 편만 실수하고 잘못하는 것이 아니라 우리 편도 못되고 야비한 짓을 합니다. 그래서 정권이 수없이 바뀌고 사람들이 모두 교체되어도 세상에는 불의와 불공정, 차별과 비리 등이 끊이지 않는 것입니다.

따라서 사람에게 가장 시급하고 우선적인 것은 누구 편이냐가 아니라 하나님께로 돌아왔느냐 돌아오지 않았느냐 하는 것입니다. 하나님께 돌아왔으면 하나님의 통치를 받기 때문에 선하고 가치 있게 살게 됩니다. 그러나 죄에 속해 있으면 죄의 지배를 받기 때문에, 거짓되고 무익하게 살게 됩니다. 그래서 사람은 먼저 하나님께로 돌아와 죄의 굴레에서 벗어나 사람 편이 아니라 하나님 편이 되어야 합니다. 이런 존재를 만들기 위해 예수님께서 자신의 피로 사람들을 깨끗하게 씻으시고 하나님의 자녀로 삼으십니다. 그들이 창조와 구속의 목적을 이루게 하려고 말씀을 주셨고 성령님을 보내셨습니다. 그러므로 성도들은 마땅히 주님 편이 되어서 말씀과 성령님의 인도를 받아야 하고 내가 아니라 주님을 위해 살아야 합니다.

2. 하나님의 자녀와 일꾼

예수님은 마태와 시몬을 부르셔서 고통과 죽음에서 건져내어 하나님의 자녀로 삼아 하나님의 일꾼으로 세우셔서 선하고 가치 있게 살게 하셨던 것입니다. 그러니 영원한 생명을 얻으려면 하나님의 편이 되어야 하고, 충만한 행복을 누리려면 하나님을 위해 살아야 합니다. 사람들이 세우고 운영하는 세상의 공동체들은 잠시 후에는 흔적도 없이 사라지지만, 하나님이 만드시고 다스리시는 하나님 나라는 영원히 존속하면서 찬란히 빛나기 때문입니다. 따라서 성도들은 좌파나 우파가 된 것에 자부심을 느끼는 것이 아니라 하나님의 자녀가 된 것을 감사하고 자랑스러워해야 합니다.

사람이 하나님의 자녀가 되려면 요한복음 1장 12절에 따라서 예수님을 나의 구원자로 영접해야 합니다. 영접하는 방법은 이성으로 나를 창조하신 하나님을 섬기지 않은 죄인이라는 것을 알아야 하고, 감정으로 하나님이 아니라 나를 위해 산 것에 대해서 회개해야 하며, 의지로 이제부터 나를 구원하기 위해 생명을 바치신 예수님을 주인으로 섬기겠다는 마음을 먹어야 합니다. 그리고 예수님의 몸인 교회에서 예배드리고 봉사하며 하나님이 배치해 주신 세상에서 노동하고 복음을 전해야 합니다. 이것이 하나님의 자녀가 되는 방법입니다. 이런 변화를 통해서 하나님의 자녀가 되었다는 사실을 확인할 수 있습니다.

사람들이 하나님의 자녀가 되어야 하는 이유는 그래야 창조주와 즐겁게 교제하면서 살 수 있고 구속주로부터 생명 에너지를 공급받아서 영원히 살 수 있으며 통치주로부터 풍성한 은혜를 선물 받아서 최상의 행복을 누릴 수 있기 때문입니다. 이런 혜택을 누리기 위해서는 사람 편을 드는 것이 아니라 하나님의 자녀가 되어야 합니다.

하나님의 자녀가 해야 할 일은 편을 만드는 것이 아니라 하나님의 일을 하는 것입니다. 하나님이 나를 자녀로 삼으신 이유가 하나님의 일을 하도록 하기 위해서이기 때문입니다. 이 세상에서 사는 동안 하나님의 영광과 사람들의 유익을 위해서 부지런히 일하고 섬겨야 합니다. 이것을 잘하기 위해 성숙한 인격과 능력을 갖추어야 하고 이것으로 하나님이 배치해주신 여러 공동체에서 성실하게 일하고 섬겨서 좋은 열매를 맺어야 합니다. 그래서 예수님은 친 로마파였던 마태와 반로마파였던 시몬을 부르시고 제자로 삼으셔서 교육하시고 세상에 파송하셨던 것입니다. 이것은 두 사람만이 아니라 모든 사람이 하나님의 자녀가 되어 하나님의 일꾼으로 활동해야 합니다.

우리는 하나님의 문화명령과 선교명령에 순종해야 합니다. 이는 하나님의 자녀가 되어야 영생과 행복을 누릴 수 있고 하나님의 일꾼이 되어야 자신의 존재가치를 높일 수 있기 때문입니다. 그러므로 성도들은 문화명령과 선교명령을 효과적으로 행하기 위해 힘써야지 인간의 사상이나 이익집단에 종속되어서는 안 됩니다. 하나님의 자녀요, 일꾼된 우리는 아버지께서 기뻐하시는 일, 사람들에게 유익을 주는 일들을 열심히 행해야 합니다.

모든 사람은 공동체에서 태어나서 성장하고 활동하다가 죽습니다. 따라서 공동체 없이는 개인이 있을 수 없고 공동체가 안정되고 번영해야 나도 그 공동체에서 나의 꿈과 목표를 이룰 수 있습니다. 그러니 개인은 공동체와 밀접한 관계가 아닐 수 없습니다. 이것은 교회도 마찬가지인데 구원은 개인이 예수님을 믿음으로 받지만 구원받은 다음에는 예수님과 한 몸으로 연합하게 되며 나와 한 몸을 이룬 성도들과 함께 신앙생활 하게 됩니다. 따라서 성도들은 교회의 가르침을 계속 받아야 신앙이 성장하게 되고 교회에서 은혜를 충분히 받아야 사명을 잘 행할 수 있습니다. 이런 점에서 교회는 자신의 본질을 잘 지키고 자기 역할을 충실히 행해야 합니다. 그래야 몸의 지체들이 안전하고 즐겁게 살 수 있다. 반면 교회에 분쟁이 있거나 비리가 생기면 성도들이 상처를 받게 되고 사람들에게 욕을 먹게 됩니다. 그러므로 성도들은 교회의 중요성을 알고 교회의 평안과 부흥을 위해 겸손히 섬기고 헌신해야 합니다. 혹시라도 세상의 이념과 문화를 들여와서 우주적이고 영원한 교회를 훼손해서는 안 됩니다.

무엇보다 편 가르기는 교회의 유익보다 우리 편의 이익을 앞세우기 때문에 백해무익합니다. 권력이나 요직은 우리 편이 차지하려고 하고, 좋거나 달달한 것은 우리 편이 누리려고 하기 때문에 다른 분들이 소외와 서러움을 당하게 됩니다. 그러면 교회에 벽이 생기게 되고 그러면 편들끼리 따로따로 놀게 되어 다툼과 분열이 발생하게 됩니다. 이런 교회는 은혜와 기쁨이 없을 뿐 아니라 날이 갈수록 허약해집니다. 그러면 교회가 맛 잃은 소금이 되어서 하나님께 버림을 받게 됩니다. 이렇게 되지 않으려면 어떤 경우에도 편을 만들어서는 안 되고 성도들이 주님께 받은 달란트로 자신의 사명과 직분을 성실히 행해야 합니다. 그리고 다른 성도들을 나보다 낫게 여기면서 함께 예배드리고 함께 봉사하며 함께 전도해야 합니다. 그래야 교회가 건강하고 활기차서 든든히 서게 되고 힘차게 사역할 수 있습니다. 성도 중에는 편은 만들지 않지만 자기 사랑이 강해서 나를 위한, 나에 의한, 나의 교회로 만들기도 합니다. 이런 부작용을 방지하기 위해서는 자아와 싸우고 성령님의 도우심을 받아야 합니다. 나는 낮아지고 죽어야 하며 교회는 평안하고 은혜로워야 합니다. 교회의 유익은 곧 나의 유익이라는 믿음을 갖고서 교회의 유익을 위해 내가 헌신하고 희생해야 합니다. 교회의 유익을 위해서라면 나의 이익과 자존심도 버려야 하고 가장 적합한 인물을 세우고 밀어주어야 합니다. 성도들은 하나님이 주시는 요소들이 얼마나 선하고 고상한 것인지를 깨달아야 합니다. 한때는 세상을 떠들썩하게 했던 사상이나 이념도 얼마 후에는 역사의 뒤안길에 묻힙니다.

중세의 수도사 프란체스코가 드린 기도의 일부입니다. "주여, 저를 평화의 도구로 써주소서. 미움이 있는 곳에 사랑을, 다툼이 있는 곳에 용서를, 불화가 있는 곳에 화목을, 의혹이 있는 곳에 믿음을, 오류가 있는 곳에 진리를, 절망이 있는 곳에 희망을, 어둠이 있는 곳에 빛을, 슬픔이 있는 곳에 기쁨을 주게 하시고, 위로받기보다는 위로하며, 이해하기보다는 이해하며, 사랑받기보다는 사랑하게 하소서." 프란체스코는 말로만 이런 기도를 드린 것이 아니라 실제로 그렇게 살았습니다. 자신은 무일푼의 삶이였지만 무엇이 생기면 가난하고 병든 사람들에게 주었습니다. 이것은 당시에 교회의 권세와 국가의 권력을 움켜쥐고서 온갖 부귀영화를 누린 천주교의 교황과는 완전히 반대되는 삶이었습니다.

이런 생활을 하려면 사람에게서 나온 요소들은 과감하게 버려야 하고 하나님에게서 나온 것들은 알뜰히 보호하고 활성화해야 합니다. 아무리 친한 사람이라 할지라도 자기의 이익과 영광을 위해 편을 가르고, 사람들을 선동해서 자기편을 들게 하는 것을 배격해야지 불이익과 따돌림을 받는 것이 싫어서 은근슬쩍 끼어들어서는 안 됩니다. 그리고 성도들은 당장에 욕을 먹거나 손해를 보더라도 하나님 편에 서야 하고 하나님이 주신 자녀의 신분과 교회의 직분에 걸맞게 성실하게 노동하고 은밀하게 봉사해야 합니다. 어떤 이유로든 편 가르기는 공동체를 허약하게 만들고 결국엔 모두가 나도 고통을 당하기 때문입니다. 반면 내가 겸손하게 협력하고 도우면 나의 가정과 교회와 일터가 성장하고 번영하게 됩니다. 그러면 나도 공동체로부터 유익을 얻고 행복을 누리게 됩니다. 이것은 시대와 지역을 초월한 진리이므로 편 가르기를 거부하고 겸손하게 일하고 섬기는 것으로 만족해야 합니다.

사람들이 만든 편이나 정당이나 집단은 유한합니다. 그러나 하나님의 자녀란 신분과 일꾼이란 직분은 나에게 영원한 존귀와 영광과 행복을 안겨줍니다. 그러므로 사람들이 만든 요소가 아니라 하나님이 주신 요소들을 최고의 가치로 여겨야 합니다.

19

시력의 상태

마가복음 8:22-26

벳새다에 이르매 사람들이 맹인 한 사람을 데리고 예수께 나아와 손 대시기를 구하거늘 예수께서 맹인의 손을 붙잡으시고 마을 밖으로 데리고 나가사 눈에 침을 뱉으시며 그에게 안수하시고 무엇이 보이느냐 물으시니 쳐다보며 이르되 사람들이 보이나이다 나무 같은 것들이 걸어가는 것을 보나이다 하거늘 이에 그 눈에 다시 안수하시매 그가 주목하여 보더니 나아서 모든 것을 밝히 보는지라 예수께서 그 사람들을 집으로 보내시며 이르시되 마을에는 들어가지 말라 하시니라 예수님은 벳새다에서 사람들이 데려온 맹인의 눈을 고치셨습니다. 그 과정에서 사람들이 납득할 수 없는 일들을 하셨습니다. 첫째, 예수님은 현장에서 맹인을 고치지 않으시고 맹인의 손을 잡고 마을 밖으로 나가셨습니다. 그래서 마을 사람들이 치료의 과정을 지켜볼 수 없었습니다. 둘째, 예수님은 맹인의 눈에 침을 뱉으시고 안수하셨습니다. 예수님은 능력이 많으시기 때문에 말씀만 하셔도 치료할 수 있었을 텐데 굳이 침을 뱉고 안수하신 이유를 알 수 없습니다. 셋째, 두 가지 방법을 사용하신 다음 맹인에게 무엇이 보이느냐고 물으셨습니다. 예수님은 맹인이 완치되었는지를 확인하셨습니다. 넷째, 예수님의 질문에 맹인이 희한한 대답을 하였습니다. 사람들이 보이는데 나무 같은 것들이 걸어가고 있다고 하였습니다. 사람이면 사람이고, 나무면 나무여야 하는데 둘을 헷갈렸습니다. 다섯째, 예수님은 맹인에게 다시 안수해서 완치하셨습니다. 마치 의사가 수술이 실패한 것을 무마하기 위해 서둘러서 재수술한 것처럼 말입니다. 여섯째, 예수님은 완치시켜주신 후 맹인에게 마을에 들어가지 말고 곧장 너의 집으로 가라고 말씀하셨습니다. 예수님은 맹인이 마을 사람들을 만나지 못하게 하셨습니다.

1. 맹인의 치료

본문의 사건은 시작부터 끝까지 이해할 수 없는 점들로 가득 찼습니다. 5절밖에 안 되는 짤막한 내용이지만 여러 가지 미스터리가 담겨 있습니다. 첫 번째 미스터리는 예수님은 마을 사람들이 데려온 맹인을 마을에서 고치지 않으시고 마을 밖으로 데려가신 것입니다. 그렇다고 예수님이 치료를 거절한 것은 아니었습니다. 다만 맹인을 치료하는 행위를 사람들에게 보여 주지 않으신 것입니다. 예수님은 창조주이시기 때문에 어떤 병도 고치실 수 있고 예수님은 사랑이시기 때문에 자신을 찾아온 환자를 외면하신 적이 없으십니다.

예수님이 맹인을 마을 밖으로 데려가신 것은 치료의 자신감이 없어서가 아니라 다른 이유가 있는 것이 분명했습니다. 그 이유는 마을 사람들에게 문제가 있었기 때문이었습니다. 마을 사람들은 맹인을 동정해서 예수님께 데려온 것이 아니었습니다. 예수님이 맹인을 고칠 수 있는지 없는지를 시험하기 위해서 맹인을 데려 온 것입니다. 그리고 목을 길게 빼고서 예수님이 맹인을 고치는 것을 구경하였습니다. 그들은 예수님이 놀라운 기적을 행한다는 소문을 들었기 때문에 그 소문이 맞는지 틀리는지를 확인하기 위해 맹인을 예수님께 데려왔던 것입니다. 마치 마술을 관람하는 것처럼 예수님이 기적을 행하는 것을 볼거리로 삼았습니다. 예수님이 맹인을 고치면 잘했다면서 박수를 치고 훌륭한 선지자로 인정해 주려고 했던 것입니다. 마을 사람들은 맹인의 입장은 조금도 고려하지 않았고 기적을 행하는 예수님이 어떤 분인지에 대해서도 관심이 없었으며 오직 자신들의 호기심을 충족시키려고 하였습니다. 이들의 장단에 놀아나지 않으려고 예수님은 맹인을 동네 밖으로 데려가셨고 보이지 않는 곳에서 치료하셨습니다. 그리고 완치된 소경이 그들의 이야깃거리가 되지 않도록 하려고 동네에 들어가지 말라고 하신 것입니다.

이런 사람들은 2천 년 전의 뱃새다만이 아니라 오늘날 우리 주변에도 있습니다. 자신이 원하는 기적을 보여주면 하나님이 존재한다는 것을 믿겠다는 사람들입니다. 그러나 하나님은 그 사람들이 믿어줘야 할 만큼 궁색하고 못난 분이 아니십니다. 하나님은 창조주요 구속주요 통치주이시기 때문에 유한한 피조물인 사람들에게 자신의 실체를 인정받으려고 하지 않으십니다. 사람은 일시적이고 부분적이어서 자기 힘으로는 무한하시고 영원하신 하나님을 천만 분의 일도 파악할 수 없습니다. 이런 사람이 하나님을 존재와 사역을 실험하고 증명하겠다고 말하는 것은 마치 개미가 사람에 대해서 정의하겠다는 것과 같습니다. 그런데도 쥐꼬리만 한 자료와 지식으로 하나님은 이런 분이요 저런 분이라고 입방아를 찧습니다. 이들에게 판단과 놀림을 받지 않기 위해 예수님은 맹인을 마을 밖으로 데려가셨습니다. 눈을 뜬 맹인에게 마을에 들어가지 말고 집으로 가라고 하신 것도 마을에서 기다리고 있는 사람들의 제물이 되지 않도록 하기 위해서였습니다. 중요한 것은 맹인이 앞으로 어떻게 살아가느냐 하는 것이지 사람들의 가십거리가 되는 것이 아니었기 때문입니다.

둘째, 예수님은 맹인을 치료하실 때 왜 두 가지 방법을 사용하셨을까요? 예수님은 능력이 탁월하시기 때문에 눈에 침만 바르던지 아니면 안수만 하셔도 충분히 고칠 수 있으셨습니다. 백부장의 하인은 멀리 떨어진 곳에서 말씀만 하셨는데도 완쾌되었습니다. 그런데 본문의 맹인을 치료하실 때는 신중하게 처방하셨습니다. 예수님은 사람들의 믿음에 따라 다른 치료법을 사용하셨습니다. 백부장처럼 믿음이 좋은 사람은 그 자리에서 말씀으로 치료하셨고 회당장처럼 믿음이 약한 사람은 집에 찾아가서 딸을 살려내셨습니다.

그런데 본문의 맹인은 믿음이 전혀 없었습니다. 예수님에 대한 믿음도 없었고 예수님이 자신을 치료해 주실 수 있다는 믿음은 더욱 없었습니다. 왜냐하면 자신이 직접 예수님을 찾아온 것이 아니라 동네 사람들에게 끌려왔기 때문입니다. 사람들이 예수님께 맹인을 고쳐달라고 부탁하였지 맹인 자신이 고쳐달라고 요청하지 않았기 때문입니다. 당시 병자라면 누구나 관심 두고 있던 예수님을 전혀 모른 것을 보면 맹인은 눈만 장애를 가진 것이 아니라 영혼도 장애 상태였습니다. 예수님은 이 맹인에게 자신에 대한 관심과 믿음이 생기는 치료법을 시행하신 것입니다. 자신의 눈을 예수님이 치료하고 있다는 사실을 느낄 수 있도록 하려고 눈에 침을 뱉으셨습니다. 그래서 맹인이 나도 눈을 뜰 수 있다는 희망과 설렘을 갖게 하셨습니다. 그런 다음 예수님은 맹인의 머리에 안수하심으로서 사람의 의술이 아니라 하나님의 능력으로 치료받고 있다는 사실을 깨닫게 하셨습니다. 자신을 치료하시는 예수님은 하나님의 능력을 갖고 있는 분이라는 것을 알게 하셨습니다. 그래서 예수님에 대한 믿음과 경외가 생겨나게 하셨고 예수님을 자신의 구원자로 고백하고 영접할 수 있게 하셨습니다.

예수님은 의사들처럼 몸의 질병만이 아니라 죽은 영혼까지 살리려고 두 가지 방법을 사용하신 것입니다. 몸의 치료를 기회로 삼아서 영혼까지 치료하신 것입니다. 영혼이 구원받지 못하면 몸이 아무리 건강해도 지옥에 떨어지기 때문입니다. 그래서 맹인이 몸의 눈만이 아니라 영혼의 눈도 밝아져서 예수님이 메시아이신 것을 알아보고 믿고 섬길 수 있도록 영혼과 몸의 치료를 병행하신 것입니다.

셋째, 예수님은 맹인의 눈에 침을 뱉고 안수하신 후 맹인에게 무엇이 보이느냐고 물으셨습니다. 마치 의사가 눈을 수술한 후에 환자에게 뭐가 보이느냐고 묻는 것처럼 말입니다. 전에는 병자에게 이런 질문을 하신 적이 없었습니다. 침상에 누워있는 중풍 병자에게 일어나 네 침상을 가지고 집으로 돌아가라고 당당하게 말씀하셨습니다. 그렇다고 벌떡 일어나서 침상을 들고 걸어가는 사람을 불러서 병이 다 나았느냐고 물어보지 않으셨습니다.

그런데 본문의 맹인은 분명히 치료했으면서도 뭐가 보이느냐고 질문하셨습니다. 그 이유는 예수님이 맹인의 관심사를 바꾸기 위해서였습니다. 지금까지 맹인은 시각장애라는 악조건 때문에 살아남는 일에만 전념하였습니다. 어떻게 하면 사람들에게 더 많은 동정을 받아서 헐벗고 굶주리지 않을까만 궁리하였습니다. 이런 맹인에게 예수님은 영혼의 필요도 채워야 한다는 사실을 일깨워주신 것입니다. 이를 위해서는 육신의 눈만이 아니라 영혼의 눈도 떠야 한다는 것을 알려주려고 대화하신 것입니다.

2. 완전한 치료

예수님께서 맹인에게 무엇이 보이느냐고 하신 질문을 나에게 하신 질문이라고 생각하면서 나의 삶의 방식을 새롭게 점검하고 정립해야 합니다. 당장 눈에 보이는 것들만 추구하지 말고 영원히 필요한 것들을 궁극적인 목표로 세워야 하고 그 목표를 이루기 위해 생활적인 요소들을 수단으로 삼아야 합니다.

예수님의 질문에 대해 맹인은 "네, 모든 것이 보입니다. 당신도 보이고, 사람들도, 경치도 훤히 보입니다." 이렇게 말했다면 얼마나 좋았겠습니까? 그런데 맹인은 매우 엉뚱한 대답을 했습니다. "사람들이 보입니다. 나무 같은 것들이 걸어 다니는 것이 보입니다." 물론 맹인도 사람이었기 때문에 사람들의 생김새를 알고 있었을 것이므로 사람들이 보인다는 말에는 문제가 없습니다. 그런데 나무 같은 것들이 걸어 다닌다고 했습니다. 원래는 나무가 보인다고 하든지 나무 사이로 사람들이 걸어 다닌다고 말해야 합니다. 그런데 맹인은 나무 같은 것들이 걸어 다닌다고 함으로써 전혀 이치에 맞지 않는 말을 했습니다. 그 이유는 맹인이 사람과 나무를 구분할 수 있을 정도로 완치되지 않아서였습니다. 눈은 떴지만 시력이 회복되지 않았기 때문에 나무와 사람들이 희미하게 보여서 나무가 걸어 다닌다는 착각을 했던 것입니다. 따라서 눈이 기능을 제대로 발휘하기 위해서는 시력이 정상으로 돌아와야 했습니다.

사람들의 시력은 다양한데 젊은이는 가까운 것은 잘 보지만, 늙은이는 먼 것을 잘 봅니다. 어떤 사람은 색깔을 잘 구분하지 못하는가 하면, 어떤 사람은 사물이 흐릿하거나 겹쳐서 보기도 합니다. 이처럼 사람들의 시력에 문제가 있기 때문에 이것을 교정하기 위해 안경을 쓰기도 하고, 수술을 하기도 합니다. 그러면 시력이 좋아지면 모든 것을 밝히 볼 수 있습니까? 그랬으면 좋겠지만 실제로 사람은 모든 것을 객관적이고 공평하게 보지 않습니다. 자신이 애정을 갖고 있는 것은 세밀하게 살피지만 그렇지 않은 것은 잘 보여도 외면합니다. 왜냐하면 사람은 유한해서 일부분밖에 볼 수 없고 이기적이어서 자기가 원하거나 좋아하는 것만 골라서 보기 때문입니다. 이런 행위는 눈에 보이는 것만이 아니라 귀에 들리거나, 맛을 느끼거나, 냄새를 맡거나, 피부로 접촉할 때도 나타납니다. 사람은 자신에게 유리한 것은 틀렸어도 받아들이고 자신에게 불리한 것은 정당해도 거부합니다. 이처럼 사람은 자신의 입장에서 모든 것을 보고 파악하며 취하거나 버리기 때문에 사람은 매우 주관적이고 편협합니다.

따라서 나는 이렇게 보고 저렇게 생각한다고 말해야지 내가 보는 것은 다 옳고 네가 하는 생각은 잘못되었다고 말해서는 안 됩니다. 모든 것을 전체적이고 내면까지 보시면서 옳고 그름이나 유익과 유해를 정확하게 판단하시는 분은 하나님뿐이기 때문입니다. 사람은 접촉하는 대상만 부분적으로 볼 뿐이지 그 대상의 속이나 그 대상의 의미나, 그 대상과 직간접으로 관련된 것은 보지 못합니다. 그래서 사람들이 멀리 있는 것을 보기 위해 망원경을 만들었고 작은 것을 볼 때는 현미경을 사용합니다. 게다가 사람은 자기중심적이라서 자기가 보고 싶어하는 것만 보기 때문에 어떤 사건이나 자료에 대해서도 중립의 관점에서 접근하는 것이 아니라 자신에게 유리한 쪽으로 꿰맞춥니다. 형식은

육하원칙에 따라서 이것 저것을 보고 말하지만 결론은 내가 원하는 쪽으로 내립니다. 중요한 것은 사실이나 진리가 아니라, 나의 이익과 만족이기 때문이다. 사람들이 주장하는 내용들은 전제에서 출발해서 전제로 끝냅니다. 따라서 그것의 옳고 그름이나 유익이나 유해를 파악하기 위해서는 전제를 붙잡고 씨름해야 합니다.

한 유명한 작가가 모자를 사기 위해 어느 항구에 있는 모자 가게에 들어갔습니다. "어서 오십시오." 가게 주인이 정중하게 인사를 한 다음 손님의 모습을 쳐다보았습니다. 다른 곳이 아니라 손님의 머리를 보더니 매우 실망했다는 표정을 감추지 못했습니다. 이 작가는 몸이 왜소했고, 머리가 작았기 때문입니다. 그래서 주인은 이 손님이 무슨 일을 하는지에 대해서 알아보지도 않고 큰 모자들을 가리키면서 말했습니다. "저 모자들은 거대한 배의 선장들이 쓰는 것들입니다. 모자의 크기가 배의 크기를 결정하지요." 이 말은 머리통이 크면 머리가 좋아서 위대한 분이지만, 머리통이 작으면 머리가 나빠서 하찮은 사람이라는 뜻입니다. 이런 말을 유명한 작가가 들었으니 얼마나 기분 나빴겠습니까? 그래서 한마디 했습니다. "코끼리의 머리통은 당신의 머리보다 열 배나 크지만, 그 머리에 들어 있는 뇌는 당신의 뇌의 절반도 안 됩니다." 그러니 껍데기만 보면서 사람을 평가해서는 안 된다는 것이요, 자신이 알고 있는 것들이 진짜인지 가짜인지도 모른 채 마구 주장해서는 안 된다는 것을 충고했던 것입니다. 이런 약점이 있기 때문에 사람은 시력만이 아니라 관점도 치료받아야 합니다. 협소하고 편파적인 관점을 버리고 전체를 동시에 보시는 하나님의 관점을 가져야 합니다. 하나님은 거대한 우주만이 아니라 미생물까지 보고 계시고 인간의 역사를 태초부터 종말까지 동시에 보고 계십니다. 하나님의 관점으로 모든 것을 보면 바르게 알 수 있습니다. 그렇다면 어떻게 해야 유한한 사람이 무한하신 하나님의 관점을 가질 수 있을까요? 하나님의 말씀을 통해서 하나님의 관점을 배우면 됩니다. 말씀은 하나님이 영의 세계와 물질의 세계를 창조하셨고 그것들을 자신의 뜻대로 운영하시는 중에 나를 창조하셔서 현재의 시간과 공간에 배치하셨다고 말합니다. 그리고 예수님의 죽음과 부활을 통하여 나를 자녀로 삼으셨고 현재 이곳에서 사명을 행하도록 일꾼으로 세우셨다고 덧붙입니다. 이처럼 말씀은 내가 전체와 개체를 균형 있게 보고 파악하게 해줍니다. 내가 모든 것을 바르게 보고 판단하기 위해서는 나의 생각과 감정을 버리고 말씀이 알려주는 내용을 받아들여야 합니다.

사람은 죄성을 갖고 있어서 자신의 관점을 말씀의 관점으로 바꾸기가 쉽지 않습니다. 특히 오늘날 세상을 지배하고 있는 진화론이나 포스트모더니즘은 하나님의 존재를 부정하기 때문에 말씀의 권위도 인정하지 않습니다. 그래서 세상 사람들이 말씀의 관점이 옳고 유익함에도 불구하고 무시하거나 외면하는 것입니다. 그리고 사람들이 인생을 수십 년 동안 살다 보면 다양한 것을 배우고 경험하게 되는데 그것을 자신의 관점으로 삼을 뿐만 아니라 자신의 정체성으로 여깁니다. 이런 형편이기 때문에 말씀이 가르쳐주는 하나님의 관점을 갖는 것을 기대할 수 없습니다. 그렇다고 그들이 말씀보다 우월하고 완전한 관점을 제시하는 것도 아니면서 삐딱하게 행동하기 때문에 답답할 따름입니다. 이런 문제 때문에 사람은 예수님께 시력을 치료받아야 하고 하나님의 관점으로 바꿔야 합니다. 그래서 예수님은 사람과 나무를 구분하지 못하는 시각장애인에게 다시 안수하셨고 그 결과 맹인은 모든 것을 밝히 보게 되었던 것입니다. 나무들이 길옆에 서 있는 것과 그 길로 사람들이 걸어 다니는 것을 구별할 수 있었습니다. 생활하는 데 불편이 없었고 새로운 생활에 적응할 수 있었습니다. 또한 치료의 과정을 통해서 예수님이 누구인지 알게 되었고 그 예수님을 자신의 구원자와 하나님으로 영접하였습니다. 그래서 장애는 잃었고 영생은 얻었습니다. 이런 상태로 하나님을 바라보면서 감사와 찬송을 드렸고 세상을 바라보면서 감격과 기쁨을 느꼈습니다. 이제부터는 다른 사람들을 의지하지 않고 스스로의 힘으로 노동하고 봉사하면서 살았습니다. 그러니 맹인은 예수님을 만나서 얼마나 큰 복을 받았는지 모릅니다. 비록 자신이 원해서가 아니라 동네 사람들에게 이끌려서 예수님을 만났지만 예수님으로부터 치료받고 구원받았으니 그야말로 최고의 행운아가 아닐 수 없었습니다. 그러면서 사람들에게 여러분도 나처럼 예수님을 만나서 몸과 영혼이 변화되고 인생이 향상되는 복을 받으라고 권면하고 있습니다.

맹인처럼 우리도 예수님을 통해서 영혼의 눈을 떴기 때문에 영혼의 시력이 더 좋아지기 위해서 힘써야 합니다. 시력이 좋아야 사람과 나무를 헷갈리지 않을 수 있고 모든 것을 밝히 보고 확실히 알아야 잘못된 결정을 하지 않을 수 있습니다. 또한 못된 사람들에게 속지 않을 수 있고 나를 향한 하나님의 뜻과 방법을 선명하게 깨달아서 행할 수 있습니다. 세상 사람들은 영적으로 맹인이기 때문에 영혼의 시력을 관리할 필요가 없지만 성도들은 영혼의 눈이 뜨였기 때문에 잘 볼 수 있도록 업그레이드해야 합니다. 혹시라도 영혼이 죄성의 영향을 받아서 세속적인 관점을 갖지 않도록 경계해야 하고 모든 것을 하나님의 관점으로 볼 수 있도록 계속 말씀을 읽고 듣고 행해야 합니다. 혹시 왜곡된 가르침으로 말씀을 배워서 인격과 사역에 문제가 생겼다면 과감하게 시각을 교정해야 합니다. 정통신학으로 말씀을 배워서 올바른 시각과 안목을 가져야 합니다. 만약 신앙생활 하는 과정에서 영혼이 시력이 약해져서 하나님 나라는 보이지 않고 세상 나라만 좋아하고 있다면 재빨리 보는 대상을 바꿔야 합니다. 나의 관점이 아니라 하나님의 관점으로 모든 것을 보고 생각해야 합니다. 말씀을 통해서 하나님이 어떤 분이시고 무슨 일을 하셨으며 나와 어떤 관계가 있는지에 대해서 앎으로써 하나님에 대한 경외와 신비로움을 느껴야 합니다. 말씀으로 나의 기원과 존재의 목적을 파악해야 하고 그것에 근거해서 인생을 꾸려나가야 합니다. 하나님이 나를 만드시고 달란트를 주셨으며 현재 이곳에서 생활하게 하신 것에 부응해야 합니다. 그래서 하나님을 기쁘게 해드리고 사람들을 복되게 해야 합니다. 그것들 때문에 마음의 기쁨과 육신의 강건함과 생활의 윤택함과 미래의 영광을 누려야 합니다. 이것이 내가 하나님의 관점을 갖고서 그 관점에 걸맞게 살아가는 것에 대해 주어지는 보상이기 때문입니다. 그러므로 하나님의 시각으로 모든 것을 보면서 항상 기뻐하고 범사에 감사하며 살아야 합니다.

죄성이나 환경의 영향을 받아서 나의 관점으로 나를 보면서 열등감이나 자괴감을 느끼거나 다른 사람들을 보면서 잘못 되었다고 비판하거나 정죄한다면 깜짝 놀라서 하나님의 시각을 회복해야 합니다. 모든 것을 부정적으로 보는 것은 마귀의 종이며 세상살이를 전부라고 믿는 사람들이 갖는 관점이기 때문입니다. 하나님의 자녀는 마땅히 아버지의 시각으로 모든 것을 보고 판단해야 합니다.

아버지께서 인간과 우주를 태초부터 종말까지 보시는 것처럼 우리도 그 시각으로 나의 주변에서 일어나는 크고 작은 사건들을 바라보아야 합니다. 그것들에 휘말리지 말고 하나님처럼 높은 곳에서 내려다보고, 멀리 내다보아야 합니다. 그러면 어떤 일이 생겨도 차분하고 긍정적이며 여유롭게 살 수 있습니다. 세상이 혼란스럽거나 자연환경에서 재난이 발생하거나, 사람들과의 관계가 나빠지거나, 실패나 사고를 당할지라도 하나님은 모든 것들을 아우르셔서 결과적으로 좋은 것을 나에게 주실 것이라는 믿음이 있기 때문입니다. 그러면 하나님이 나를 위해 행하실 일에 대해서도 기대할 수 있습니다.

20

청지기의 보험

누가복음 16:1-9

또한 제자들에게 이르시되 어떤 부자에게 청지기가 있는데 그가 주인의 소유를 낭비한다는 말이 그 주인에게 들린지라 주인이 그를 불러 이르되 내가 네게 대하여 들은 이 말이 어찌 됨이냐 네가 보던 일을 셈하라 청지기 직무를 계속하지 못하리라 하니 청지기가 속으로 이르되 주인이 내 직분을 빼앗으니 내가 무엇을 할까 땅을 파자니 힘이 없고 빌어 먹자니 부끄럽구나 내가 할 일을 알았도다 이렇게 하면 직분을 빼앗긴 후에 사람들이 나를 자기 집으로 영접하리라 하고 주인에게 빚진 자를 일일이 불러다가 먼저 온 자에게 이르되 네가 내 주인에게 얼마나 빚졌느냐 말하되 기름 백 말이니이다 이르되 네 증서를 가지고 빨리 앉아 오십이라 쓰라 하고 또 다른 이에게 이르되 너는 얼마나 빚졌느냐 이르되 밀 백 석이니이다 이르되 여기 네 증서를 갖고 팔십이라 쓰라 하였는지라 주인이 이 옳지 않은 청지기가 일을 지혜 있게 하였으므로 칭찬하였으니 이 세대의 아들들이 자기 시대에 있어서는 빛의 아들들보다 더 지혜로움이니라 내가 너희에게 말하노니 불의의 재물로 친구를 사귀라 그리하면 그 재물이 없어질 때에 그들이 너희를 영주할 처소로 영접하리라 옛날에 한 젊은이가 있었습니다. 집안이 가난했기 때문에 공부를 많이 하지 못했고 짱짱한 인맥이 없어 출세하기도 힘들었습니다. 그러나 좋은 머리와 건강한 몸을 갖고 있었기 때문에 성공을 쉽사리 포기할 수 없었습니다. 그는 부잣집에 들어가서 열심히 일해서 지배인이 되려고 하였습니다. 주인의 재산을 모두 관리할 수 있고 주인의 하인들을 부리면서 살 수 있기 때문입니다. 젊은이는 한 부잣집에 취직했고 밤낮을 가리지 않고 부지런히 일했습니다. 일이 년이 아니라 십여 년이 지나도록 열심히 일했기 때문에 주인의 눈에 들게 되었습니다. 젊은이는 30대 중반에 그 집에서 제일 높은 청지기로 임명받았고, 주인의 살림살이를 모두 맡아서 운영하게 되었습니다. 그러자 청지기는 너무도 기뻐서 어쩔 줄 몰랐습니다. 주인의 기대에 어긋나지 않도록 일꾼들을 독려하고 재테크를 잘해서 주인의 재산을 점점 늘려나갔습니다. 창고마다 곡식을 잔뜩 쌓았고 많은 사람에게 돈을 빌려주고 이자를 꼬박꼬박 받았습니다. 이처럼 경영을 잘하자 주인은 청지기를 완전히 신뢰하고서 아무것도 간섭하지 않았습니다. 덕분에 청지기는 주인처럼 행세할 수 있었습니다.

1. 청지기의 보험

그런데 이 청지기는 자신의 목표가 이루어지자 긴장이 풀리기 시작했고 이제 성공했다는 생각이 들자 허탈감이 생겼습니다. 이 위치에 오르기까지 엄청난 고생을 했으니 이제는 충분히 누리면서 살아야겠다는 보상심리도 꿈틀거렸습니다. 그래서 인생을 즐기기 위해 유흥가를 찾았습니다. 그랬더니 예쁜 아가씨들이 청지기에게 지극 정성으로 서비스하였습니다. 기분이 너무 좋아진 청지기는 돈을 마구 뿌리면서 향락에 빠져들었습니다. 그런데 이런 생활을 몇 달 동안 계속하자 돈이 떨어졌습니다. 그렇다고 이미 중독된 향락을 그만둘 수 없어서 공금에 손을 대기 시작했고 이중장부를 만들어서 돈을 빼돌린 것을 숨겼습니다. 그러나 꼬리가 길면 밟힌다고 청지기가 방탕한 생활을 한다는 소문이 주인에게 들어가고 말았습니다. 주인이 처음에는 그 소문을 믿지 않았지만 사실을 확인해보기 위해 청지기에게 업무를 보고하라고 지시했습니다. 청지기는 횡령이 들통날 것 같았고 주인집에서 쫓겨날 것 같았습니다. 그래서 이 난관을 타개하기 위해 머리를 굴리기 시작했고 결국 살길을 찾아냈습니다. 그것은 실업보험에 가입하는 것이었습니다. 다른 직장들은 횡령한 사람을 받아주지 않을 것이고 청지기는 재산을 향락에 쏟아부었기 때문에 사업할 수 있는 밑천이 없었습니다. 청지기가 살아갈 방법은 실업보험을 들어 실직했을 때 보험금을 탈 수 있었습니다. 청지기는 다음 날 보험회사 직원이 아니라 자신이 돈을 빌려준 사람들을 불렀습니다. 물론 그 돈은 자신의 것이 아니라 주인의 돈이었지만 자신이 빌려주고 받을 권력을 갖고 있었습니다. 청지기는 빚쟁이들에게 질문했습니다. "자네는 돈을 얼마나 빌려 갔는가?"

"천만 원입니다." "그렇다면 이 차용증서에다 500만 원이라고 쓰게." 갑자기 빚을 절반이나 깎아 준다고 말하자 빚쟁이는 영문을 몰라서 멍하니 서 있었습니다. 그러나 빚을 깎아 준다는데 싫은 사람이 있겠습니까? 그래서 새로운 차용증서에 500만 원이라고 적었습니다. 그리고 빚을 줄여준 것이 너무도 고마워서 청지기에게 열 번이나 절을 하고 돌아갔습니다. 청지기는 다른 빚쟁이들에게도 똑같이 빚을 깎아 주었습니다. 그날 청지기에게 은혜를 입은 사람은 100여 명이었고 금액은 수십억 원이었습니다. 그 결과 주인이 갖고 있던 재산이 상당히 축나고 말았습니다. 그러니 청지기는 여러모로 주인에게 손해를 끼친 셈이었습니다. 공금을 빼돌려서 향락에 탕진하면서 손실을 입혔고 비리가 발각될 것 같아서 빚쟁이들의 빚을 왕창 깎아 줌으로써 손실을 끼쳤습니다. 주인에게 쫓겨난 후에 먹고 살기 위해서였습니다. 실업자가 된 후에 보험금을 타 먹기 위해서 옛날 방식으로 실업보험을 든 것입니다.

이 보험의 성격에 대해서 4절이 이렇게 설명합니다. "내가 할 일을 알았도다. 이렇게 하면 직분을 빼앗긴 후에 사람들이 나를 자기 집으로 영접하리라." 이처럼 청지기는 청지기 직분을 빼앗긴 후를 대비해서 보험에 들었습니다. 물론 당시에는 보험회사도 없었고 연금제도도 시행하지 않았습니다. 그래서 청지기는 스스로 실업보험 제도를 만들어 빚쟁이들의 빚을 왕창 깎아준 것이었습니다. 그래서 백수가 된 다음에 그 사람들의 도움을 받는 것이었습니다. 천만 원의 빚을 절반이나 깎아주었으니 오백만 원은 아니어도 백만 원 정도는 청지기에게 주지 않겠습니까? 100여 명의 사람에게 도움을 받으면 작은 가게라도 차릴 수 있어서 이런 잔머리를 굴렸던 것입니다.

예수님은 청지기에 대해 청지기가 못됐다는 것은 인정하셨지만 청지기의 행위를 칭찬하셨습니다. 그 이유는 청지기가 매우 지혜로운 일을 하였기 때문입니다. 그것은 자신의 미래를 준비한 것이었습니다. 아직 시간이 있고 능력이 있을 때 불확실한 장래를 위해 뭔가를 한 것이었습니다. 당장 먹고 사는 것만 씨름한 것이 아니라 반드시 닥쳐올 미래를 생각하면서 대비하였습니다. 언제까지나 일할 수 없다는 사실을 알고서 은퇴한 후를 위해 미리 실업보험을 들었습니다. 이 점을 주님께서 칭찬하신 이유는 생각보다 많은 사람이 미래를 준비하지 못하기 때문입니다. 어떤 사람은 수입이 적어서 저축하지 못하고, 어떤 사람은 명품을 사는 바람에 돈을 모으지 못합니다. 어떤 사람은 일확천금을 얻기 위해 도박에 중독되고 어떤 사람은 남들에게 기죽지 않으려고 카드를 긁다가 빚더미에 앉습니다. 이처럼 미래를 생각하지 않고 사는 사람들이 많은 세상에서 청지기는 미래를 위해 보험에 들었기 때문에 예수님께서 칭찬하신 것입니다.

이어서 예수님은 청지기를 성도들과 비교하면서 지혜롭다고 평가하셨습니다. "이 세대의 아들들이 자기 시대에 있어서는 빛의 아들들보다 더 지혜로움이니라"(8절). 이 세대의 아들들이란 하나님을 믿지 않는 사람들을 가리킵니다. 자기 시대란 현재의 세상살이를 뜻합니다. 빛의 아들들이란 하나님을 믿는 사람들을 가리킵니다. 이 말씀을 오늘날에 맞게끔 의역합니다. "이 세상을 살아가는 방식에 있어서는 세상 사람들이 성도들보다 더 지혜롭다." 세상에서 성공하고 형통하는 일에 있어서 더 지혜롭습니다. 그 이유는 세상 사람들은 세상살이가 전부라고 믿기 때문에 이 세상에서 잘 살기 위해 최선을 다하기 때문입니다.

성공하기 위해 온갖 아이디어를 짜내고 그 아이디어를 실현하기 위해 정신없이 일하기 때문에 번영하는 것입니다. 반면 성도들은 세상을 순례자로서 살기 때문에 하나님이 내 생활을 책임져 주실 것이라는 믿음 때문에 성공에 그다지 집착하지 않습니다. 그래서 하늘을 쳐다보며 사는 성도들보다 땅에 올인하는 사람들이 더 잘 사는 것입니다. 그러나 예수님께서 칭찬하신 청지기의 지혜는 미래를 준비하는 것이었지 세상에서 부귀영화를 누리는 것이 아니었습니다. 사람은 반드시 늙고 노쇠해진다는 사실을 기억하고서 그때를 대비하라는 것이었습니다. 지금 많은 것을 소유하고 누린다고 해서 계속 잘나갈 것이라고 착각하지 말고 언제 어디서 어떻게 불어올 태풍에 날아가지 않도록 미리 절제하고 단속해야 합니다. 이것이 인생을 지혜롭게 사는 것이지눈앞에 보이는 것들만 좋아하고 쫓아다니는 것은 어리석게 사는 것입니다.

2. 영생보험

예수님은 결론을 내리셨습니다. "너희에게 말하노니 불의의 재물로 친구를 사귀라 그리하면 그 재물이 없어질 때에 저희가 영원한 처소로 너희를 영접하리라"(9절). 이 말씀처럼 가장 중요한 보험은 영원한 처소로 인도해 주는 보험입니다. 쉽게 말해서 영원한 생명을 주는 보험입니다. 이 세상에는 보험의 종류가 아주 많습니다. 교육보험, 재해보험, 건강보험, 여행보험 등입니다. 그런데 수많은 보험 중에 영생보험은 없습니다. 사람에게 영생을 줄 수 있는 보험회사가 없기 때문입니다. 이 영생은 오직 예수님만이 주실 수 있습니다. 예수님만이 자기희생을 통하여 죽음을 죽이시고 부활하셨기 때문입니다.

그렇다면 어떻게 해야 예수님의 친구가 되어서 영생보험에 들 수 있을까요? 그 방법은 재물을 사용하는 것입니다. 사람들이 친구를 사귀는 방법의 하나는 돈을 쓰는 것입니다. 다른 사람이 어려움을 당할 때 물질로 도와주면 둘도 없는 친구가 되고 낯선 사람도 친절하게 대접해주면 금방 가까워집니다. 따라서 상대방을 나의 친구로 삼기 위해서는 말만 잘해서는 안 되고 재물을 투자해야 합니다. 밥이라도 사주고, 선물이라도 주어야 상대방이 좋아하면서 마음 문을 열지 말만 해서는 친해지지 않습니다. 마찬가지로 예수님과 친구가 되려면 시간과 물질과 노력을 바쳐서 예수님에게 관심을 가져야 하고 예수님에 대해서 알아야 하며 예수님과 관계가 맺어지기 위해서 힘써야 합니다. 예수님과 친구가 되어야 예수님께 영생을 선물 받아서 영원히 살 수 있습니다. 혹시 사람들이 재물을 목숨처럼 소중하게 여긴다고 해서 그 재물을 아까워해서는 안 되고 예수님을 친구로 사귀는 일에 투자해야 합니다. 그래야 영생을 소유할 수 있습니다.

왜 예수님은 불의한 재물로 친구를 사귀라고 하셨을까요? 청지기가 친구를 사귀었던 재물은 자신의 것이 아니라 주인의 것이었습니다. 주인의 재물을 내 것인 것처럼 내 맘대로 사용했기 때문에 불의한 재물이 된 것입니다. 우리는 청지기처럼 주인의 재물을 훔치지 않았습니다. 내가 갖고 있는 재물은 내가 땀 흘려서 받은 대가입니다. 그런데 어차피 사람들이 소유하는 있는 재물은 모두 불의합니다. 왜냐하면 재물이 더러워서가 아니라 사람들의 소유의식이 잘못되었기 때문입니다.

이 세상에 존재하는 것들은 하나님이 만드셨습니다. 따라서 나 자신을 포함하여 모든 것의 주인은 하나님이십니다. 사람은 하나님이 주신 것들을 잠시 활용하는 청지기일 뿐입니다. 그런데도 사람들이 내 능력과 노력으로 소유했다고 해서 내 것으로 생각하기 때문에 불의한 것입니다. 나의 능력과 노력도 하나님이 주신 것입니다.

그렇다면 왜 예수님은 사람들의 잘못된 소유의식을 버리고 청지기의식을 가지라고 명령하지 않으시고 불의한 재물로 자신을 사귀라고 말씀하셨을까요? 사람들이 주인의식은 잘못되었다는 것을 알고서 청지기의식으로 바꾼다면 좋겠지만 현재의 상태에서는 그것이 불가능하기 때문입니다. 세상 사람들은 하나님의 존재를 인정하지 않고 하나님의 창조도 믿지 않습니다. 그런데 사람들이 예수님을 친구로 사귀게 되면, 자신을 비롯하여 모든 것을 예수님이 창조하셨다는 사실을 믿게 되고 그러면 주인의식이 잘못되었다는 것을 깨닫게 되며 청지기의식을 갖기 위해 힘쓰게 됩니다. 그래서 예수님은 먼저 불의한 재물로 친구를 사귀라고 말씀하셨던 것입니다. 그러면 소유에 대한 의식이 바뀔 것을 아셨던 것입니다. 이런 점에서 내가 소유에 대해 어떤 의식을 갖고 있느냐를 기준으로 삼아 예수님과 진정으로 사귀었느냐, 사귀지 못하였느냐를 판단할 수 있습니다. 진정으로 사귀었으면 청지기의식을 갖고서 예수님을 주인으로 섬길 것이기 때문입니다.

나는 영생보험회사의 직원이기 때문에 여러분에게 영생보험에 들 것을 강력하게 권합니다. 영생보험이 좋은 이유는 보장의 범위가 아주 넓고 길기 때문입니다. 세상의 보험은 보장의 범위와 정도가 한정되어 있습니다. 교육보험은 자녀가 대학에 들어갈 때만 돈을 주지 교통사고가 났다고 해서 돈을 주지 않습니다. 그러나 영생보험은 나의 생활에 필요한 것들을 제공하고 죽을 때는 영생을 안겨줍니다. 이처럼 영생보험은 현세와 내세를 책임져주기 때문에 얼마나 좋은지 모릅니다. 이렇게 좋은 영생보험에 드는 방법은 매우 쉬워서 누구나 가입할 수 있고 가입하자마자 곧바로 혜택을 받게 됩니다. 이 보험은 나이나 성별, 학벌이나 직업을 따지지 않고 받아주기 때문입니다.

예수님과 친구가 됩니다. 예수님과 친구가 되는 방법은 예수님을 나의 구원자요, 나의 하나님으로 믿고 섬기는 것입니다. 예수님은 부활이요 생명이라서 자신을 믿는 사람들을 살려내시기 때문입니다. 그들에게 생명 에너지를 공급해 주어서 영생하게 해주시기 때문입니다. 내가 예수님을 믿으면 그 믿음이 나와 예수님을 하나로 묶어주어서 남남이던 나와 예수님을 친구 사이로 바꿔놓습니다. 내가 예수님과 함께 살아가게 해줍니다. 예수님은 나에게 사랑과 은혜를 베푸시고 나는 예수님께 감사와 찬송을 드림으로써 친밀한 관계를 유지하게 해줍니다. 그러면 예수님은 나에게 복을 내려주시고 나는 예수님께 감사와 경배를 드리게 됩니다. 이런 결과를 얻게 해주는 것이 영생보험이기 때문에 내가 가진 모든 것을 바쳐서 가입해야 합니다. 그런데 요즘 사람들은 생활의 보험은 많이 들지만 영생의 보험에 관해서는 관심이 없습니다. 세상이 복잡하고 빠르게 돌아가기 때문에 언제 어떤 재난을 당할지 몰라서 보험이 필요하다는 것은 인정합니다. 그래서 형편이 어려워도 이런저런 보험을 들 뿐만 아니라 노후에 안전하게 살기 위해 연금도 붓습니다. 그런데 사람들이 이 세상에서의 생활을 위해서만 보험을 들지 저세상에서의 생활을 위해서는 보험을 들려고 하지 않습니다. 죄성에 의해 영혼의 눈이 멀어서 신령한 것들을 보지 못하고 진화론과 물질주의에 사로잡혀서 세속적인 것들만 전부라고 여기기 때문입니다. 또 경쟁이 심한 세상에서 힘들게 번 돈으로 생존하기도 빠듯한데 죽음 이후를 대비한다는 것은 사치라는 생각이 들어서입니다. 그러나 이 세상에서 천년만년 산다면 생활보험으로 충분하겠지만 잠시 후에는 떠나야 하므로 저 세상에 대한 보험을 들어놓아야 합니다. 죽음은 추상적인 것이 아니라 현실이므로 죽었을 때 당황하지 않으려면 보험이 필요하기 때문입니다.

우리는 영생보험이 매우 중요하고 필수적이라는 믿음을 가져야 합니다. 예수님이 만드신 영생보험만이 나의 생명과 행복을 영원히 보장해준다는 확신도 가져야 합니다. 그 보험에 가입한 것 때문에 어떤 상황에서도 안도감을 느껴야 하고 무슨 일을 하든지 자신감을 느끼면서 행해야 합니다. 왜냐하면 가입한 영생보험은 완전하고 풍성해서 최고의 혜택을 끝없이 주기 때문입니다. 오늘날 많은 종교가 포스트모더니즘의 비호 아래 영생보험을 팔고 있지만 그들은 영생을 줄 수 있는 조건을 전혀 갖추지 못했습니다. 사람에게 영생을 주기 위해서는 죽음을 이겨야 하는데 어떤 종교의 교주도 죽지 않거나 죽은 후에 다시 살아나지 못했기 때문입니다. 그래서 그들은 생명이 아니라 죽음만을 갖고 있으면서도 영생보험을 팔고 있기 때문에 사기 치는 것입니다. 그런데도 사람들이 분별력이 없어서 그들의 영생보험에 가입하고 있으니 얼마나 속상한지 모릅니다. 영생보험은 가입만 해서는 안 되고 계속해서 보험료를 납부해야 합니다. 보험료를 내지 않으면 보험이 무효가 됩니다. 혹시 예수님의 은혜로 보험이 깨지지 않을지라도 변고가 생겼을 때 보험금을 충분히 받을 수 없습니다. 보험을 드는 이유는 손실을 보았을 때 그 손실을 변상받기 위해서 입니다. 그런데 이런 변상을 받으려면 평소에 보험료를 꼬박꼬박 내야 합니다. 그렇지 않으면 아무리 어려운 일을 당해도 보험으로부터 도움을 받을 수 없습니다. 따라서 성도들은 다른 씀씀이를 줄여가면서라도 영생보험금은 착실히 납부해야 합니다. 납부하는 방법은 주님이 나에게 주신 달란트로 나에게 주신 사명을 행하는 것입니다. 달란트는 내가 가진 능력과 조건이요, 사명은 가정과 교회와 사회에서 열심히 일하고 섬기는 것입니다. 이런 수고와 봉사를 일이 년이 아니라 평생 해야 하고 여기에 헌신과 희생도 더해야 합니다. 이것이 영생보험료를 내는 방법이고 유사시에 보험료를 탈 수 있는 방편이며 항상 든든하고 활기차게 살 수 있는 수단입니다.

대마불사요, 대기업 불패라는 말이 있습니다. 대기업이 망하면 국가 경제가 나빠지기 때문에 대기업이 흔들리면 국가가 막대한 돈을 지원해서 부도나지 않게 하는 것입니다. 그래서 사람들이 대기업을 신뢰하면서, 대기업의 보험에 많이 가입하셨습니다. 그런데 지난 2008년 금융위기 때 세계에서 가장 큰 보험회사인 영국의 AIG가 망하고 말았습니다. 이것을 보면서 연약하고 부패한 인간이 운영하는 보험회사를 너무 믿어서는 안 된다는 교훈을 얻었습니다. 그러므로 사람들의 보험을 너무 의지하지 말고 예수님께서 운영하시는 보험을 신뢰하고 의존해야 합니다. 세상의 보험을 많이 들어놓았기 때문에 마음 놓고서 신앙생활을 게을리하는 것이 아니라 예수님께 보험을 들어놓았기 때문에 세상의 보험을 대수롭지 않게 여겨야 합니다. 예수님께서 나를 이 세상에서 안전하게 지켜주시고 저세상에서 영생을 주실 것이라는 믿음을 갖고서 당당하게 신앙생활 해야 합니다. 자신을 제물로 삼을 만큼 나를 사랑하시는 예수님께서 나를 무한대로 책임지실 것이라는 확신을 갖고서 즐겁게 일하고 섬겨야 합니다.

21

두 개의 왕국

사도행전 13:17-23

이스라엘 백성의 하나님이 우리 조상들을 택하시고 애굽 땅에서 나그네 된 그 백성을 높여 큰 권능으로 인도하여 내사 광야에서 약 사십 년간 그들의 소행을 참으시고 가나안 땅 일곱 족속을 멸하사 그 땅을 기업으로 주시기까지 약 사백오십 년간이라 그 후에 선지자 사무엘 때까지 사사를 주셨더니 그 후에 그들이 왕을 구하거늘 하나님이 베냐민 지파 사람 기스의 아들 사울을 사십 년간 주셨다가 폐하시고 다윗을 왕으로 세우시고 증언하여 이르시되 내가 이새의 아들 다윗을 만나니 내 마음에 맞는 사람이라 내 뜻을 다 이루리라 하시더니 하나님이 약속하신대로 이 사람의 후손에서 이스라엘을 위하여 구주를 세우셨으니 곧 예수라 바울은 이스라엘의 역사를 설명하면서 하나님을 주어로 삼았습니다. 하나님은 이스라엘을 자기 백성으로 택하셨고 그들이 애굽에서 노예 생활할 때 구해내셨으며 광야에서 율법을 주셨고 가나안 땅에서 살게 하셨습니다. 그리고 450년 동안 사사를 주셨다가 백성이 왕을 구하자 사울을 왕으로 임명하셨습니다. 그런데 하나님은 40년 만에 사울왕을 폐하시고 다윗을 왕으로 세우셨습니다. 그 다윗을 아주 좋아하시더니 다윗을 통하여 구원자 예수님을 보내주셨습니다. 이처럼 바울은 하나님이 이스라엘을 선택하셨고 구속하셨으며 통치하시기 때문에 이스라엘은 하나님의 소유라는 사실을 강조하였습니다. 따라서 사울 왕은 이스라엘의 주인이 아니라 하나님께 통치를 위탁받은 청지기에 불과합니다. 청지기는 자기 뜻대로 백성을 통치하는 것이 아니라 하나님의 율법대로 백성을 다스려야 합니다. 이것이 사울의 왕국과 다윗의 왕국을 이해하는 열쇠가 됩니다. 본래 군주제는 왕위를 세습하기 때문에 사울이 죽으면 그의 아들이 왕이 되어야 합니다. 그런데 하나님은 사울의 왕조를 멸하시고 새롭게 다윗의 왕조를 일으키셨습니다. 하나님은 이렇듯 혁명적인 조치를 하셨습니다.

1. 사울의 왕국

본문 22절에 따르면 사울은 하나님의 마음에 맞지 않았습니다. 사울은 이스라엘이 하나님의 백성이기에 하나님이 주신 율법대로 통치해야 한다는 사실을 알지 못하였고 이 사실을 가르쳐주는 선지자의 말도 듣지 않았습니다. 그리고 자기 맘대로 나라를 다스렸기에 하나님이 싫어하셨던 것입니다. 오늘날은 교회와 국가가 분리되어 있습니다. 교회는 복음을 전하여 사람들을 구원하는 일을 하고 신자들을 보살피는 일을 합니다. 국가는 국민을 안전하게 보호하고 복지를 챙겨주는 일을 합니다. 그러나 구약시대에 이스라엘은 교회와 국가가 겹쳐 있는 신정국가였습니다. 따라서 사울은 이스라엘을 세상의 국가들처럼 통치하는 것이 아니라 백성이 하나님을 잘 섬기도록 율법을 가르치고 시행해야 했습니다. 그런데 사울은 이런 특수성을 이해하지 못했고 설사 알았을지라도 율법과 상관없이 자신이 원하는 대로 정치하였습니다. 그래서 사울이 끝까지 하나님의 뜻대로 행하지 않았기 때문에 버리셨던 것입니다.

그렇다면 다윗은 완벽하게 하나님의 마음에 맞도록 통치하였습니까? 다윗은 충신 우리야를 죽이고 그의 아내를 가로챘습니다. 이것은 하나님의 이름을 더럽히고 율법을 짓밟은 무서운 범죄였습니다. 이 범죄 때문에 압살롬이 반역을 일으켰고 백성이 둘로 나뉘어서 싸우는 바람에 나라 전체가 난장판이 되었습니다. 그리고 다윗은 자기 업적 때문에 오만해져서 군인들의 숫자를 세다가 하나님께 벌을 받았습니다. 그 결과 백성이 7만 명이나 죽었습니다. 따라서 사울과 다윗이 저지른 죄악을 저울에 올려놓으면 사울이 다윗보다 더 가볍습니다. 사울의 범죄는 자신과 가족에게 피해를 입혔지만 다윗의 범죄는 자신만이 아니라 백성에게도 큰 손실을 끼쳤기 때문입니다. 그래서 어떤 분은 죄의 양이 아니라 질을 가지고 두 사람을 평가하기도 합니다. 사울의 죄는 종교적인 것이었지만, 다윗은 윤리적인 것이었다는 것입니다. 그러나 이사야 1장은 하나님께 제사는 잘 지내면서 이웃에게 악을 행하는 사람들을 크게 책망하였습니다. 모든 죄는 나쁜 것이기 때문에 질을 문제 삼아서는 안 됩니다. 또 어떤 분은 두 사람의 차이점은 죄가 아니라 회개였다고 주장합니다. 다윗은 범죄한 후에 참회의 눈물을 흘렸지만, 사울은 진정한 회개가 없었습니다. 그래서 하나님이 사울은 버리시고, 다윗은 사랑하셨다고 말합니다. 그러나 사울이 회개하지 않은 것 때문에 본인이 버림받은 것은 당연하게 여겨지지만 왕조가 멸망한 것은 이해하기가 어렵습니다. 왜냐하면 에스겔 18장 20절에서 하나님은 아비의 죄악을 아들이 담당하지 않을 것이라고 선언하셨기 때문입니다.

사울의 아들 요나단은 신앙이 매우 좋았고 다윗에게 왕위를 넘겨주겠다고 할 만큼 그릇이 컸습니다. 이런 요나단이 왕이 되었다면 아버지와 달리 이스라엘을 율법으로 다스렸을 것입니다. 그런데도 하나님은 사울의 왕조를 폐하심으로서 요나단이 왕이 되지 못했습니다. 그러니 사울과 다윗은 회개가 아니라 다른 점이 있었던 것이 분명합니다. 그 차이점은 이스라엘이 하나님의 왕국이지 사람의 왕국이 아니라는 사실에서 기인합니다. 이스라엘은 하나님이 창조하시고 택하셨으며 구속하셨고 통치하십니다. 그런데 사울은 이런 특성을 알지 못했고 알려고도 하지 않았습니다. 이방 나라를 본받아서 이스라엘을 이방 나라처럼 다스렸습니다. 결국 하나님께 버림받았던 것입니다. 이런 불상사는 사울이 왕으로 임명받을 때부터 시작되었습니다. 사울은 왕의 수업을 받지 못했을 뿐만 아니라 이스라엘 나라의 정체를 파악하지 못한 상태에서 왕이 되었습니다. 잃어버린 나귀를 찾으러 나섰다가 사무엘 선지자를 만나서 얼떨결에 왕으로 부름을 받았습니다. 또한 사울은 이스라엘에서 처음으로 왕이 되었기 때문에 왕 노릇을 어떻게 해야 하는지를 알려주는 선례도 없었습니다. 사울은 이방 나라에서 군주제도를 도입하여 이스라엘에서 시행하였습니다. 이방 나라는 하나님이 아니라 인간 왕이 국가의 주인이라고 믿기 때문에 종교를 정치의 수단으로 이용하였습니다. 이것을 사울이 이스라엘에 도입하여 자기 뜻대로 나라를 다스렸기 때문에 이스라엘이 이방 나라로 변해갔던 것입니다. 그러자 하나님은 구약시대에 하나밖에 없는 자신의 왕국이 인간의 왕국으로 바뀌는 것을 막기 위해 사울의 왕조를 중단시키셨던 것입니다.

이에 대한 증거로는 사울이 하나님의 임명에 의해 왕이 되지 않고 자신의 업적에 근거하여 왕위에 오른 것을 꼽을 수 있습니다. 사무엘 선지자가 사울을 왕으로 세우려고 했을 때 사울은 짐보따리들 뒤에 숨어서 나타나지 않았습니다. 그리고 길르앗을 침략한 암몬 자손을 물리친 다음에 왕으로 즉위했습니다. 이처럼 사울은 하나님의 권위보다 자신의 업적을 왕의 조건으로 삼았습니다. 이것은 이방 나라의 왕들이 하는 행위인데 그들은 자신의 공로를 내세워서 왕으로 등극하고 백성의 주인 노릇을 합니다. 사울도 이방 나라 왕들의 전철을 그대로 밟았습니다. 이점은 그가 나라를 어떻게 다스릴 것인가를 암시하는 대목입니다. 이어서 사울은 아말렉을 멸망시킨 후 자신을 위한 기념비를 만들었습니다. 이것은 이방 나라의 왕들이 하는 행위입니다. 이스라엘의 지도자들은 전쟁에서 이겼을 때 하나님께 감사와 영광을 돌렸습니다. 그런데 사울은 하나님은 감추고 자신의 업적은 드러냄으로써 이스라엘을 자신의 왕국으로 바꾸는 작업을 했습니다. 결정적으로 사울은 자신을 위해 종교를 적절히 이용하였습니다. 그는 전쟁을 앞두고 사무엘 선지자가 나타나지 않자 자신이 직접 제사를 지냈습니다. 백성을 지키는 분은 하나님이 아니라, 왕이라고 생각했기 때문입니다. 이런 생각은 이스라엘이 하나님의 왕국이 아니라 자신의 왕국이라고 믿는 마음에서부터 나왔습니다. 또 사울은 아말렉과의 전쟁에서 이긴 후 하나님의 명령을 어기고 전리품을 가져왔습니다. 자신의 업적을 백성에게 보여줄 뿐만 아니라 자기 왕국의 경제를 부흥시키기 위해서였습니다. 이처럼 사울은 하나님의 백성을 관리하는 청지기가 아니라 주인으로 행세했습니다. 이런 동기와 행위 때문에 하나님은 사울이 블레셋과의 전쟁을 앞두고 도움을 요청했을 때 응답하지 않으셨던 것입니다. 그리고 구약시대에 유일한 교회를 보존하기 위해 사울의 왕조를 버리셨습니다. 이 사례를 통하여 후대에 왕이 되는 사람들에게 교훈하셨던 것입니다.

2. 다윗의 왕국

문제는 사울만이 아니라 모든 사람이 자신의 왕국을 건설한다는 점입니다. 하나님을 떠난 사람은 너나 할 것 없이 자기중심적입니다. 그래서 본능적으로 나를 제일 사랑하고 당연한 듯이 나 위주로 살아갑니다. 세상의 중앙에 나를 앉혀놓고 모든 것을 나를 위해서 행합니다. 이성은 무슨 일이 생기면 옳고 그른 것을 따지는 것이 아니라 나에게 이익이 되는지 손해가 되는지를 재빨리 계산합니다. 감정은 선을 사랑하고 악을 미워하는 것이 아니라 내가 좋아하는 것은 끌어당기고 내가 싫어하는 것은 멀리합니다. 의지는 다른 사람의 입장을 배려하지 않고, 나에게 유리한 쪽으로 결정을 내립니다. 이처럼 영혼의 기능들이 나를 위해 열심히 활동합니다. 그래서 나의 왕국을 건설하고 유지합니다. 나의 욕심과 야망을 펼치며 나의 영역을 수호하고 확장하며 나를 높이고 자랑하기 위해서 무진장 노력합니다. 그래서 남들보다 더 크고 화려한 왕국을 건설해서 자신의 안전과 만족을 누리면서 삽니다.

사람들은 태어날 때부터 자신의 왕국을 세우고 지키며 넓힙니다. 어떤 아기는 자기 엄마의 젖을 다른 아이가 먹는 것을 보면서 얼굴 색깔을 붉혔습니다. 이런 질투심을 드러낸 이유는 다른 아이가 자신의 영역을 침범한 것을 불쾌하게 여겼기 때문입니다. 이때부터 시작된 자기 왕국에 대한 애착과 보존은 성장하면서 점점 강해지고 구체화 됩니다. 형제가 여럿인 아이들은 내가 좋은 것들을 차지하기 위해 부지런히 싸웁니다. 청소년이 되면 자신의 방을 자신의 왕국으로 만듭니다. 부모가 노크하지 않고 들어오면 내 왕국을 인정하지 않는다고 생각해서 화를 냅니다. 나이가 들어서 사회에 진출하면 본격적으로 자신의 왕국을 확장합니다. 열심히 연구하고 노동해서 더 높이 올라가고, 더 많이 소유하고 저축함으로써 자신의 왕국을 튼튼하게 구축합니다. 남들보다 능력과 노력이 뛰어나고 시대 상황이 뒷받침해주는 사람은 거대한 왕국을 건설하기도 합니다. 이렇게 확립한 왕국에서 왕으로 군림하면서 자긍심과 영광을 누리고 많은 사람에게 아부와 섬김을 받으면서 오만과 희열을 느낍니다.

사람들이 열정적으로 자신의 왕국을 넓히다 보니 다른 사람들의 왕국과 충돌하게 되었습니다. 이미 세상의 영역은 다른 사람들이 차지하고 있어서 그것을 빼앗지 않으면 내 왕국으로 삼을 수 없습니다. 다만 무력으로 빼앗으면 잔인하고 파괴적이기에 법을 만들어서 정당하게 거래합니다. 물론 힘 있는 사람들은 법을 불편하게 여기지만 법이 무너지면 사회가 엉망이 되기에 교묘하게 탈법과 편법을 씁니다. 그래서 불법이 티가 나지 않기 때문에 사람들이 건전하게 살아가는 것처럼 보입니다. 그러나 그 삶의 이면에는 자기 왕국의 보존과 확장을 위해 치열한 전투를 벌이고 있습니다. 기득권을 수호하려는 사람들과 기득권을 빼앗으려는 사람들이 최선을 다해 공격하고 방어합니다. 가지지 못한 사람들은 변화와 개혁을 외치면서 덤벼들고 가진 사람들은 안정과 성장을 주장하면서 맞대응합니다. 한정된 왕국을 한 평이라도 더 차지하기 위해 몸부림치는 것입니다. 그래서 아놀드 토인비가 말한 것처럼 인간의 역사는 도전과 응전에 의해서 굴러가고 있습니다.

그러나 사람들이 그리도 애써서 건설한 왕국은 모래성에 지나지 않습니다. 모든 것을 바쳐서 높고 넓게 쌓아 올리지만 비바람이 몰아치면 가볍게 허물어져 버리는 모래성입니다. 아무런 풍파가 없어도 세월이 흐르면 낡고 시들어버리는 것이 인간의 왕국입니다. 왜냐하면 사람은 오래가지 못해서 죽고 세상은 끊임없이 변하기 때문입니다. 아무리 뛰어난 사람이 세운 왕국도 그의 죽음과 함께 무너지기도 하고 크고 강한 왕국도 세상의 변화에 떠밀려서 자취를 감추기도 합니다. 더 이상 정복할 땅이 없어서 울었던 그리스의 알렉산더 왕은 젊은 나이에 죽었습니다. 죽기 전에 그는 관에 구멍을 뚫어서 두 팔을 내놓아 관이 운구될 때 팔이 흔들리게 하라고 유언하였습니다. 세계적인 왕국을 건설했지만 고스란히 버려둔 채 빈손으로 떠난다는 것을 보여주기 위해서였습니다. 이처럼 인간의 왕국은 일장춘몽에 지나지 않습니다. 꿈에서 깨면 온데간데없이 사라져버립니다. 왕국의 규모가 크면 클수록 그것이 멸망했을 때 느끼는 상실감과 허무도 너무도 크기 때문입니다.

그런데도 사람들은 자신의 왕국을 건설하기 위해 많이 수고하고 희생합니다. 자신의 능력과 노력, 열정과 소유를 바칠 뿐만 아니라 가족을 외면하거나 친구들을 배신하기도 하고 많은 사람을 착취하거나 살해하기도 해서 왕국을 쌓습니다. 그런데 이렇게 구축한 왕국을 죽음에게 모두 빼앗긴다면 얼마나 억울하고 허탈할 것입니다. 나는 아무것도 차지할 수 없는 일이요, 아무짝에도 쓸모없는 일을 위해 모든 것을 바쳤다는 것 때문에 한없이 후회스럽고 쓰라릴 것입니다. 그래서 어떤 사람들은 자신의 왕국이 무너지거나 빼앗기는 것을 인정하지 않습니다. 자신의 자손이나 주변 사람들을 통하여 왕국을 연장하려고 합니다. 그러나 이 세상에 어떤 왕국도 세월의 힘을 이길 수 없습니다. 설사 오래 존속할지라도, 한 줌의 흙이 되어버린 나와는 아무 상관이 없어집니다. 이것은 인생을 오래 살아야만 알 수 있는 사실이 아니라 우리가 지금도 경험하고 있는 현실입니다. 우리가 사는 세상에는 수많은 왕국이 세워졌다가 사라지기를 반복했습니다.

다윗은 사람의 왕국이 아니라 하나님의 왕국에 관심을 가졌고 그 왕국을 세우고 유지하는 일에 힘썼습니다. 그는 왕으로 기름 부음 받았을 때부터 나는 하나님의 종이 되었다고 생각하였습니다. 나는 종이기 때문에 주인을 위해 살아야 한다는 청지기 의식을 분명히 가졌습니다. 그래서 하나님의 왕국을 보존하고 확장하기 위해 있는 힘을 다했습니다. 이 사실은 다윗이 골리앗과 싸울 때 드러났습니다. 다윗은 골리앗에게 내가 너와 싸운다고 말하지 않고 하나님의 이름으로 너와 싸운다고 하였습니다. 또한 이 전쟁이 자신의 전쟁이 아니라 하나님의 전쟁이라고 고백하였습니다. 이스라엘은 하나님의 백성이기 때문에 그들을 구원하는 일은 하나님이 하실 일이고 뿐만 아니라 다윗은 이스라엘의 왕이 된 다음에도 공개적으로 하나님은 나의 왕이라고 선언하였습니다. 그는 시편 5편 1절에서 하나님은 나의 왕이라고 하였고 시편 22편 28절에서 하나님은 모든 나라의 주인이라고 하였으며 시편 24편에서 하나님은 영원히 영광을 받으실 왕이고 말하였습니다. 이외에도 다윗은 틈만 나면 하나님은 나의 왕이시요, 이스라엘의 왕이시며 온 세상의 왕이시라고 이야기하였습니다. 자신이 왕이면서도 자신의 왕은 하나님이라고 말한 것입니다.

이것이 사울과 결정적으로 다른 점이었습니다. 사울은 이스라엘에서 하나님을 밀어내고 자신이 주인 노릇을 함으로써 자신의 왕국으로 바꾸었습니다. 다윗은 처음부터 끝까지 하나님의 청지기 위치를 지켰습니다. 이스라엘은 하나님의 소유라는 사실을 잊지 않았고 모든 일에 하나님을 앞세웠으며 모든 결과를 하나님께 돌리면서 하나님의 왕국을 보존하였습니다. 다윗은 자신도 하나님을 의존해야 살 수 있는 피조물이라는 것을 알고 있었고 하나님이 나의 목자가 되셔서 나를 보호해 주셔야 내가 안전하게 살 수 있다고 믿었습니다.

다윗은 인간의 왕국은 너무도 작고 짧으며 빈약하여서 그 왕국에서 받는 혜택이 턱없이 부족하다는 것을 알았습니다. 이어서 하나님이 세우신 왕국은 우주적이고 영원하며 온갖 좋은 것들이 충만하여서 그 왕국에서 받는 혜택은 끝없이 풍성하다는 것을 알았습니다. 인간은 유한하고 변덕스러워서 보잘것없는 왕국을 세우고 잠깐 지키다 잃지만 하나님은 전능하시고 무한하셔서 화려한 왕국을 건설하시고 영원히 존속시킵니다. 그래서 기왕이면 최상의 영광과 기쁨을 누릴 수 있는 왕국에서 살아야지 잠시 반짝하고 나타났다가 어느 순간에 시들어버리는 왕국에 목을 맬 필요가 없다고 생각했던 것입니다. 그래서 자신의 왕국을 쌓는 것을 포기하였고 하나님의 왕국을 건설하기 위해 힘썼던 것입니다. 그 결과 다윗은 하나님의 왕국에서 자신의 위상과 영역을 확실히 구축하였고 그 왕국에서 영원히 왕 노릇하게 되었던 것입니다.

여러분은 어떤 왕국에서 살고 싶습니까? 하나님의 왕국에서 사는 방법은 아주 간단합니다. 예수님을 나의 구원자요, 나의 왕으로 믿으면 됩니다. 그러면 하나님이 만드시고 경영하시는 왕국에 들어가서 온갖 혜택을 받을 수 있습니다. 성도들이 가장 중요하게 여겨야 하는 것은 얼마나 선하고 도덕적으로 사느냐가 아니라 어떤 왕국을 위해서 사느냐 하는 것입니다. 하나님의 왕국을 위해서 일하느냐 아니면 자신의 왕국을 위해서 수고하느냐 하는 것입니다. 자신의 왕국을 세우고 지탱하기 위한 것이면 그 사람이 아무리 깨끗하고 성실하게 살았어도 가치가 없습니다. 그 왕국은 아침 안개처럼 사라져 버립니다. 남는 것이 아무것도 없습니다. 그러나 내가 가진 조건이 빈약하고 나의 활동량이 적을지라도 하나님의 왕국을 위해서 살면 하나님이 보상해 주십니다. 그러면 계시록 22장 5절의 말씀처럼 여러분은 세세토록 왕 노릇하게 됩니다. 완전하고 영원한 왕국에서 높임과 영광을 받기를 바랍니다. 나를 자신의 왕국의 국민으로 삼아주신 하나님께 감사와 찬송을 드리며 그 하나님께 충만한 사랑과 은혜를 받으면서 한없는 만족과 기쁨을 느끼기를 바랍니다.

22

심각한 다툼

사도행전 15:36-41

며칠 후에 바울이 바나바더러 말하되 우리가 주의 말씀을 전한 각 성으로 다시 가서 형제들이 어떠한가 방문하자 하고 바나바는 마가라 하는 요한도 데리고 가고자 하나 바울은 밤빌리아에서 자기들을 떠나 함께 일하러 가지 아니한 자를 데리고 가는 것이 옳지 않다 하여 서로 심히 다투어 피차 갈라서니 바나바는 마가를 데리고 배 타고 구브르로 가고 바울은 실라를 택한 후에 형제들에게 주의 은혜에 부탁함으로 받고 떠나 수리아와 길리기아로 다니며 교회들을 견고하게 하니라

예루살렘 총회가 끝난 후 바울은 바나바에게 선교여행을 가자고 하였습니다. 지난번 선교여행 때 세웠던 교회들을 돌보기 위해서였습니다. 바나바는 바울의 의견에 동의했고 안디옥교회도 두 선교사님을 후원하기로 하였습니다. 선교여행을 출발하려고 할 때 저쪽에서 마가가 다가오더니 겸연쩍은 얼굴로 바울에게 인사했습니다. 이런 마가를 보자 바울은 얼굴색이 확 변했고 인사도 받지 않은 채 고개를 돌려버렸습니다. 그런 바울에게 바나바가 말했습니다. "제가 마가를 불렀습니다. 이번 선교여행에 마가도 데려가도록 하지요." 바울이 크게 소리쳤습니다. "선교여행을 안 갔으면 안 갔지 저런 녀석을 데리고 갈 수는 없소!" 바나바가 부드러운 말로 부탁했습니다. "마가가 지난번 일을 크게 뉘우치고 있으니 한번만 받아줍시다." 그런데도 바울은 완강하게 거부했습니다. 그러자 바나바도 화가 났고 두 사람이 다투기 시작했습니다. 데리고 가야 한다, 데리고 갈 수 없다면서 심하게 싸웠습니다. 둘 다 끝까지 양보하지 않았기 때문에 서로 갈라질 수밖에 없었습니다. 바나바는 마가를 데리고 구브로로 떠났고 바울은 실라와 함께 수리아로 갔습니다. 이렇게 갈라진 후에 다시 만나서 화해를 했다거나 합쳤다는 이야기가 없습니다.

1. 다툼의 발단

이 사건은 평신도가 아니라 사도, 선교사들이 싸웠습니다. 사적인 이익이 아니라 선교 때문에 부딪혔으며 낯선 사람들이 아니라 친했던 사람들이 갈라섰습니다. 바나바는 밭을 팔아서 교회에 헌금하였고 안디옥에서 목회할 때는 자신보다 학문이 뛰어난 바울을 초청해서 함께 사역했습니다. 또한 성령님께서 선교하라고 말씀하시자 기꺼이 순종하였습니다. 이처럼 바나바는 통이 크고 헌신적이었기 때문에 바울이 좋아했고 동역하는 것을 즐거워했습니다. 그런데 호흡이 잘 맞던 두 사람이 마가 때문에 다투고 분열하였습니다.

마가는 1차 선교여행 때 팀에 참가하였는데 이들은 함께 지중해에 있는 구브로 섬으로 가서 복음을 전했습니다. 그런 다음 배를 타고 소아시아의 밤빌리아로 갔습니다. 그런데 이곳에 도착하자 갑자기 마가가 자신의 짐을 꾸리기 시작했습니다. 바나바가 왜 그러느냐고 묻는데도 아무 대답도 없이 떠나버렸습니다. 성경은 마가가 선교를 중단한 이유에 대해 말하지 않기 때문에 몇 가지 추측이 생겨났습니다. 예루살렘의 엄마가 보고 싶다느니, 바나바가 바울에게 선교의 주도권을 빼앗긴 것 때문에 삐졌다느니 이유야 어쨌든 마가의 이탈 때문에 다른 분들이 충격을 받았습니다.

바나바보다 바울은 확고한 신앙과 철두철미한 성격을 갖고 있었기 때문에 이런 바울의 눈에 마가의 일탈 행위는 너무도 가볍고 무책임해 보였습니다. 본질적이고 핵심적인 요소가 아니라 작고 하찮은 것 때문에 자기 멋대로 행동했고 다른 사람들에게 상처와 손실을 입혔기 때문입니다. 이렇게 못된 마가와 다시는 상종하지 않겠다고 마음먹었습니다. 그런데 2차 선교여행을 떠나려고 하는데 바나바가 마가를 데려가자고 말한 것입니다. 이것은 있을 수 없는 일이었습니다. 지난번 마가에게 받은 아픔이 아직도 남아 있고 마가에게 한번 실망한 것으로 끝내야지 두 번 당할 수는 없었습니다. 아무리 자신에게 잘 해 준 바나바가 부탁할지라도 아닌 것은 아니었다. 지금 우리는 목숨을 걸고 선교하러 가는 것이지 놀러 가는 것이 아닙니다. 성공적으로 선교하기 위해서는 모두 하나가 되어야 합니다. 그런데 마가를 끼워주는 것은 화약을 안고 불에 뛰어드는 것과 다름없었습니다. 언제 무슨 일로 선교팀을 이탈할지 몰랐습니다. 그러면 분위기가 가라앉고 기운이 빠져서 선교할 수 없었습니다. 그래서 마가의 동행을 완강하게 거부했던 것입니다.

바나바는 바울이 그토록 싫어하는 마가를 굳이 선교여행에 데려가려고 한 것은 마가에게 다시 한번 기회를 주기 위해서였습니다. 마가는 아직 젊었고 경험이 부족했습니다. 그래서 이전에는 실수를 했지만 앞으로 교회를 위해 일할 수 있는 시간이 많았습니다. 더구나 마가는 상당 기간 갈고 닦여진 일꾼이었습니다. 예수님께 말씀을 배웠고, 성령님께 능력을 받았습니다. 이런 일꾼인데 한번 잘못했다고 해서 폐기해 버린다면 교회에 큰 손실이 아닐 수 없었습니다. 그래서 바나바는 마가에게 다시 일할 기회를 주려고 하였습니다. 자존심을 굽히면서 바울에게 마가를 선교팀에 포함해 달라고 하였던 것입니다. 이런 심정도 몰라주고 바울은 끝까지 마가를 거절했습니다. 한순간 바나바는 혼란에 빠졌습니다. '나도 마가를 포기하고 바울과 함께 선교여행을 떠날 것인가? 아니면 바울과 헤어지더라도 마가를 보살펴야 하는가?' 그런데 바울은 자신이 없어도 다른 사람들과 함께 넉넉히 선교를 할 수 있었습니다. 그러나 마가는 자신이 붙잡아 주지 않으면 재기할 수 없었습니다. 그래서 바나바는 마가를 선택하였고 둘이서 구브로로 선교여행을 떠났습니다.

이렇게 헤어진 두 사람을 보면 가슴이 아픕니다. 그렇게 사이가 좋았던 분들이 이렇게 관계를 끝내서는 안 된다는 생각 때문입니다. 한동안 힘을 합쳐서 목회하고 선교했던 분들이 계속 등지고 산다는 것은 너무도 서글픕니다. 차분히 화를 가라앉히고서 서로 한 발씩 양보하고 화해한 다음 다시 한 팀을 이루어서 사역해야 한다고 생각됩니다. 혹시 그랬다면 모든 직분자들과 성도들에게 아름다운 본보기가 되었을 것입니다. 그러나 안타깝게도 두 분은 마가의 문제를 조율하는 일에 실패했습니다. 그래서 두 분은 따로 선교팀을 만들어서 복음을 전했습니다.

왜 바울은 평생 바나바와 만나지 않았고 마가를 끝까지 미워했을까요? 나중에 바울이 쓴 편지에 보면 바나바의 이름이 종종 나타납니다. 특히 고린도전서 9장 6절에서는 바나바가 일을 하면서도 사례를 받지 않는다는 점을 칭찬하였습니다. 이런 내용은 바울이 바나바를 여전히 존경하고 있음을 간접적으로 암시한 것입니다. 바울은 은혜를 전혀 모르는 사람이 아니었습니다. 무엇보다 우리의 마음을 달래주는 구절이 있습니다. "네가 올 때에 마가를 데리고 오라 그가 나의 일에 유익하니라"(딤후 4:11). 이것은 놀라운 말이 아닐 수 없습니다. 바울이 본문 38절에서 했던 말과는 정반대이기 때문입니다. "우리와 함께 일하러 가지 아니한 마가는 아주 무익한 인간이다." 그러면서 바나바와 결별했던 바울이 말년에는 마가가 내 일에 유익하기 때문에 꼭 데려오라고 디모데에게 말했습니다. 이 말을 통해서 우리는 바울이 마가를 높이 평가하고 있다는 사실을 알 수 있고 전에 싫어했던 감정을 버리고 좋아하고 있다는 점을 확인할 수 있습니다. 그래서 조마조마하던 우리의 마음을 편하게 해주었습니다.

이런 변화는 바울과 마가를 성숙하게 만들었습니다. 바울은 바나바와 헤어진 후 수십 년 동안 선교사역에 모든 것을 바쳤습니다. 온갖 고생을 하면서 여러 지역에 교회를 세우고 돌보았습니다. 마지막으로 로마의 감옥에 갇혀서 순교를 기다리고 있었습니다. 바울의 얼굴은 주름살로 덮여 있었지만 온화한 미소가 흘러나오고 있었습니다. 그 미소에서 우리는 너그러움을 발견하게 됩니다. 나이가 들고 연륜이 쌓이면서 깐깐하고 철저했던 바울이 이해심과 관용이 늘어났던 것입니다.

한편 마가도 상당히 원숙해졌습니다. 바나바와 함께 선교하면서 이전의 실수를 만회하기 위해 최선을 다했습니다. 삼촌이 순교한 후에는 베드로와 팀을 이루어서 선교했습니다. 로마에서 사역할 때 마가는 베드로의 설교를 통역하였고 로마인에게 복음을 효과적으로 전하기 위하여 마가복음서를 썼습니다. 이처럼 마가는 옛날과 완전히 달라졌습니다. 한때는 철없이 행동했는데 이제는 성숙하게 활동하였고 교회에 유익을 주는 훌륭한 일꾼이 되었기에 바울이 마가를 존중하고 함께 사역하려고 했던 것입니다.

2. 관용

이것은 바나바가 넓은 가슴으로 마가를 포용한 결과였습니다. 만약 바나바도 바울처럼 마가를 책망하면서 버렸더라면 마가는 재기할 수 없었을 것입니다. 그런데 바나바가 마가를 관대하게 받아주면서 다시 일꾼으로 세워주었기 때문에 마가가 값지게 일할 수 있었던 것입니다. 아니, 마가가 다시는 어리석고 무책임하게 행동하지 않기 위해서 매사에 성실하고 진지하게 일했기 때문에 하나님과 사람들에게 유익을 주는 일꾼으로 성장했던 것입니다. 여기서 우리는 관용의 힘과 결과를 발견하게 됩니다. 사람들이 관용을 베풀면 당장에는 손해 보는 것 같지만 결국에는 그 관용이 예쁜 열매가 되어서 돌아오기 때문입니다. 이런 관용을 가리켜서 어떤 국어사전은 '너그럽게 용서하고 받아들임'이라고 설명하였습니다.

용서는 나에게 잘못한 사람에게 베풀어야 하기 때문에 속상할 수밖에 없습니다. 게다가 용서로 끝나지 않고 친구나 동료로 받아주기까지 하려면 마음이 보통 불편하지 않습니다. 그래서 웬만한 사람들은 관용을 좋아하지 않을 뿐만 아니라 오늘날처럼 실리적인 세상에서는 관용을 찾아보기가 매우 어렵습니다. 그런데도 성도들이 관용을 베풀어야 하는 이유는 우리와 관계를 맺고 사는 사람들이 불완전하고 나에게 상처와 손실을 끼친 사람들을 받아주지 않으면 무인도에 고립될 수밖에 없기 때문입니다. 한집에서 사는 부부나 부모자식과 형제들도 성격이나 재능이나 세계관이 달라서 서로 충돌하거나 등을 돌리기도 합니다. 그럴 때마다 원수로 삼는다면 혼자서 외롭게 살아갈 수밖에 없기 때문에 용서와 수용이 필요합니다.

이를 위해서는 관용은 나와 남들에게 유익을 준다는 믿음을 가져야 합니다. 나에게 피해를 준 사람을 너그럽게 받아주면 원수가 사라집니다. 나에게 해코지한 사람을 미워하지 않고 끌어안으면 그것을 본 사람들이 나를 좋아하고 따르게 됩니다. 상대방이 잘못했을 때 관용을 베풀면 상대방이 나에게 채무자가 됩니다. 심지어 관용은 사람을 재생시키는 능력이 있습니다. 실수하고 잘못한 사람을 포용하면 새사람으로 변할 수 있습니다. 괜찮은 사람도 비판하고 정죄하면 나빠질 수 있지만 못된 인간도 인정하고 세워주면 좋아질 수 있기 때문입니다. 따라서 성도들은 죄는 미워하고 멀리하되 죄인은 불쌍히 여기면서 끌어안아야 합니다. 나도 약점과 허물이 있으므로 남들과 다를 바 없다고 생각하면서 나에게 너그러운 것처럼 남들에게도 관용을 베풀어야 합니다. 그것이 모두에게 이롭습니다.

이처럼 관용은 가치 있는 것인데도 우리가 왜 관용적이지 못한 이유는 사람은 자기중심적이기 때문입니다. 나는 목적이요, 남들은 수단으로 여기기 때문에 나에게 이익이 되는 사람이나 내가 좋아하는 사람이나 나에게 잘해주는 사람에게는 관대하지만 그렇지 않은 사람은 국물도 없습니다. 아니 나와 함께 사는 사람들도 정치나 종교, 이념과 문화에 있어서 내 편을 들어주지 않으면 냉정하게 거리를 두기도 합니다. 그리고 가족이나 친구라 할지라도 나에게 손실을 끼치거나 명예를 짓밟으면 미워하면서 대적하기도 합니다. 이처럼 사람은 이기적이기 때문에 우리가 관용하기 위해서는 먼저 자신을 바로 바라봐야 합니다.

그러므로 성도들은 남들이 나에게 까다롭고 차갑다고 비난하기 전에 내가 남들을 어떻게 대하고 있는지를 따져보아야 합니다. 그래서 이 사람은 이래서 밉고 저 사람은 저래서 싫다는 생각이 든다면 하나님께 사랑을 달라고 간구해야 합니다.

하나님의 사랑으로 사람들을 대해야 하고 포용해야 합니다. 하나님은 우리가 자신을 싫어하고 거부했는데도 용서하고 받아 주셨고 자녀로 삼으셨습니다. 이런 하나님의 너그러우심을 시편은 이렇게 표현했습니다. "여호와는 긍휼이 많으시고 은혜로우시며 노하기를 더디 하시고 인자하심이 풍부하시도다 항상 경책하지 아니하시며 노를 영원히 품지 아니하시리로다 우리의 죄를 따라 처벌하지는 아니하시며 우리의 죄악을 따라 그대로 갚지는 아니하셨으니 이는 하늘이 땅에서 높음 같이 그를 경외하는 자에게 그 인자하심이 크심이로다 동이 서에서 먼 것같이 우리 죄과를 우리에게서 멀리 옮기셨으며 아비가 자식을 긍휼히 여김 같이 여호와께서는 자기를 경외하는 자를 불쌍히 여기시나니 이는 그가 우리의 체질을 아시며 우리가 단지 먼지뿐임으로 기억하심이로다"(시103:8-14). 이 말씀은 하나님이 관대하시다는 사실이 우리의 죄를 용서해 준 것을 통하여 증명되었고 하나님이 우리를 받아주신 이유는 우리가 먼지라는 것을 아셨기 때문이라고 하였습니다.

이 관용을 우리는 하나님으로부터 받았기에 하나님의 아들 딸이라는 신분과 권리를 얻었기에 관용의 사람이 되어야 합니다. 그래야 내가 하나님께 관용을 받은 사람이라는 것을 확인할 수 있고 하나님 아버지처럼 살아갈 수 있습니다. 그리고 성도들이 인종과 사상, 언어와

풍습이 다른 사람을 인정하지 못하면 그들에게 복음을 전할 수 없습니다. 복음을 전해서 예수님을 믿게 할지라도 형제의 우애를 나누면서 신앙생활 할 수 없습니다. 따라서 성도들은 관용을 생활화해야 합니다. 다만 내가 좋아하지 않는 사람을 받아들이거나 나에게 피해를 준 사람을 용서하기가 쉽지 않기 때문에 말씀을 통해서 은혜를 받아야 하고 기도를 통해서 나를 바꿔나가야 합니다.

특히 젊은이에게는 더욱 관용을 베풀어야 합니다. 젊은이는 성품이 미숙하고 경험이 부족하기 때문에 실수와 잘못이 잦을 수 있습니다. 또한 혈기 때문에 열정을 앞세워서 무리하게 일하다가 넘어지거나 실패할 수도 있습니다. 그러나 이런 경우에도 인내심을 갖고서 기다려주어야 합니다. 젊은이는 새롭게 일할 수 있는 시간이 많고 어른보다 변화의 가능성이 크기 때문입니다. 그러니 한두 번 잘못한다고 해서 버리지 말고 새롭게 재기할 수 있도록 도와주어야 합니다. 우리는 성장하는 세대들이 다시 일어서서 실패를 성공으로 바꿀 수 있도록 격려해주고 지원해 주어야 합니다. 죄를 짓고 전과자가 되었더라도 욕하거나 외면하지 말고 다시 유익한 인생을 살아가도록 기도해주고 응원해 주어야 합니다. 지난날의 과오를 씻기 위해서라도 더 열심히 주님을 위해 일하도록 밀어주어야 합니다. 관용은 어렵지만 대가는 큰데 인재를 얻고 인맥을 얻으며 인심을 얻을 수 있기 때문입니다.

근대의 합리주의는 이성에게 모든 것을 종속시켰고 종속하지 않는 것은 사정없이 박해했습니다. 그래서 유럽의 교회가 살아남기 위해 합리주의에게 무릎을 꿇었습니다. 그런데 오늘날의 포스트모더니즘은 관용을 외치면서 사람들에게 자유를 줄 뿐 아니라 소수의 권리를 강조하면서 동성애자에게도 관용을 베풀어야 한다고 주장합니다. 기독교가 교리를 내세워서 부도덕한 행위를 정죄하는 것은 독선이라고 비판하면서 옳고 그름을 따지지 말고 모든 것을 있는 그대로 받아 주어야 한다고 말합니다. 그리고 기독교가 다른 종교들과 사이좋게 지내야지 배타적인 행위는 집단이기주의라고 성토합니다. 그러나 관용이란 사람들이 잘못했음에도 불구하고 받아주는 것이지 거짓을 진리라고 말하거나 부당한 것을 정당한 것으로 여기는 것이 아닙니다. 관용을 내세워서 나쁘고 해로운 것들을 받아들이면 교회만이 아니라 사회도 망가지기 때문입니다. 그러므로 성도들은 관용이란 이름으로 죄악을 용인해서는 안 되고 선하고 유익한 것들을 잘 보존해야 합니다. 실수하고 잘못한 사람에게는 기회를 주어야 하지만 악하고 더러운 것들은 대적하고 추방해야 합니다. 그래야 관용이 가치가 있게 됩니다.

이러한 분별력을 갖고서 성도들은 관용을 적절하게 행하면서 살아야 합니다. 혹시라도 포스트모더니즘이 잘못된 관용을 강조한다고 해서 관용의 중요성을 부정해서는 안되고 관용은 모두에게 필요하다는 신념을 갖고서 적극적으로 활용해야 합니다. 관용은 나와 친밀하거나 나에게 잘해 주는 사람이 아니라 나를 불쾌하거나 불편하게 하는 사람에게 더 필요하다는 사실을 인식하면서 그들을 너그럽게 대해야 합니다. 이를 위해서는 말씀으로 예수님의 성품을 배우고 본받아서 나의 성품이 온유해지고 너그러워지도록 해야 하고 성령님으로 충만해져서 사람들을 불쌍히 여기고 공감해야 합니다. 그래서 사소한 잘못이 아니라, 나에게 커다란 고통과 억울함을 준 사람도 용서하고 받아줄 수 있어야 합니다. 그래야 내 마음이 편하고 몸이 건강하며 생활이 밝아집니다. 왜냐하면 우리는 태어나면서부터 죽을 때까지 수많은 사람과 함께 살아가는데 그들과 좋은 관계를 가져야 평안과 기쁨을 누릴 수 있기 때문입니다. 그런데 좋은 관계를 갖기 위해서는 관용이 필수적이기에 수시로 관용을 베풀어야 합니다.

우리는 실수하고 잘못한 성도들을 배척하지 말고 기다리고 섬기기를 바랍니다. 나를 깔보고 괴롭히는 사람들도 미워하지 말고 너그럽게 받아 주기를 바랍니다. 경쟁자와 원수를 저주하지 말고 끌어안고 도와주기를 바랍니다. 적은 사라지고 친구는 많아지기를 바랍니다. 그분들과 사이좋게 교제하면서 즐겁게 살기를 바라고 그분들의 협조를 받아서 하는 일이 형통하기를 바랍니다.

23

역설적 존재

고린도후서 6:8-10

영광과 욕됨으로 그러했으며 악한 이름과 아름다운 이름으로 그러했느니라 우리는 속이는 자 같으나 참되고 무명한 자 같으나 유명한 자요 죽은 자 같으나 보라 우리가 살아 있고 징계를 받는 자 같으나 죽임을 당하지 아니하고 근심하는 자 같으나 항상 기뻐하고 가난한 자 같으나 많은 사람을 부요하게 하고 아무 것도 없는 자 같으나 모든 것을 가진 자로다 역설이란 진리와 상반되는 것 같지만 잘 음미해보면 진리라는 의미입니다. 즉, 역설은 사람들이 상식적으로 생각하고 있는 것과 모순되는 것 같지만 실제로는 옳은 것이란 뜻입니다. 예수님은 으뜸이 되고 싶은 사람은 섬겨야 한다고 하셨고 누구든지 나를 위하여 제 목숨을 잃어야 목숨을 얻는다고 말씀하셨습니다. 어떤 사람은 성공한 것 같은데 사실은 실패하였고, 어떤 사람은 별 볼 일 없는 것 같은데 실제로는 훌륭하며, 어떤 사람은 초라한 것 같은데 행복하게 살기도 합니다. 이처럼 상식적인 판단이 다 맞는 것이 아니기 때문에 사람의 몸값을 바르게 평가하려면 이면도 들여다보아야 하는 것입니다.

1. 바울의 관점

이면까지 보기 위해서는 관점의 전환이 필요합니다. 다수가 보는 시각이나 오랫동안 당연시하던 관념을 버리고 새로운 안목을 가져야 합니다. 눈에 보이고 귀에 들리는 대로 판단하지 말고 역지사지란 말처럼 입장을 바꾸어서 생각해야 합니다. 그래야 남들이 보지 못하는 진실을 발견할 수 있고 숨겨진 팩트를 찾아낼 수 있습니다. 사람은 이기적이라서 자신의 이익과 기호에 따라서 말하고 행동하고 모든 것을 자신에게 유리하도록 조작하기 때문입니다. 그래서 권력을 장악한 사람들이 역사를 서술할 때 자기네 관점에서 쓰면서 자기네가 잘못한 일은 은폐하고 잘한 일들은 과대 선전하기도 합니다. 이런 역사를 통하여 후손이 가짜를 진짜로 알도록 만들었습니다. 이런 문제를 해결하기 위해 최근에는 평범한 사람들의 측면에서 역사를 기록하는 사가들도 생겨났습니다. 그래서 수천 년 동안 지도자들에게 치우쳤던 역사 기록에 대해 균형을 잡으려고 하였습니다. 이처럼 사람은 중립적이지 않아서 어떤 대상이나 사건에 대해서 정확한 평가를 하지 못합니다. 따라서 성도들은 다수와 상식을 두려워하지 말고 색다른 관점으로 관찰함으로써 사실을 찾아내야 합니다.

이것은 역사만이 아니라 사람을 볼 때도 적용해야 합니다. 세상 사람들처럼 지식과 돈과 권력으로 사람을 저울질해서는 안 되고 신앙과 성품과 세계관으로 판단해야 합니다. 사람의 가치는 소유가 아니라 존재에 있기 때문입니다. 결과보다 과정이 좋아야 유익하기 때문입니다. 이렇게 사람을 보면 다른 평가가 나옵니다. 권력을 가진 사람은 오만하지만 신앙이 성숙한 신자는 겸손하게 하나님의 영광과 사람들의 유익을 위해 살아갑니다. 일반적으로 지식이 많은 사람은 자기 실속만 차리지만 성품이 좋은 사람은 남들을 배려할 줄 압니다. 부유한 사람은 돈을 우상처럼 숭배하고 지키지만 성경적인 세계관을 가진 사람은 성실하게 일하고 섬깁니다. 따라서 세속적인 것들로만 사람의 점수를 매기면 잘못 파악하게 됩니다. 그러면 잘못 파악한 것 때문에 사람들에게 속거나 실망하거나 손해 보게 됩니다. 사람은 외모나 이력서가 아니라 인격과 생활로 분별해야 한다는 사실을 인정해야 합니다.

바울은 우리가 남들이 생각한 것과는 다른 존재라고 하였는데 내가 아니라 우리라고 말한 이유는 동료들과 함께 선교사역을 하였기 때문입니다. 이어서 우리가 역설적 존재인 이유를 본문에서 한둘이 아니라 일곱 가지나 제시하면서 자신의 주장이 옳다는 것을 강조했습니다. "우리는 속이는 자 같으나 참되고 무명한 자 같으나 유명한 자요, 죽은 자 같으나 살아 있고 징계를 받는 자 같으나 죽임을 당하지 아니하고 근심하는 자 같으나 기뻐하고 가난한 자 같으나 많은 사람을 부요하게 하고 아무것도 없는 자 같으나 모든 것을 가진 자로다"(고후 6:9) 이 말씀처럼 바울은 우리가 겉보기에는 속이고 무명하며 죽었고 징계를 받으며 근심하고 가난하며 아무것도 없다고 하였습니다. 그러나 실제로는 참되고 유명하며 살아 있고 징계를 받지 않으며 기뻐하고 많은 사람을 부요하게 하며 모든 것을 가졌다고 하였습니다. 이처럼 우리는 보이는 것과 실제가 다르기 때문에 역설이라고 하고 상식과 전혀 딴판이기 때문에 역설적 존재이며 그냥 봐서는 알 수 없고 자세히 보아야 알 수 있기 때문에 신비한 존재라고 하였습니다.

우리는 속이는 자 같으나 참되다는 말씀은 당시 어떤 사람들은 바울이 사도의 자격을 갖추지 못했기 때문에 가짜 사도라고 하였고 할례와 율법을 무시하기 때문에 바울의 교리가 잘못되었다고 말하였습니다. 그러나 바울은 실제로 예수님으로부터 사도로 임명받았고 자신이 전하는 복음도 예수님께 전수받았습니다. 따라서 바울이 사도라는 것과 사람들이 구원받을 수 있는 말씀을 전한 것은 명백한 사실이었습니다. 이어서 바울은 우리가 무명한 사람 같지만 유명한 사람이라고 하였습니다. 왜냐하면 사람들이 우리를 알아주지 않아도 하나님이 우리를 알아주시기 때문입니다. 우리는 세상의 스타들처럼 잠깐 인기를 끌다가 잊히는 것이 아니라 하나님에 의하여 영원히 기억되고 최고의 대우를 받기 때문입니다. 그래서 바울은 하나님 나라의 자부심과 만족을 느꼈던 것입니다. 그리고 바울이 우리는 죽은 자 같다고 말한 까닭은 바울의 선교팀이 주님을 위해 박해를 많이 받았기 때문입니다.

실제로 바울은 돌에 맞아 죽었던 적이 있었기 때문입니다. 바울이 루스드라에서 걷지 못하는 사람을 고친 후에 주민들에게 신으로 추앙받는 것을 거부하자 분노한 주민들이 바울을 돌로 쳐 죽였습니다. 그런데 바울이 잠시 후에 살아나서 복음을 전하였습니다. 이처럼 바울은 죽었는데도 주님께서 살려주시는 것을 체험하였고 장차 자신을 부활시켜주실 것이라는 믿음도 가졌습니다. 그래서 우리는 죽은 자 같으나 살아 있다고 말한 것입니다. 또한, 우리는 징계를 받은 자 같으나 죽임을 당한 자 같지 않다고 하였습니다. 이 말은 사람이 하나님께 징계를 받으면 어려움과 곤란을 겪기 때문에 마치 죽은 사람처럼 빈약하고 초췌해진다는 뜻입니다. 그런데도 바울이 죽임을 당한 자 같지 않다고 말한 이유는 우리는 조건과 환경이 나빠도 선하고 유익한 사역을 하기 때문입니다.

근심하는 자 같다는 말씀은 바울이 교회의 보존과 성장을 위하여 고민하고 힘쓰다 보니 고생만 하는 사람처럼 보인다는 뜻입니다. 그러나 바울은 선교사역에서 의미와 재미를 느꼈기 때문에 자신은 매우 중요하고 행복한 사람이라고 생각했습니다. 또한 바울은 우리가 가난한 자 같으나 많은 사람을 부요하게 한다고 장담했습니다. 바울이 돈과 권력은 없었지만 생명의 복음을 갖고 있었습니다. 그 복음을 전해서 수많은 사람이 영생을 얻도록 만들었기 때문이며 하나님 나라에서 영원히 부유하게 살게 해 주었기 때문입니다. 바울은 우리는 아무것도 없는 것 같으나 모든 것을 가졌다고 선언하였습니다. 아무것도 없는 이유는 세속적인 것들을 배설물처럼 버렸기 때문입니다. 그러나 우리는 예수님을 통하여 하나님의 자녀가 되었고 자녀는 상속자이기 때문에 창조주이신 아버지의 소유를 전부 물려받아서 끝없이 누리게 됩니다. 그러니 모든 것을 소유한 부자가 아닐 수 없는 것입니다.

2. 역설적 존재의 가치

이처럼 바울은 세상 사람들과 다른 시각을 갖고서 자신에게 숨어 있는 요소들을 찾아냈습니다. 나는 참되고 유명하며 살아 있고 죽임을 당하지 않으며 기뻐하고 부요하게 하며 모든 것을 가졌다는 사실을 발견했습니다. 이것들은 나를 존귀하고 위대하게 만들어주기 때문에 소중한 보배로 여겼고 큰 자존감을 느꼈습니다. 그리고 자신을 몹시 자랑스러워하면서 나는 이런 존재라고 당당하게 말하였습니다. 그런데 바울이 자신의 진면목을 발굴해낸 것은 머리가 좋거나 학식이 많아서가 아니었고 오랫동안의 신앙적인 체험을 통해서였습니다. 하나님이 주신 사명과 직분을 감당하기 위해 수없이 고생하는 과정에서 얻은 값진 깨달음입니다. 하나님이 나를 알아주시고 높여주시기 때문에 누구보다 존재가치가 크고 중하다는 확신을 가졌던 것입니다. 이 확신 때문에 박해를 이겨낼 수 있었고 끝까지 사명과 직분을 행할 수 있었습니다. 그러므로 내가 역설적인 존재인지 아니면 상식적인 존재인지를 따져보아야 합니다. 하나님의 은혜로 세상 사람들이 갖지 못한 요소들을 소유하였는지 아닌지를 확인해 봐야 합니다. 만약 소유했다면 내가 역설적 존재라는 것을 알고 있는지 아니면 세상의 기준으로만 나를 평가하고 있는지를 생각해 봐야 합니다. 나는 참되고 유명하며, 살아 있고 기뻐하며 남들을 부요하게 하고 모든 것을 가진 존재라는 확신이 있는지를 점검해 봐야 합니다. 그래야 나의 정체성을 바르게 파악할 수 있고 그 자부심 때문에 기뻐하면서 활기차게 살 수 있습니다.

바울처럼 우리도 속이는 자 같으나 실제로는 참된 존재라는 신념을 가져야 합니다. 사람의 감각으로 접촉할 수 없는 하나님을 믿고 섬기면서 자신의 욕심과 쾌락이 아니라 하나님의 영광을 위해 살기 때문입니다. 성도들은 자신의 야망과 만족을 위해 사는 것이 아니라 하나님을 위해 살기 때문에 바보처럼 여겨질 수 있습니다. 부귀영화를 누리지 못하는데도 당당하게 살기 때문에 가식처럼 보일 수 있습니다. 그런데도 성도들이 높은 존재감을 갖는 이유는 하나님 때문입니다. 하나님이 나를 불행과 죽음에서 건져내셔서 영생과 존귀를 주셨기 때문입니다. 성도들은 그 좋은 것들을 하나님께 선물로 받았기 때문에 자부심과 기쁨을 누리는 것입니다. 그뿐만 아니라 성도들은 죽은 자 같으나 살아 있고, 징계를 받은 자 같으나 죽임을 당하지 않는다는 신앙을 가져야 합니다. 죽은 자 같다는 것은 하나님을 위해서 살다 보니 형편이 어렵다는 뜻입니다. 그런데도 살아 있다는 말씀은 부활의 소망을 갖고 있다는 의미입니다. 이 소망 때문에 당장에 힘들어도 속상해하거나 낙심하지 않고 기쁨으로 일하고 섬기며 감사하면서 예배하고 수고합니다. 그러니 내가 역설적 존재라는 사실이 나의 인생에 얼마나 긍정적인 역할을 하는지 모릅니다. 역설적 존재는 시련을 겪어도 낙심하지 않고 하나님의 역사를 기다리게 됩니다. 하나님이 나에게 시련을 주신 것은 내가 미워서 저주하신 것이 아니라 나를 사랑하셔서 더 좋은 것을 주려고 준비시키시는 것입니다. 그래서 고난 중에도 인내하면서 자신의 인품과 실력을 연마합니다. 하나님이 새롭게 사용하실 때 풍성한 열매를 생산하게 됩니다. 하나님을 기쁘게 해드리고 자신도 보람과 만족을 누립니다. 이런 결과를 얻기 때문에 성도들은 역설적 존재인 것이 분명합니다.

우리는 "나는 근심하는 자 같으나 항상 기뻐하고 가난한 자 같으나 많은 사람을 부요하게 만든다"라는 확신이 있어야 합니다. 물론 성도들도 유한하고 연약하기 때문에 문제가 생겼을때 염려할 수 있고 갑작스러운 사고를 당했을때 불안해 할 수 있습니다. 그런데도 염려와 불안에 사로잡히지 않는 이유는 하나님을 바라봄으로써 위로를 받을 수 있고, 하나님을 의지함으로써 힘을 얻을 수 있기 때문입니다. 전능하신 하나님이 나의 문제를 해결해 주실 것이라는 믿음을 가지면 근심에서 빠져나올 수 있고 자신감을 회복할 수 있습니다. 더 나아가서 성도들은 다른 사람들을 부요하게 해줌으로써 더 많은 기쁨을 누릴 수 있습니다. 내가 복음을 전함으로써 천하보다 귀한 영혼이 하나님의 자녀가 되도록 하고 내가 말씀을 가르침으로써 연약한 영혼을 하나님의 성숙한 일꾼으로 세우는 것은 그들이 하나님 나라에서 최고로 부요하게 살게 해주기 때문입니다.

성도들은 나는 아무것도 없지만 모든 것을 가졌다는 믿음을 갖고서 당당해야 합니다. 성도들은 부분적인 피조물을 소유한 것이 아니라 전부이신 창조주를 소유했습니다. 피조물은 의존적이고 가변적이라서 사람의 필요를 충분히 채워주지 못합니다. 그래서 사람들이 돈과 권력을 산더미처럼 차지해도 결핍과 허전함을 느끼는 것입니다. 반면에 창조주는 영원하시고 무한하셔서 사람의 구멍 뚫린 욕구를 완벽하게 메워주실 수 있습니다. 병이 호수에 빠지면 안팎에 물이 가득 차는 것처럼 유한한 사람이 무한하신 하나님께 들어가면 안팎이 무한에 잠기게 됩니다. 하나님과 한 몸으로 연합하였기 때문에 무한 속에서 살게 되었습니다. 그러니 모든 것을 소유하신 분들이 아닐 수 없고 그 어떤 왕이나 재벌보다 부유한 분들이 아닐 수 없습니다. 세상 사람들은 나의 현재 모습만 보면서 잘났다, 못났다, 유능하다, 무능하다, 성공했다, 실패했다고 말하기 때문에 기가 죽게 됩니다. 반면에 말씀은 하나님이 나에게 주신 신분과 특권과 혜택에 대해서 알려주기 때문에 자부심과 우월감을 느끼게 됩니다. 말씀은 하나님이 나를 얼마나 존귀하게 여기시는지 알려 줍니다.

말씀은 얼마나 훌륭한지 모릅니다. 말씀은 나를 겉만이 아니라 속까지 보면서 나의 가치를 평가하고 내가 값비싼 존재라는 것을 알아줍니다. 사람은 자신을 알아주는 사람을 위해서 목숨을 바칩니다. 우리의 진가를 알아주는 것은 절대적이고 불변하는 진리인 말씀입니다. 사람들은 세속적인 조건들로 나를 판단하면서 별 볼 일 없다고 하대하고 경멸합니다. 그러나 말씀은 하나님의 관점으로 나를 바라보면서 고귀하고 합니다. 나를 구원하기 위해 죽으시고 부활하신 예수님께 기반을 두고서 나를 평가했습니다. 예수님 덕분에 나는 하나님의 자녀가 되었고 예수님과 한 몸으로 연합했으며 성령께서 내 안에 영원히 계신다고 말합니다. 무엇보다 바울이 우리는 역설적 존재라고 말한 까닭은 세상에서 낮고 가난한 것을 변명하기 위해서가 아니라 세상에는 영원한 것이 없고 아무리 뛰어난 사람도 병들고 죽는 것을 피할 수 없기 때문입니다. 믿음으로 하나님께 속하면 하나님으로부터 영생과 행복을 선물받기 때문에 영원히 충만한 영광과 기쁨을 누리게 됩니다. 따라서 이런 신분과 권리를 가졌다는 것 때문에 자랑스러워하고 기뻐하면서 살아야 합니다.

관점을 달리하면 많은 유익을 얻을 수 있습니다. 세속의 관점을 말씀의 관점으로 바꿔서 나 자신과 주변을 바라보면 새로운 세계가 펼쳐지게 됩니다. 말씀이 가르쳐주는 대로 나는 역설적 존재라는 확신을 가지면 소극적으로 어려움이나 고난을 이겨낼 수 있고 적극적으로 유익하고 가치 있게 살아 갈 수 있습니다. 또한 나 자신을 존귀하고 사랑스럽게 여길 수 있고 현실이 막히고 답답해도 힘과 용기를 낼 수 있으며 미래가 불투명하고 암담해도 희망과 비전을 가질 수 있습니다. 예수님의 희생으로 나를 자녀로 삼으신 하나님이 나를 지켜주시고 인도해 주실 것이기 때문입니다. 그러므로 수시로 말씀을 통하여 주님이 주신 나의 신분과 위상을 확인해서 자부심과 자신감을 키우기 바랍니다. 내가 가진 인간적인 조건과 환경은 열악하지만 나는 주님을 소유했기 때문에 모든 것을 가졌다면서 즐거워하기 바랍니다.

24

144,000명

요한계시록 7:2-9

또 보매 다른 천사가 살아계신 하나님의 인을 가지고 해 돋는 데로부터 올라와서 땅과 바다를 해롭게 할 권세를 받은 네 천사를 향하여 큰소리로 외쳐 이르되 우리가 우리 하나님의 종들의 이마에 인치기까지 땅이나 바다나 나무들을 해하지 말라 하더라. 내가 인침을 받은 자의 수를 들으니 이스라엘 자손의 각 지파 중에서 인침을 받은 자들이 십사만 사천이니 유다 지파 중에 인침을 받은 자가 일만 이천이요 르우벤 지파 중에 일만 이천이요 갓 지파 중에 일만 이천이요 아셀 지파 중에 일만 이천이요 납달리 지파 중에 일만 이천이요 므낫세 지파 중에 일만 이천이요 시므온 지파 중에 일만 이천이요 레위 지파 중에 일만 이천이요 잇사갈 지파 중에 일만 이천이요 스블론 지파 중에 일만 이천이요 요셉 지파 중에 일만 이천이요 베냐민 지파 중에 인침을 받은 자가 일만 이천이라 이 일 후에 내가 보니 각 나라와 족속과 백성과 방언에서 아무도 능히 셀 수 없는 큰 무리가 나와 흰옷을 입고 손에 종려 가지를 들고 보좌 앞과 어린 양 앞에 서서 다른 성경에 비해서 요한계시록은 우리가 이해하기 어려운 내용이 많습니다. 2천 년 전 초대 교회 신자들은 알고 있었지만 오늘날의 신자들에게는 생소한 상징적인 용어를 사용하여 글을 썼기 때문입니다. 그래서 계시록에는 알쏭달쏭한 인의 재앙, 나팔 재앙, 대접 재앙이 나오는가 하면 삼 년 반, 666, 144,000명, 천 년이라는 숫자도 등장합니다. 그런 이런 용어들은 문자적으로 해석해서는 안 되고 그것이 상징하는 대상을 찾아내야 합니다. 왜냐하면 문법에서 상징은 무엇을 가리키는 것이지 그 자체가 아니기 때문입니다.

계시록의 숫자들은 오늘날의 관점에서 해석해서는 안 되고 그 숫자가 상징하는 의미를 파악해야 합니다. 그렇지 않고 숫자를 실제적인 것으로 풀이하면 엉뚱한 주장을 하게 됩니다. 그 좋은 예가 본문에 나오는 144,000명을 잘못 해석해서 이단이 된 사람들인데 바로 안식교나 여호와증인이나 신천지입니다. 성도들이 그들의 유혹에 넘어가지 않기 위해서는 상징적인 용어들의 뜻을 바르게 알아야 합니다.

1. 인의 의미

이런 점에서 144,000명을 이해하기 위해서는 본문에 나오는 인이 무엇인지에 대해 알아야 합니다. 본문의 인은 계시록 6장에서 말하는 인의 재앙의 맥락에서 언급하였지만 인의 재앙과 같은 내용이 아닙니다. 앞의 인은 하나님이 교회를 박해하는 로마제국을 심판하신다는 상징이지만, 본문의 인은 도장이라는 의미를 지니고 있습니다. 왜냐하면 6장의 인은 어린 양이 뗄 때마다 무서운 재난이 발생했지만, 7장의 인은 천사들이 하나님의 종들의 이마나 이스라엘 자손에게 찍었기 때문입니다. 이처럼 두 종류의 인을 이어서 말한 이유는 사람들을 심판하거나 구원하시는 분은 하나님이라는 사실을 알리기 위해서입니다.

이 하나님께 심판이 아니라 구원받기 위해서는 3절과 같이 하나님의 종이 되어야 한다는 것을 강조하기 위해서입니다. 하나님의 종이란 하나님의 소유란 뜻이요, 하나님이 보호하시고 사용하시는 사람이란 의미입니다. 사람들이 자신의 소유를 지키고 쓰는 것처럼 하나님도 자신의 소유를 잃어버리지 않도록 관리하시고 적절하게 활용하시기 때문입니다. 천사들이 하나님 종들의 이마에 인을 친다는 말씀은 많은 사람 중에서 하나님의 소유인 사람들을 골라낸다는 것입니다. 그들이 인의 재앙에 피해를 보지 않도록 보존한다는 의미입니다. "그 안에서 너희도 진리의 말씀 곧 너희의 구원의 복음을 듣고 그 안에서 또한 믿어 약속의 성령으로 인치심을 받았으니"(엡 1:13). 이 말씀처럼 사람들이 전도자들로부터 복음을 듣고서 예수님을 나의 구원자로 영접할 때 성령께서 그 사람에게 인을 치십니다. 인을 치는 이유는 너는 하나님의 자녀가 되었다는 것을 확인하기 위해서입니다. 전에는 부모가 자녀의 이름을 호적에 올릴 때 출생신고서에 사인이 아니라 도장을 찍었습니다. 이 아이는 우리 아들이요, 딸이라는 것을 증명하기 위해서였습니다. 그래서 성령님께서 인 치신다는 말씀은 예수님을 믿는 사람들을 하나님의 자녀라고 보증하신다는 의미입니다. 이런 보증은 오직 성령님만이 하실 수 있는데 성령님은 사람들을 예수님의 피로 깨끗하게 씻어서 하나님의 아들과 딸로 삼으시기 때문입니다. 그러므로 본문에서 하나님의 종은 하나님의 자녀요, 일꾼이 된 사람들을 가리키는 것이라고 할 수 있습니다.

성령님께서 사람들을 거듭나게 하시는 것을 인을 치는 것으로 표현한 이유는 농사를 짓거나 목축업을 하는 사람들은 짐승에게 인치는 것이 무엇인지를 쉽게 이해할 수 있어서입니다. 지금도 미국의 텍사스에서는 소나 말에게 도장을 찍습니다. 그 이유는 이 소와 말이 내 것이라는 것을 표시하기 위해서입니다. 그래야 다른 사람들이 야생이라고 우기면서 가져가지 못하고 우리를 나갈지라도 찾아올 수 있습니다. 그래서 성령님도 예수님을 믿은 사람에게 하나님의 자녀라는 도장을 찍으시는 것입니다. 그래야 악한 세력들이 하나님의 소유에 손을 대지 못하기 때문입니다. 그렇다면 내가 성령님께 도장을 받았다는 것을 어떻게 알 수 있습니까? 로마서 8장 15~16절은 성령을 통해서만 우리가 하나님을 아빠 아버지라고 부를 수 있다고 하였고 고린도전서 12장 3절은 성령으로 아니하고는 예수님을 주님이라고 고백할 수 없다고 하였습니다. 그러므로 하나님을 나의 아버지라고 믿으면서 예수님을 나의 주님이라고 부르는 분들은 성령님께 하나님의 자녀란 도장을 받은 것입니다.

성령님은 사람들처럼 나무나 돌에 새긴 도장을 여러분의 몸에 찍지 않으십니다. 그런 도장은 세월이 흐르면 색이 바래고 우리의 몸은 영원히 존재하는 것은 아니기 때문입니다. 성령님은 우리의 마음에 믿음의 도장을 찍으십니다. 그래서 하나님을 나의 아버지요, 예수님을 나의 주님이라고 믿게 하십니다. 그 믿음으로 우리가 의로워져서 하나님의 자녀가 되게 하십니다. 이처럼 하나님의 자녀가 되면 짐승에게 666이란 도장을 받지 않게 됩니다. 계시록 13장 16절, 18절입니다. "그가 모든 자 곧 작은 자나 큰 자나 자유인이나 종들에게 그 오른손에나 이마에 표를 받게 하고", "그 짐승의 수를 세어보라. 그것은 사람의 수니 그의 수는 666이니라." 이 말씀처럼 계시록에는 두 가지 도장이 나옵니다. 하나는 성령님의 도장이고 하나는 짐승의 도장입니다. 모든 사람은 두 도장 중의 하나를 받게 됩니다. 사람은 유한하고 종속적인 존재라서 하나님의 자녀가 되지 않으면 짐승의 종이 될 수밖에 없어서입니다. 그래서 성령님의 도장을 받지 못한 사람은 666의 도장을 받아야 하는 것입니다.

그런데도 어떤 사람들은 계시록에는 짐승의 인만 있는 것처럼 말합니다. 휴거하지 못한 신자들은 666의 도장을 받도록 강요받는다고 주장합니다. 그 인을 받으면 짐승과 함께 지옥에 떨어진다고 말합니다. 자기네 교회나 집단에 들어오면 그런 도장을 받지 않는다고 선전합니다. 그러나 계시록에는 하나님의 인이 먼저 나오고 이어서 짐승의 인이 나옵니다. 따라서 두 가지 인을 함께 말해야지 666의 인만 말하는 것은 성경을 잘 모르거나 성도들을 협박해서 뭔가 얻어내기 위한 수작입니다. 더구나 하나님의 인을 받은 사람은 결코 666의 인을 받지 않습니다. 그 사람은 이미 하나님의 자녀가 되었기 때문입니다. 하나님은 우주를 창조하시고 통치하십니다. 중요한 것은 666의 도장이 아니라 성령님의 도장을 받느냐 받지 못하느냐 하는 것입니다. 사람이 일단 성령님께 인침을 받으면 666을 전혀 두려워할 필요가 없습니다. 하나님은 자신이 창조하고 구속한 성도를 영원히 보호하시기 때문입니다.

666만 강조한 경유는 정통신학이 아니라 19세기에 생긴 세대주의 신학의 영향을 받아서입니다. 세대주의는 천년왕국이 도래하기 전에 7년 대환난이 있을 것이고 그때 666이 등장해서 세계를 지배할 것이라고 말했습니다. 그 666을 한때는 공산주의 국가인 소련이나 중국이라고 했다가 공산주의가 사라지고 유럽연합이 형성되자 EU 대통령이라고 하였습니다. 그런데 수십 년이 지나도 EU 대통령이 나오지 않자 다른 것으로 바꾸었습니다. 한때는 666을 사람의 몸에 찍는 바코드라고 했다가 최근에는 전자주민증이나 블루칩이라고 하고 요즘은 AI라고 말하기도 합니다.

이처럼 시대에 따라서 다른 소리를 하는 이유는 세대주의가 이단이기 때문입니다. 그런데도 한국 교회가 그들의 종말론을 받아들이는 바람에 계시록을 잘못 이해하게 된 것입니다. 이런 폐단을 제거하고 계시록을 바르게 알고 은혜를 받기 위해서는 계시록을 문법적이고 역사적이며 성경적인 방법으로 해석해야 합니다.

2. 144,000명

이 세 가지 방법으로 4절에서 인침을 받은 사람인 144,000명을 풀어 보겠습니다. "내가 인침을 받은 자의 수를 들으니 이스라엘 자손의 각 지파 중에서 인침을 받은 자들이 십사만 사천이니" 이 말씀에 보면 천사의 도장을 받은 사람이 144,000명이라고 하였습니다. 이 숫자가 얼핏 듣기에는 많은 것 같지만 전체 기독교인의 숫자와 비교하면 매우 적습니다. 왜냐하면 모세 때 애굽에서 나온 이스라엘 백성의 숫자가 여자와 아이를 빼고 60만 명이었고, 다윗이 인구조사를 했을 때의 군인은 130만 명입니다. 오늘날 전체 기독교인의 숫자는 10억 명 정도 됩니다. 그러니 아담 때부터 예수님이 재림하실 때까지의 기독교인을 모두 합치면 수백억 명이 넘을 것입니다. 그런데 본문은 인을 맞은 사람이 144,000명 밖에 안 된다고 하였습니다. 따라서 이 숫자는 문자적으로 실제 숫자가 아니라 비유적인 숫자입니다. 이스라엘 12지파의 대표를 의미하는 것이라고 할 수 있습니다. 계시록의 숫자들은 대부분 상징적입니다. 따라서 그 숫자들을 오늘날의 산수적인 관점으로 계산해서는 안 됩니다.

본문은 이스라엘의 각 지파 중에서 인침받은 자들이 144,000명이라고 하였지 전체 성도라고 하지 않았습니다. 이처럼 144,000명 앞에 한정사가 붙었기 때문에 이 숫자는 이스라엘 자손에게만 적용해야지 모든 성도로 확장해서는 안 됩니다. 또한 이 숫자도 상징으로 여겨야지 실제라고 생각해서는 안 됩니다. 왜냐하면 이 숫자는 이스라엘의 모든 자손을 헤아리고 소개한 것이 아니라 각 지파마다 똑같이 12,000

명씩 말했기 때문입니다. 사실 이스라엘의 12지파는 인구의 규모가 각각 달랐습니다. 유다 지파는 인구가 아주 많았던 반면 단 지파는 매우 적었습니다. 게다가 유다 지파는 이스라엘이 B.C 722년에 멸망한 후에도 계속 하나님을 섬겼고 지금까지 존속하고 있습니다. 따라서 유다 지파는 열한 지파를 모두 합한 것보다 더 많은 사람이 구원받았습니다. 그런데도 본문은 각 지파의 숫자를 동일하게 짜 맞추었기 때문에 실제 숫자가 아니라 상징 숫자인 것이 분명합니다. 그러므로 144,000명은 구약시대의 이스라엘 교회를 대표하는 숫자로 보아야 합니다.

계시록만이 아니라 다른 성경에서도 숫자를 상징으로 사용하는 경우가 종종 있습니다. 신명기에는 이스라엘을 천 배나 많게 하시고 천 대까지 은혜를 베푸시며 한 사람이 천을 쫓을 것이라는 말씀이 있습니다. 여기에서 '1,000'이란 숫자는 정확하게 1,000을 말하는 것이 아니라 숫자가 많다는 의미로 사용되었습니다. '1'이란 숫자는 유일하신 하나님을 가리키는 숫자이고, '3'은 삼위 하나님을 나타내는 숫자이며 '6'은 사람의 숫자요, '6'이 셋이 모이면 사단의 숫자가 됩니다. '7'은 완전수로서 하나님을 가리키고, 8은 부활의 뜻을 담고 있으며, '12'는 선택의 숫자입니다. 하나님은 야곱의 열두 아들을 이스라엘 백성으로 선택하셨고 예수님이 임명하신 제자도 열두 명입니다. 그래서 본문도 지파마다 12,000명씩 인침 받았다고 말한 것입니다. 열두 명에다 1,000을 곱한 것은 인침 받은 사람들이 많다는 뜻입니다. 따라서 144,000명은 하나님이 선택하신 사람이 많다는 것이요, 선택하신 사람은 한 명도 버리지 않고 반드시 구원하신다는 의미입니다. 이처럼 144,000명을 상징으로 해석해야지 실제적 숫자로 해석하면 틀리게 됩니다.

무엇보다 본문은 뚜렷하게 이스라엘 자손 중에서 인침 받은 사람이 144,000명이라고 하였지 지구의 모든 성도 중에서 인침 받은 사람이 144,000명이라고 말하지 않았습니다. 따라서 전체 기독교인 중에서 구원받은 사람이 144,000명 뿐이라고 한다면 거짓이고 허위입니다. 왜냐하면 똑같이 예수님을 믿었는데 극소수만 구원을 받고 대다수는 구원받지 못하기 때문입니다. 그러면 예수님이 죽으시고 부활하신 구속 사업이 실패하게 됩니다. 수백억 명이 자신을 믿었는데도 144,000명밖에 구원하지 못하시기 때문입니다. 그렇다면 144,000명은 도대체 어떤 방법으로 144,000명에 들어갈까요?

성경의 주제는 구원의 약속과 성취이기 때문에 모든 사람은 예수님을 믿음으로 구원받습니다. 구약시대에는 장차 오실 예수님을 믿음으로, 신약시대에는 이미 오신 예수님을 믿음으로 구원받는 것이지 할례를 받고 율법을 지킴으로 구원받는 것은 아닙니다. 그러므로 이스라엘의 144,000명도 장차 오실 예수님을 믿음으로 구원받은 사람들이었지 다른 방법으로 144,000명이 된 것이 아니었습니다.

이단들은 성경의 주제인 창조와 타락과 구속은 말하지 않고 초등학생처럼 계시록에서 숫자 맞추기 놀이를 하고 있습니다. 신천지는 자기네 집단에 들어와야 144,000명에 들어갈 수 있다고 말합니다. 그렇지 않으면 666의 인을 받고서 7년 대환난에서 고생해야 한다고 협박합니다. 그리고 본 장 9절은 각 나라와 족속과 백성과 방언에서 아무도 셀 수 없는 큰 무리가 흰옷을 입고 종려가지를 흔들면서 하나님을 찬양한다고 하였습니다. 따라서 구속 사업을 완성하신 예수님을 자신의 구원자로 믿는 사람들은 큰 무리에 속하는 것입니다. 이처럼 계시록 7장은 144,000명과 셀 수 없는 큰 무리를 확실히 구분했습니다. 그런데도 9절 이하의 말씀은 무시하고 144,000명을 모두에게 적용하는 것은 죄악입니다.

이처럼 이단들의 주장은 근거가 없이 허무맹랑하므로 그들의 말을 듣고 불안해하거나 넘어가서는 안 됩니다. 왜냐하면 본문을 아무리 살펴보아도 144,000명은 이스라엘 12지파에게만 해당하는 내용이지 신약의 교회를 포함하지 않기 때문입니다. 그리고 신약의 교회는 9절에서 각 나라와 족속과 백성과 방언에서 셀 수 없이 큰 무리가 흰옷을 입고서 찬양하고 있다고 선언하였기 때문입니다. 이 구절에서 각 나라와 족속과 백성과 방언을 말한 이유는 구약의 교회와 다른 신약 교회의 특징을 설명하기 위해서입니다. 구약 이스라엘 교회는 나라와 족속과 백성과 방언이 거의 일치했습니다. 심지어 지역과 정치와 문화도 동일했습니다. 반면에 신약의 교회는 너희는 모든 민족을 제자로 삼으라는 예수님의 말씀에 따라서 신자들이 엄청난 다양성을 갖고 있습니다. 따라서 할례를 받고 제사를 지내던 이스라엘 지파 속에 삼위 하나님의 이름으로 세례를 받고 예배를 드리는 신약 교회를 억지로 집어넣어서는 안 됩니다. 그리고 오신 예수님을 믿고 섬기는 신약 교회의 우월성을 알고 그 교회에 속한 것을 자랑스럽게 여겨야 합니다.

하나님은 선하시고 무한하시므로 사람들을 억압하고 착취하지 않으십니다. 우리를 눈에 넣어도 아프지 않을 만큼 사랑하시기에 더 좋은 것을 주려고 하십니다. 우리가 받을 수 있는 준비만 되면 선물을 왕창 주십니다. 간혹 하나님은 나의 잘못을 깨닫게 하려고 징계하시고 나를 큰 그릇으로 만들려고 단련하기도 하시지만 이것은 나의 유익을 위한 것입니다. 따라서 성경을 읽으면서 아버지의 사랑과 은혜를 발견해야지 두려움을 느껴서는 안 됩니다.

계시록 전체를 로마제국의 멸망과 교회의 승리에 관한 말씀으로 믿어야 합니다. 교회의 승리는 곧 나의 승리라는 사실을 알고서 계시록에서 위로와 힘을 얻고 소망을 가져야 합니다. 계시록에 나오는 재앙과 형벌의 내용을 악한 세력에게 적용하는 것이 아니라 나에게 적용하면서 불안과 무서움을 느껴서는 안 됩니다. 왜냐하면 우리는 하나님이 독생자를 희생양으로 삼아서 자녀로 삼으셨는데 그렇게 고귀한 자녀에게 살벌한 재앙으로 해코지하실 리가 없기 때문입니다. 따라서 하늘 아버지의 사랑과 은혜에 감격하고 감사해서 하나님을 섬겨야지 혹시라도 교회에 나오지 않으면 교통사고가 날까 봐 불안해서 신앙생활 해서는 안 됩니다. 하나님은 사랑이시기 때문에 성도들과 사랑으로 교제하는 것을 좋아하시지 성도들이 위협이나 강요 때문에 마지못해 수동적으로 행하는 것을 좋아하지 않으십니다. 사람들도 마음이 담기지 않은 행위를 싫어하는데 하물며 사람의 마음을 만드시고 꿰뚫어 보시는 하나님이 건성으로 예배하고 봉사하는 것을 받으시겠습니까?

하나님은 사랑을 중시한 신약에서만이 아니라 율법을 강조한 구약에서도 이렇게 말씀하셨습니다. "너는 마음을 다하고 뜻을 다하고 힘을 다하여 네 하나님 여호와를 사랑하라"(신 6:5). 이처럼 사랑하라고 하신 이유는 하나님은 사랑이라서 사랑을 가장 좋아하시고 사랑은 행복이기 때문입니다. 공의나 거룩은 사람의 자부심을 높여줍니다. 그러나 자부심에서 느끼는 기쁨은 사랑에서 느끼는 기쁨보다 훨씬 적습니다. 자부심은 나 자신으로 한정되지만 사랑은 대상까지 확대됩니다. 하나님은 창조하신 피조물을 사랑함으로써 광범위한 행복을 누리시는 것입니다. 심지어 타락한 사람들에게 자기희생적인 사랑을 베풂으로써 짜릿하고 황홀한 사랑을 느끼십니다. 복음서와 바울서신만이 아니라 요한계시록에서도 하나님이 나를 얼마나 귀하게 여기시고 지극히 사랑하시는가를 알아야 하고 그것 때문에 기뻐해야 합니다. 보잘것 없는 나를 지나치게 사랑하시는 하나님께 작지만 쏠쏠한 사랑을 드려야 합니다. 말로만 사랑하지 말고 마음에서 우러나오는 사랑으로 예배드려야 하고 사랑에 이끌려서 노동하고 봉사해야 하며 사랑에 떠밀려서 헌신하고 희생해야 합니다. 이처럼 나와 하나님 사이에 사랑이 충만해서 다른 요소들이 끼어들 수 없도록 만들어야 합니다. 욕심이나 오만과 같은 것들만이 아니라 나의 능력이나 선행과 같은 것들도 파고들지 못하게 해야 합니다. 항상 사랑으로 하나님을 섬기고 애정으로 교제해야 합니다. 나의 영혼과 몸, 생활과 환경의 중심에 항상 하나님의 사랑을 채우고 그 사랑이 가득 찬 예물을 하나님께 드리기를 바랍니다.

이처럼 사랑이 지배하는 신앙생활을 하게 되면 악하고 더러운 것들이 우리를 건드리지 못하게 됩니다. 사랑보다 강하고 유익한 것은 없습니다. 사랑만큼 나에게 기쁨과 행복을 주는 요소가 없기 때문입니다. 사랑은 어떤 공포나 강압에도 굴복하지 않을 뿐만 아니라 적과 원수도 내 편으로 만드는 힘을 갖고 있습니다. 그래서 법률과 군대로 나라를 통치했던 로마제국은 멸망했지만 사랑으로 운영되는 교회는 여전히 존재하고 있습니다. 사람의 욕구는 돈과 권력과 쾌락으로도 만족시킬 수 없지만, 사랑은 충분히 채워 줄 수 있습니다. 그래서 성도들은 자신의 조건이나 소유가 적어도 항상 기뻐하고 찬송하면서 사는 것입니다. 사랑받지 못해서 이단에 빠지는 사람이 없기를 바라며 이미 이단에 빠진 사람도 우리의 사랑 때문에 다시금 교회로 돌아오기를 바랍니다. 그래서 그들도 아무도 셀 수 없는 큰 무리에 속하고 우리와 함께 흰옷을 입고서 종려 가지를 흔들면서 하나님을 찬양하기를 바랍니다. 짐승이나 666이나 7년 대환난을 두려워하는 것이 아니라 그것들이 우리를 영원히 부러워할 수 있기를 축복합니다.